स्पंदन
अथ जीवन कथा

निशीथ रंजन तिवारी

अंजुमन प्रकाशन

Title : Spandan
Author : Nishisht Ranjan Tiwari'

Published By-
Anjuman Prakashan
942, Mutthiganj, Prayagraj, 211003
www.anjumanpublication.com
anjumanprakashan@gmail.com

Printed and bound in India.
Hardcover, First published by Anjuman Prakashan in 2023
ISBN : -978-93-88556-97-2

Cover & Typeset by Anjuman Prakashan

समर्पित

उन प्यारे साथियों को
जो जीवन मृत्यु के गूढ़ प्रश्नों के झमेले से दूर
सहज जीवन जीते हैं।

ज्योतिपुंज उतरो, अब जीवन में।
संघर्षों की वृहत कथाएँ, आपाधापी,
सभी समर्पित हैं तुममें।
ज्योतिपुंज उतरो अब जीवन में।
ज्योतिपुंज उतरो अब जीवन में।

भूमिका

युवावस्था में मैं सामाजिक मान्यताओं को लेकर कुछ उदण्ड सा था। सभी व्यवस्थाओं पर प्रश्न खड़े करना मेरी आदत हो गई थी। सन्यासियों, बाबाओं, कर्मकाण्डियों, पुजारियों आदि से दूर ही रहता था क्योंकि उनके सानिध्य में अक्सर ही अप्रिय सैद्धान्तिक बहसें हो जाती थीं जो कटुता बढ़ाने के सिवा और कुछ भी नहीं करती थीं। ईश्वर पर मुझे विश्वास था पर इस रूप में कभी नहीं जिस रूप में यह समाज में प्रचलित है।

ऐसे ही चलते हुए जीवन के बीच, मेरी वाराणसी पोस्टिंग के दौरान सारनाथ में जापान की सहायता से चल रहे प्रोजेक्ट में तकनीकी सहायता के लिए संविदा पर रखे गए एक इन्जीनियर से मित्रता हो गई। नजदीकियाँ कुछ बढ़ीं तो हम लोग साथ-साथ घूमने-फिरने भी लगे। इसी दौरान वे मुझे गंगा के किनारे एक आश्रम में भी ले जाने लगे। मैं वहाँ जाना तो नहीं चाहता था पर ऐसी कोई क़सम भी नहीं खाई हुई थी कि नहीं ही जाऊँगा। एहतियातन पहले ही बता दिया था कि मुझे छेड़ा न जाए वरना मैं कुछ भी कह सकता हूँ। मेरे ऊपर कोई मर्यादाएँ नहीं लागू होंगी।

एक दिन यही हो गया। वहाँ के गुरुजी ने चर्चा में मुझसे सम्बन्धित एक बात पर कहा कि सब ईश्वर का खेल है। मैंने बिगड़ कर कहा- "आपने देखा है क्या ईश्वर को?"

"हाँ।" उन्होंने सरल भाव से कहा। आश्चर्य था कि उन्होंने ज़रा भी अपमान महसूस नहीं किया था।

"मुझे भी दिखा देंगे क्या?" अपना अविश्वास प्रदर्शित करते हुए मैं बोला।

"हाँ।" बिना ज़रा भी हिचकिचाए उन्होंने प्रेमपूर्वक कहा।

"दिखाइए।"

"अभी देखेंगे या बाद में?" उन्होंने पूछा।

"अभी।" मैंने अपना चैलेंज जारी रखा।

उन्होंने धीरे से अपना हाथ बढ़ा कर बहुत ही कोमलता से मेरे सर पर रखा

और धीरे-धीरे मेरे माथे को छुआ। मैं मन ही मन इस नौटंकी पर हँस रहा था पर उनका हाथ मेरे माथे पर आने के बाद मुझे कुछ याद ही नहीं रहा कि क्या हुआ। एक अतीव, दिव्य अनुभव ने मुझे इस जगह से, इस दुनिया से दूर कर दिया था। आनन्द की हिलोरें मेरे अन्दर रह-रह कर उठ रही थीं। कुछ क्षणों के बाद जब मैं वापस आया तो मैं एकदम ही दूसरा आदमी था। यह इतना अद्वितीय अनुभव था कि मेरा सारा आस्तित्व ही बदल गया था। पहली बार मैंने जाना कि दिव्य आनन्द क्या होता है। मैं नरेन्द्रनाथ हो गया था और वे रामकृष्ण परमहंस। रामकृष्ण ने तो नरेन्द्रनाथ को विवेकानन्द बना दिया था पर यहाँ गुरुजी ने कुछ भी बदलाव की बात नहीं की। सब कुछ ऐसे ही चलता रहा।

फिर मुझे लगने लगा कि इस दिव्य अनुभव को सबसे बाँटना चाहिए। सब को मालूम तो होना ही चाहिए कि ऐसा कुछ भी इसी दुनिया में होता है। कुछ ज्ञानी लोगों ने कहा कि मुझे यह जल्दी करना चाहिए अन्यथा यह अनुभव धीरे-धीरे समाप्त हो जाता है। इसी उद्देश्य से मैंने जल्दी-जल्दी में एक लघु उपन्यास "मृत्यु के पार" लिखा था। फिर जीवन के आगे बढ़ने के साथ-साथ यह पता चला कि यह अनुभव समाप्त नहीं हो रहा है। नए-नए और अनुभवों को शामिल करते हुए इस कथा का विकास हुआ जो आपके समक्ष प्रस्तुत कर रहा हूँ।

कथा में कुछ दोस्त हैं। एक आश्रम है। जापान की सहायता से सारनाथ, वाराणसी में चलाया जा रहा बौद्ध स्थलों के सुन्दरीकरण का प्रोजेक्ट है। यह सभी एक दूसरे से सम्बन्धित हैं। इनका आपसी सम्बन्ध एक हल्की-फुल्की जीवन्त कथा के रूप में हमें जीवन के महारहस्यों तक ले जाता है। वहाँ तक पहुँचने में हमें पौराणिक चरित्र मिलते हैं, चार्वाक मिलते हैं और बुद्ध भी मिलते हैं। वाराणसी के हमारे अपने जाने-पहचाने स्थलों पर यह कथा विकसित होती है पर इन स्थलों के नामों के अलावा बाक़ी सब कुछ काल्पनिक है।

मेरे अपने जीवन का जो कुछ भी अनुभव है उसका सार इस कथा में आ गया है। कुछ बातें सत्य हैं। कुछ कथा बनाने के लिए गढ़ी गई हैं। काफ़ी कुछ विज्ञान है। काफ़ी कुछ विज्ञान से हट कर है पर तर्कयुक्त रखने की कोशिश की गई है। असल तत्व यह है कि जब आप किसी ऐसे अनुभव से गुज़रते हैं जिससे आपके सामने वाला अनजान है और आपको उसे बताना है कि आप किस अनुभव से गुज़रे हैं तो यह बहुत ही कठिन हो जाता है। बताना भी ज़रूरी है

क्योंकि कल को उसे भी इन सब से गुज़रना ही होगा। अच्छा हो कि उसे इसका कुछ ज्ञान पहले से रहे। कुछ संकेत हो सकें। ऐसे समय में एक का तीन कहना पड़ता है फिर भी लगता है कि कुछ न कुछ अनकहा रह गया है।

इस कथा की भाषा में हिन्दी, उर्दू और अंग्रेज़ी के वे शब्द प्रयोग किए गए हैं जो हम रोज़ की बोलचाल में इस्तेमाल करते हैं। इस तरह साहित्य समाज का दर्पण हो या न हो पर भाषा तो समाज का दर्पण हो ही गई है। कथा का प्रवाह बनाए रखने के लिए मुझे यही ठीक लगा। कहीं कहीं संस्कृत के उद्धरण भी हैं।

आप इस कथा का आनन्द उठाइए। यहाँ मुझे ज़्यादा कुछ कहने की आवश्यकता नहीं लग रही है। कथा अपना परिचय स्वयं ही दे देगी।

निशीथ रंजन तिवारी

प्रयागराज

अनुक्रम

पूर्वकथा

थोड़ा सा ठहर कर देखें तो पता चल जाता है कि जीवन रहस्यमय है और इसमें जो सम्बन्ध विकसित होते हैं वे और भी रहस्यमय हैं। ऐसा भी होता है कि जिन लोगों को उनकी कुछ ग़लत आदतों की वजह से हम पसन्द नहीं करते और उनसे सम्बन्ध नहीं रखना चाहते उन्हीं में से कुछ लोग हमें जीवन के सर्वोत्तम शिखर पर ले जाने में माध्यम बनते हैं। मेरे जीवन में अशोक सिंह का किरदार कुछ ऐसा ही था।

अशोक सिंह इन्जीनियर थे और हमारे बड़े वाले चीफ़ के सौजन्य से जापान की सहायता से चल रही बौद्ध स्थलों के सुन्दरीकरण योजना के तकनीकी सलाहकार थे। हमें पता नहीं था कि वे किस चीज़ के इन्जीनियर हैं। उनके हाव-भाव से और काम करने के ढंग से कुछ पता भी नहीं चलता था। हम इतना ही जानते थे कि वे दिन भर सिगरेट और रात में दारू बहुत पीते हैं और रोज़ चीफ़ से बेवजह हमारी शिकायत बहुत करते हैं। अंग्रेज़ी धाराप्रवाह बोल लेते हैं पर चेहरा हमेशा मनहूस ही बनाए रखते हैं। हममें से कोई उन्हें पसन्द नहीं करता था।

हमारे सरकारी प्रोजेक्ट में तो उनसे कोई ख़ास मदद नहीं मिल रही थी पर महीने भर के हमारे सम्बन्धों ने जो एक औपचारिक दोस्ताना सा क़ायम कर दिया था उसी की वजह से मैं बाबाओं, आश्रमों और प्रवचनों से विरोध के बावजूद भी गंगा के किनारे स्थित श्री श्री... पता नहीं क्या-क्या सहज राम बाबा के आश्रम में उनके साथ जाने लगा था। जैसे-जैसे समय बीतता गया वैसे-वैसे मुझे महसूस होने लगा कि इस जगह के लिए मेरा विरोध बेमानी था। यहाँ सात्विकता और खुलापन था, यहाँ वास्तविक ज्ञान था, यहाँ शुद्ध प्रेम था और मर्यादित स्वतन्त्रता थी। जिसको अच्छा लगता था वह ध्यान करता था, जिसको मन होता वह बग़ीचे में काम कर लेता, कोई लोग किचन में भी काम करने चले जाते थे। गुरुजी स्वयं भी सबके साथ-साथ काम करते थे। उनके व्यक्तित्व का वर्णन करना सम्भव नहीं था। वे इस दुनिया के लगते ही नहीं थे। परम सौम्यता के साथ-साथ उनमें इतना तेज़ भी था जो गन्दे व कुत्सित विचार के लोगों को आश्रम में ठहरने ही नहीं देता था।

गुरुजी के बाद आश्रम में शिवानन्द था जो एम.एससी, पीएच.डी करने के बाद अभी भी पल्सेटिंग क्वान्टम पर रिसर्च से जुड़ा हुआ था और हर वर्ष ही उसके एक दो पेपर छपते रहते थे॥ गुरुजी से प्राप्त उसका आध्यात्मिक ज्ञान भी बहुत ही उच्च स्तर पर था। वह हम लोगों की चर्चाओं को दिशा देने में सहायता करता था जो प्रत्येक शनिवार की शाम को होती थीं और एकदम दोस्त की तरह रहता था।

बाक़ी विरोधों के बावजूद भी मैं अशोक सिंह का एहसानमन्द था जो वह मुझे इस जगह पर मेरे और मेरी पत्नी के भारी विरोधों के बाद भी खींच लाए। मेरी पत्नी को अशोक सिंह और आश्रम दोनों ही पसन्द नहीं थे फिर भी यह विरोध इतना उग्र नहीं था जो घरेलू कलह का कारण बनता।

शनिवार की चर्चाएँ आश्रम में एक तरह की अनौपचारिक मीटिंग की तरह थीं जिसमें हम लोग अपने उन अनुभवों पर आपस में बातचीत करते थे जिनकी हमारे अपने नियमित समाज में कोई मान्यता नहीं थी और इस तरह की बातें करने वालों की हँसी ही उड़ाई जाती थी। ज़ाहिर है यह आध्यात्मिकता से ही सम्बन्धित होती थीं। इसे शुरू करने के पीछे धारणा यही थी कि यदि कोई अनुभव एक भीड़ में केवल कुछ ही लोगों को होते हैं तो उन्हें ग़लत मान कर इन अनुभवों को नकारा नहीं जा सकता। हर सच्चा अनुभव सृष्टि का एक नया आयाम खोलता है। यह अनुभव सच्चा है या किसी मानसिक समस्या की उपज है, यही तय करने के लिए यह चर्चाएँ होती थीं। जब से मैंने यहाँ आना शुरू किया था तब से मेरे सामने अभी तक ईश्वर दर्शन, बहुत ही छोटे बच्चों में संगीत आदि की अद्भुत प्रतिभाओं, भूत प्रेत दिखने या उनका अनुभव होने, चमत्कार आदि विषयों पर चर्चाएँ हो चुकी थीं। मोटे तौर पर कहना हो तो यहाँ हम अपने जीवन के ऐसे गहरे अनुभवों को शेयर करते था जो सामान्यतया हमारी समझ से परे हों।

आज की चर्चा में मैंने शिवानन्द से अपने शरीर के बाहर से अपने ही शरीर को देखने के अनुभव की बात बताने का प्रस्ताव किया जिसे उसने तत्परतापूर्वक स्वीकार करते हुए कहा, "इतना मूल्यवान अनुभव अभी तक छुपाए क्यों रहे तिवारी जी?"

"कोई विश्वास नही करता है। लोग सामने या पीठ-पीछे मज़ाक़ ही बनाते हैं।"

"सच है। सही बात सही स्थान पर कही जाए तभी उसका मूल्य होता है। कब हुआ यह अनुभव?" उसने प्रोत्साहित किया

पहली बार स्कूली दिनों में, जब मैं अपने छोटे भाई और बाबा दादी के साथ पैतृक घर में रह कर पढ़ रहा था। मेरी माँ, पिताजी और छोटे भाई-बहन के साथ, उनकी पोस्टिंग वाले ज़िले में रह रही थीं। मेरी तबीयत अचानक बहुत ख़राब हो गई थी और एक दिन तेज़ पेट दर्द शुरू हो गया। दर्द की तेज़ी और मेरी हालत देख कर सब लोग घबरा गए थे। दिन में डॉक्टर दो-तीन बार देख चुके थे पर उनकी दवाओं व इन्जेक्शनों से कोई फ़ायदा नहीं हो रहा था।

शिवानन्द ने एकटक मुझे देखते हुए पूछा- "क्या हुआ फिर?"

"शाम को अचानक मेरे पेट का दर्द बहुत बढ़ गया और असहनीय हो गया। पूरा शरीर पसीने से भीग गया। मै आवाज़ दे कर मदद के लिए किसी को बुलाना चाहता था पर आवाज़ निकल ही नहीं रही थी। सिर बहुत तेज़ी से सनसनाने लगा। मुझे लगा कि मैं दर्द की अधिकता के कारण बेहोश हो जाऊँगा। फिर लगा कि कुछ आराम हो गया। मैं ख़ुद को हल्का महसूस करने लगा और घर के तिमन्ज़िले पर आ गया। अक्सर ही हम रिलैक्स होने के लिए या वैसे भी प्रकृति का आनन्द लेने के लिए तिमन्ज़िले की छत पर जाते थे जहाँ से दूर-दूर तक शहर और खुला आसमान दिखता था। दूर से लहराती हुई आ रही, पतली सी दिखती सड़क और उस पर चलता पैदल से लेकर ट्रकों तक का ट्रैफ़िक देखते हुए हम वहाँ घन्टों खड़े रह जाते थे..........."

अशोक सिंह ने बात काटते हुए कहा, "अरे तुम अपनी बीमारी की बात बता रहे थे, कहाँ तिमन्ज़िले से सड़क देखने लगे।"

शिवानन्द ने हाथ के इशारे से उसे रोकते हुए कहा, "इन्हें अपनी बात पूरी करने दो अशोक।"

फिर वह मेरी तरफ़ मुख़ातिब हो गया।

मैंने भी अपनी बात को संक्षिप्त करते हुए कहा, "वहीं तिमन्ज़िले से देखते हुए मुझे दिखा कि हम लोगों के घर के सामने एक रिक्शा रुका और उस पर से

मेरी माँ और छोटा भाई उतरे। अनायास ही बिना कुछ सोचे-समझे उनसे मिलने के लिए मैं बिना सीढ़ी वग़ैरह के सीधे नीचे उतर आया और अपनी चारपाई पर जाग गया। पेट दर्द अभी भी था पर हल्का था। लगा कि तिमन्ज़िले पर जाना और माँ को देखना सपना था पर तभी माँ और छोटा भाई अन्दर आ गए। मुझे देखते ही माँ को अजीब सी घबराहट महसूस हुई और मेरे माथे पर हाथ रखते हुए वो बोलीं, "अरे इसका चेहरा कितना सफ़ेद हुआ है और शरीर एकदम ठण्डा है।" उनके छूने पर मुझे काफ़ी आराम महसूस हुआ और गहरी नींद आ गई।

"फिर?" शिवानन्द ने पूछा।

"फिर सब ठीक हो गया। दूसरे डॉक्टर को दिखाया गया और अगले दिन से दर्द पूरी तरह ख़त्म हो गया। कुछ दिनों में कमज़ोरी भी ठीक हो गई।"

"इसके बाद लाइफ़-स्टाइल में कोई बदलाव आया हो?"

"मुझे तो ऐसा कुछ नहीं लगा।"

शिवानन्द मुस्कराया। बोला, "आगे कोई ऐसा और अनुभव हुआ?"

"हाँ।" मैंने एक बार सबकी ओर देखते हुए कहा, "लोग बकवास समझते हैं पर किसी-किसी के साथ होता है।"

"तुम लोगों की तो परवाह करो ही मत। लेकिन मुझे जो बताओ सच ही बताना नहीं तो मैं सही अन्दाज़ा नहीं लगा पाऊँगा।"

"किस चीज़ का अन्दाज़ा?" मैंने हैरानी से पूछा।

"बताऊँगा, पहले अपनी बात तो पूरी कर लो।"

"दूसरा अनुभव मुझे खेल की फ़ील्ड में हुआ जब किसी की मारी हुई तेज़ शॉट वाली क्रिकेट की बाल सीधा मेरे सिर पर लगी। एक बार तेज़ चकाचौंध से गुज़रने के बाद मैं गिर पड़ा। लेकिन अपना सिर पकड़े हुए मैं खड़ा भी था और ख़ुद को गिरा हुआ देख भी रहा था। कुछ समझ में नहीं आ रहा था कि यह क्या हो रहा है। कई लोगों ने गिरे हुए मुझको उठाया और वहाँ पहुँची एम्बुलेंस की तरफ़ ले चले। मैं भी लोगों के साथ-साथ गया। फिर मुझे उस एम्बुलेंस पर लाद कर कहीं ले चले। मैं भी एम्बुलेंस के साथ-साथ अपना सिर पकड़े-पकड़े गया। सभी की बातें मुझे स्पष्ट सुनाई दे रही थीं। लोग इस दुर्घटना के बारे में तरह-तरह

की बातें कर रहे थे। मेरा सबसे क़रीबी दोस्त बार-बार कह रहा था कि सिर की ऐसी चोट के बाद बचना असम्भव है। मुझे यह बहुत ख़राब लग रहा था पर मैं कुछ कह नही पा रहा था।

सीधे मुझको इमरजेन्सी में ले गए जहाँ देखते ही देखते डाक्टरों ने ड्रिप लगाने और सिर का स्कैन करने के बाद जल्दी-जल्दी इन्जेक्शन देने शुरू कर दिए। मुझे साफ़ दिख रहा था जहाँ मेरे सिर के अन्दर ख़ून का थक्का जमा हुआ था और धीरे-धीरे गल रहा था। एक डॉक्टर तेज़ी से मैनीटॉल जैसी कोई चीज़ चढ़ाने को कह रहा था। मैं अपना सिर पकड़े वहीं खड़ा यह सब देख रहा था पर किंकर्तव्यविमूढ़ता की स्थिति में कुछ कर नहीं पा रहा था। फिर मुझे नींद आ गई। जब जगा तब अस्पताल मे अपने बेड पर था।"

इस बार किसी ने अविश्वास नहीं जताया।

अशोक सिंह ने कहा, "इस तरह की कई घटनाएँ मैंने भी सुनी हैं।"

"सुने होने की बात अलग है अशोक। हममें से बहुत से लोग तो सुनी पढ़ी बातों पर ही पूरी ज़िन्दगी निकाल देते हैं लेकिन फ़ायदा क्या है उसका? हमें तो यहाँ वह चाहिए जो हमने अनुभव किया हो।" शिवानन्द ने कहा फिर हमारे दूसरे साथी राय साहब की ओर देखते हुए बोला, "आप भी कुछ कह रहे थे राय साहब?"

"मैं तिवारी जी की बात पर पूरा विश्वास करता हूँ पर उन्हीं से पूछना चाहता हूँ कि हमारे सिर में सीधे चोट लगने या पहली वाली घटना में डिहाइड्रेशन की स्थिति में मस्तिष्क में उत्पन्न हुए विक्षोभ से हैल्यूसिनेशन या मतिभ्रम की स्थिति बन सकती है। इसमें भी यह सब अनुभव हो सकते हैं।" राय साहब ने हिचकते हुए कहा।

"राय साहब मुझे यह पता नहीं। जितना कुछ मुझे याद रह गया वही मैने ज्यों का त्यों बताने की कोशिश की है। दूसरी बात यह है कि शरीर के बाहर से शरीर को देखते समय मुझे लोगों की जो बातें सुनाई पड़ीं उनकी भी पुष्टि लोगों ने, मेरे होश में आने के बाद कर दी। इसीलिए ऐसा लगा कि मुझे शरीर के बाहर से शरीर को देखने का अनुभव हुआ है।"

अशोक सिंह भी सोचते हुए बोले, "एक बात यह भी समझ में नहीं आती

कि शरीर के बाहर होने के बाद हमें कैसे कुछ सुनाई पड़ सकता है। हमारे कान और मस्तिष्क तो शरीर में ही रह जाते हैं।"

"बिनु पद चलै, सुनै बिनु काना" शायद तुलसीदास जी ने इसी अवस्था के लिए कहा होगा।" एक और साथी बोले।

"हाँ।" शिवानन्द ने हँसते हुए कहा, "लेकिन यहाँ हमारे अनुभव में एक और चीज़ है। थोड़े समय के लिए जब भी शरीर के बाहर से अपने शरीर को देखने का अनुभव होता है उस समय दोनों शरीर एक अदृश्य रज्जु से नाभि पर जुड़े रहते हैं। इसीलिए दोनों एक दूसरे से ज़्यादा दूर नहीं जा सकते। ऐसी स्थिति में शरीर की इन्द्रियों का उपयोग बाहर वाला शरीर भी कर सकता है।"

"बेहोशी में भी?"

"हाँ, यही नहीं कुछ घन्टों तक मृत शरीर की भी इन्द्रियों का उपयोग हो सकता है जब तक कि दोनों शरीरों का पूरी तरह अलगाव नहीं हो जाता।"

"अलगाव के बाद इस दुनिया से नाता ख़त्म?"

"कम से कम इस शरीर से तो नाता ख़त्म ही हो जाता है।"

"यह रज्जु क्या होता है।" राय साहब ने सकुचाते हुए पूछा।"

यह रस्सी के रूप में ऊर्जा का संघनित रूप है। जब तक हम जीवित हैं तब तक हमारा शरीर और "चेतन तत्व" ऊर्जा के सतत पुलों द्वारा जुड़े होते हैं। जब शरीर छूटने को होता है तो चेतन तत्व से उसका अलगाव एकदम से नहीं हो जाता है। यह पुल कुछ देर तो दोनों का आपसी सम्पर्क बनाए ही रखते हैं। देखा गया है कि यह सम्पर्क अधिकांश मामलों में नाभि से ही होता है।" शिवानन्द ने बताया।

"क्या कुछ लोगों में यह रज्जु नाभि के अलावा कहीं और से भी जुड़ा हो सकता है?" राय साहब ने फिर पूछा।

"मैंने देखा तो नहीं है पर सुना है कि इसके अलावा यह रज्जु सिर के उस पिछले हिस्से से भी जुड़ा हो सकता है जहाँ हिन्दू लोग पहले चोटी रखा करते थे। लेकिन यह बहुत ही दुर्लभ स्थिति होती है। बड़े से बड़े महात्मा भी इसे पाने को तरसते हैं।"

"क्यों? इससे क्या फ़र्क़ पड़ता है कि ऊर्जा का यह रज्जु शरीर में कहाँ से जुड़ा है?"

"पड़ता तो है। गुरुजी कहते हैं कि जो परम शुद्ध होता है, जिसे इच्छा मृत्यु की क्षमता प्राप्त होती है और जो मृत्यु के बाद भी जागृत होता है, उसी के साथ ऐसा होता है।" शिवानन्द कुछ सोचते हुए बोला।

"तुमने सच में रज्जु को देखा है?" अशोक सिंह हैरान थे।

"हाँ। देखा है। देखता ही रहता हूँ।" शिवानन्द ने मुस्कराते हुए कहा।

"तो हम लोग क्यों नहीं देखते हैं?"

"आप भी देख सकते हो, थोड़ा और अभ्यास हो जाने दो। यह आँखों के मार्ग से नहीं दिखेगा। सीधा मस्तिष्क में दिखता है।" शिवानन्द पूर्ववत मुस्कराता रहा- "शायद मैं ठीक से समझा नहीं पा रहा हूँ।"

"छोड़ो भी इसे।" मैंने कहा- "शरीर छूटने के बाद फिर क्या? इन्द्रियों के छूटने के बाद अँधेरा और सन्नाटा?"

"नहीं, ऐसा भी नहीं है। भौतिक शरीर से अलगाव के बाद आत्मिक शरीर की अपनी ग्राह्यता जागृत हो जाती है जिसके लिए इन्द्रियों की ज़रूरत नहीं पड़ती। वह इस भौतिक शरीर की अपेक्षा ज़्यादा सक्षम होती है। यह बहुत दूर तक देख सकता है, जहाँ चाहे वहाँ देख सकता है और थोड़ी दूर तक भविष्य भी देख लेता है।"

"भविष्य कैसे दिख जाता है?" आश्चर्य से मैंने पुछा।

"हमारी अपनी स्थिति से थोड़ा उच्च स्थिति में होने के कारण। जैसे कोई तिमन्ज़िले पर हो तो कमरे में बैठे आदमी से ज़्यादा दूर तक देखेगा और अपनी माँ को आते हुए नीचे के लोगों से पहले देख लेगा।" शिवानन्द ने मुस्कराते हुए कहा और मैं समझ गया।

राय साहब ने शिवानन्द से पूछा, "और मतिभ्रम के बारे में क्या कहते हैं शिवानन्द जी?"

शिवानन्द थोड़ा गम्भीर हो गया, "मतिभ्रम क्या है राय साहब? मोटे तौर पर हम यह कहते हैं कि जो चीज़ नहीं है उसे महसूस करना या देखना मतिभ्रम है। वैज्ञानिक रूप से कहें तो यह मस्तिष्क पर एन्डार्फिन नामक रसायनों की

अतिक्रिया से होता है जिसके अनेक जैविक कारण हो सकते हैं लेकिन एक बात तो विज्ञान द्वारा सिद्ध है कि मतिभ्रम बेहोशी में नहीं होते हैं। शरीर के बाहर के जितने भी अनुभव सामने आते हैं उनमें भौतिक शरीर तो प्रायः बेहोश ही होता है।"

"शिवानन्द जी। यह मतिभ्रम एक प्रकार का स्वप्न भी तो हो सकता है जिसे शरीर बेहोशी में देखता हो और आस-पास की आवाजों से निर्मित करता हो।" राय साहब बोले।

"अगर स्वप्न होता तो तिमन्ज़िले से देखी गई मेरी माँ वास्तव में कैसे आ जातीं। उनके आने का कोई प्रोग्राम घर में किसी को पता नहीं था।" मैंने विचार करते हुए कहा।

"स्वप्नों का अपना अलग विज्ञान है। कभी-कभी स्वप्नों में भावी घटनाओं के आभास आते हैं।"

"लेकिन राय साहब, माँ जब सामने आईं तो वही साड़ी पहने हुए थीं और वही बैग लिए हुए थीं जो मैंने तिमन्ज़िले से देखा था।"

राय साहब चुप रहे।

शिवानन्द ने कहा, "शरीर के बाहर से ख़ुद के शरीर को देखने का वैज्ञानिक अध्ययन भी काफ़ी हुआ है। इसे एन.डी.ई या नियर डेथ एक्सपीरियंस कहते हैं। 1968 में सेलिया ग्रीन ने 400 लोगों के शरीर के बाहर होने का अनुभव प्रकाशित किया था। ऐसा ही 1975 में एक मनोवैज्ञानिक चिकित्सक डॉ. रेमण्ड मूडी ने अपनी किताब "लाइफ़ आफ़्टर लाइफ़" के माध्यम से किया। इस किताब के माध्यम से जनसाधारण को भी इसकी जानकारी हुई। इसके तुरन्त बाद ही 1981 में "इन्टरनेशनल एसोशिएशन ऑफ़ नियर डेथ स्टडीज़" की स्थापना हुई। अनेक और ग्रुपों ने भी इस पर काम किया और ऐसे सभी अनुभवों में जो-जो कामन बिन्दु थे उन्हें वर्गीकृत किया। 1980 में केनेथ रिंग ने सभी एन.डी.ई में 5 कॉमन बिन्दु इंगित किए जो थे- शरीर के बाहर होने का एहसास; शान्ति, दर्द, मुक्ति, अच्छी फ़ीलिंग; मृत परिजनों से मुलाक़ात; अन्धकार भरी सुरंग से गुज़र के प्रकाश देखना तथा प्रकाश में प्रवेश।"

"क्या यह कामन अनुभव अंग्रेजों के थे?"

"नहीं अशोक जी यह पूरी दुनिया के हज़ारों लोगों के अनुभव पर आधारित थे जिसमें जाति धर्म का कोई बन्धन नहीं था। हमारे देश के भी लोग इसमें शामिल थे। लेकिन इसके साथ ही एक दूसरी विपरीत विचारधारा न्यूरोसाइन्टिस्टों की ओर से आई जिन्होंने शरीर के बाहर होने के अनुभव को मस्तिष्क के एक हिस्से, टेम्पोरल पैराइटल जंक्शन की मिसफ़ायरिंग को, तथा प्रकाश देखे जाने की घटना को मस्तिष्क में आक्सीजन की कमी के कारण बताया। कुछ लोगों ने "कीटामीन" नाम के एक रसायन के प्रयोग से एन.डी.ई जैसे लक्षण उत्पन्न करने में सफलता प्राप्त की पर आगे के प्रयोगों ने स्पष्ट किया कि मस्तिष्क में इन परिवर्तनों की वजह से होने वाले अनुभव इतने व्यवस्थित और क्रमवार नहीं होते हैं जितना एन.डी.ई में होते हैं।"

"तो अन्तिम रूप से यह साबित होता है कि हमारी शरीर और आत्मा की धारणा सही है?"

"डिबेट तो चलते ही रहते हैं अशोक जी। इसी बीच एक नया आयाम और सामने आ गया। माउण्ट सिनाई मेडिकल सेन्टर मियामी के साइकियाट्री विभाग के चेयरमैन डॉ. ब्रायन वीस एम.डी ने पिछले जन्मों पर आधरित सम्मोहन चिकित्सा द्वारा हज़ारों लोगों को पुरानी क्रोनिक बीमारियों से छुटकारा दिला कर एक नई चिकित्सा प्रणाली को जन्म दिया। उनकी मशहूर किताब "मेनी लाइव्स मेनी मास्टर्स" में उन्होंने अपनी पद्धति का पूरा वर्णन किया है और आगे चल कर कई और किताबें भी लिखी हैं। उनकी इस सफलता से पुनर्जन्म की धारणा पुष्ट होती है।"

"धीरे-धीरे हमारी संस्कृति और ज्ञान ही सही सिद्ध हो रहा है।" राय साहब ने कहा।

"लेकिन हम अपने ज्ञान को कहाँ महत्व दे रहे हैं? बिना पश्चिमी ज्ञान के सपोर्ट के मानते कहाँ हैं? अपने ऋषियों पर हमें भरोसा ही कब रहा है?" शिवानन्द के शब्द मीठे पर तल्ख़ थे।

"शायद ऐसा पश्चिम की वैज्ञानिक अध्ययन पद्धति के कारण है। हमारे ऋषि तो सीधे परिणाम लिखते थे।"

"वह समय ही ऐसा था। लोग सरल थे। ऋषियों की बात सीधे स्वीकार करते

थे। हमारी संस्कृति तर्क प्रधान न होकर श्रद्धा विश्वास प्रधान थी जबकि पश्चिम यूनानी तर्क प्रधान विचारधारा से प्रभावित था। वहाँ कोई भी बात बिना लाजिक के स्वीकार होने वाली नहीं थी। यही असर अध्ययन पद्धतियों पर भी पड़ा है।"

"अब तो हम भी पश्चिमी अध्ययन प्रणाली ही अपना रहे हैं।"

"तभी तो अपनी संस्कृति की सत्यता के प्रमाण पश्चिमी अध्ययनों में खोजते हैं।"

शिवानन्द ने ताली बजाते हुए कहा, "सत्य वचन संतों। इसीलिए तो हमारी ज़रूरत है। आश्रम की ज़रूरत है। हम दोनों ही पद्धतियाँ अपनाते हैं। अगर महसूस कर सको तो तर्क की कोई ज़रूरत ही नहीं है और जीवन की असल मूल्यवान चीज़ें निश्चित ही तर्क के परे हैं।"

चर्चा समाप्त होने पर अशोक सिंह व उनके कुछ साथी बगीचे की ओर रोशनी का इन्तज़ाम करने चले गए। राय साहब स्वागत कक्ष की ओर गए। मैं वहीं बैठ कर गहराती हुई शाम का आनन्द उठाता रहा।

हम गंगा के किनारे थे और गंगा के सतत् प्रवाह के साथ थे। गंगा की अतिशय ऊर्जा का अनुभव मुझे अभी कुछ दिनों से होने लगा था। यहाँ इसका पाट बहुत बड़ा था जिससे प्रवाह की गति कम थी पर पाट बड़ा होने से पानी बहुत था जो कुल ऊर्जा को बढ़ाने वाला था। गोमुख पर गंगा ग्लेशियर से प्रकट होकर गंगोत्री से उद्गमित भागीरथी, देवप्रयाग में अलकनन्दा से मिल कर ऋषिकेश आते आते गंगा का जो स्वरूप धारण कर लेती है वह ख़ुद में हज़ारों जड़ी बूटियों और खनिजों को समेटे होती है। इसीलिए एक समय में गंगाजल अमृत था। फिर हमने विकास के नाम पर कभी इससे सिंचाई करके, कभी इसमें उद्योगों का गन्दा कचरा बहा कर या इस पर भारी-भारी डैम बना कर इसकी हत्या कर दी। आज यह मृत होकर भी जब इतनी ऊर्जावान है तब अपने यौवन के दिनों में क्या रही होगी, इसकी कल्पना ही की जा सकती है। मुझे अब समझ में आने लगा था कि क्यों ऋषियों के आश्रम गंगा के किनारे ही होते थे।

धीरे-धीरे यह विचार कहीं गुम होते गए और मैं सतत् बहती हुई गंगा के साथ अकेला रह गया। फिर मुझे पता नहीं चला कि कब मैं और गंगा एक ही हो गए। आस-पास का बाक़ी सब कुछ खो गया।

गुरुजी की सौम्य आवाज़ आई, "कैसा लग रहा है?"

चौंक कर मैंने उन्हें देखा जो पता नहीं कितनी देर से बग़ल वाली कुर्सी पर बैठे हुए थे। ख़ुद को कन्ट्रोल करते हुए मैं मुस्कराया, "बहुत ही अच्छा लग रहा है गुरुजी। आश्रम की सारी ऊर्जा मुझमें समाई हुई लग रही है। एक क्षण को तो मैं भूल ही गया था कि गंगा मुझमें हैं या मैं गंगा में।"

गुरुजी केवल मुस्कराते रहे।

"जितनी अच्छी यहाँ से गंगा महसूस होती हैं वह कहीं और से दुर्लभ है। हमारे ऑफ़िस के पास तो सड़ान्ध आती है।"

"यहाँ आप सब लोग मिल कर मेहनत करते हो और इन्हें शुद्ध रखने का प्रयास करते हो पर सच तो यही है कि अब यह अपने इस युग के रुपान्तरण की अपनी अन्तिम अवस्था में हैं।"

"रुपान्तरण? मृत्यु नहीं?" मैंने आश्चर्य से पूछा।

"मृत्यु कुछ नहीं है, सब रुपान्तरण ही है। हर भौतिक चीज़ का अपने जन्म, विकास, समाप्ति और फिर जन्म का निर्धारित चक्र होता है और यह सब रुपान्तरण ही है। नदी, पहाड़ आदि स्थूल दिखने वाली चीज़ों का रुपान्तरण चक्र हमारे पैमाने के हिसाब से बहुत लम्बा होता है जिसे हम एक जन्म में देख नहीं पाते हैं, वहीं कुछ कीड़ों का चक्र कुछ घन्टों का ही होता है पर चाहे लम्बा चक्र हो या छोटा सभी कुछ रुपान्तरण की प्रक्रिया का ही अंग है। स्थिर तो कुछ भी नहीं है।

"हमारा जन्म, बचपन, जवानी, बुढ़ापा और मृत्यु भी क्या रुपान्तरण का ही हिस्सा है?"

"बिलकुल।"

"और गुरुजी, यह रुपान्तरण हो क्यों रहा है?"

गुरुजी की हँसी निश्छल थी, "पूछना तो आसान है तिवारी जी। समझने की क्षमता पैदा करना कठिन है। वाक़ई जानना चाहते हो या बातचीत में यों ही यह प्रसंग आ गया है।"

"जानना चाहता हूँ गुरुजी।" मैंने विश्वास से कहा।

"तैयारी है?"

"हाँ। पूरी तरह।" मुझे कोई हिचकिचाहट नहीं महसूस हो रही थी।

"घर जाने की कोई जल्दी नहीं है?"

"नहीं।"

"अपनी किसी और समस्या के बारे में पूछना है?"

गुरुजी से कुछ छिपा नहीं रहता, यह अच्छी तरह जानते हुए ही मैंने कहा, "हाँ गुरुजी।"

"क्या?"

"मेरे अन्दर हमेशा यह भाव बना रहता है जैसे मुझे कोई ज़िम्मेदारी पूरी करनी है और मैं कर नहीं पा रहा हूँ। कभी-कभी कुछ ज़िम्मेदारियाँ प्रकट दिखती हैं और पूरी भी होती हैं पर इसके बाद भी यह भाव बना ही रहता है जो हमेशा बेचैन बनाए रखता है। इसकी वजह से मैं कभी इत्मीनान में नहीं हो पाता।"

"और?"

"और बस।"

"आशंकाओं का क्या?"

"पहले थीं गुरुजी। अब नहीं परेशान करती हैं।"

"कैसे कन्ट्रोल किया?"

"आस्था बढ़ा कर।"

"कैसे बढ़ाया?"

"संकल्प शक्ति और विश्वास से।"

"काल्पनिक या आस्तित्वहीन ज़िम्मेदारियों की समस्या को हटाने में क्या बाधा है?"

"नहीं जानता गुरुजी।"

उन्होंने मेरे हाथ पर अपना हाथ रखते हुए कहा, "मेरे साथ कहिए कि मैंने अपनी सारी ज़िम्मेदारियाँ निष्ठापूर्वक पूरी कर दी हैं और अब कुछ बाक़ी नहीं है।"

"मैंने अपनी सारी ज़िम्मेदारियाँ निष्ठापूर्वक पूरी कर दी हैं और अब कुछ बाक़ी नहीं है।" मैंने कहा।

"अब जो कुछ भी है वह खेल है जिसे मैं ईमानदारी से खेलूँगा।"

"अब जो कुछ भी है वह खेल है जिसे मैं ईमानदारी से खेलूँगा।"

गुरुजी द्वारा पैदा की गईं इन क्षणिकाओं में कितनी ताक़त होती है मैं पहले भी देख चुका था। इन में अपना ही संकल्प नहीं बल्कि उनकी ताक़त भी शामिल होती थी।

"अब आप मुक्त हैं। अन्दर से शुद्ध हैं। अब मैं आपको बता सकता हूँ कि यह रुपान्तरण भी यही है। ब्रह्माण्ड में जो कुछ भी तथाकथित अशुद्ध बचा है उसे शुद्ध करने की प्रक्रिया ही रुपान्तरण है। इसीलिए ऊर्जा जन्म लेती है, विकसित होती है, समाप्त होते दिखती है और फिर जन्म लेती है।"

"ऊर्जा का जन्म?" मुझे आश्चर्य हुआ, "और पदार्थ का क्या?"

"पदार्थ कोई अलग चीज़ नहीं बल्कि संघनित ऊर्जा ही तो है। यह अणु, परमाणु, इलेक्ट्रान, प्रोटान, न्यूट्रान आदि तमाम कणों में टूटते-टूटते ऊर्जा में ही बदल जाता है। हमारे उद्देश्य के लिए ऊर्जा भी नहीं है। वास्तव में जिसके लिए रुपान्तरण की आवश्यकता होती है वह ऊर्जा के भी बाद का मूल तत्व है जिसका कोई वैज्ञानिक नाम अभी नहीं है क्योंकि विज्ञान अभी उसे प्रमाणित नहीं कर पाया है। हम उसे सुविधा के लिए ब्रह्म तत्व कह सकते हैं। यह ब्रह्म तत्व ही है जो ऊर्जा या पदार्थ का आवरण पैदा कर के स्वयं को तपाता और रुपान्तरित करता है।"

मैं हैरान था, "ब्रह्म तत्व को रुपान्तरण की क्या ज़रूरत?"

"ज़रूरत तो कुछ भी नहीं है। ब्रह्माण्ड में ज़रूरतों की भाषा है ही नहीं। ज़रूरत तो हमारी गढ़ी हुई चीज़ है। वहाँ तो सब खेल मात्र है पर उस खेल को समझने के लिए हमें ब्रह्माण्ड से एक होना पड़ेगा। जो हमारी बुद्धि अभी है उससे तो समझना नामुमकिन है।"

"हम ब्रह्माण्ड से एक कैसे हो सकते हैं?"

"जैसे अभी गंगा से हुए थे।"

"मुझे पता नहीं। यह अचानक बैठे-बैठे कैसे हो गया था।"

"क्योंकि उस क्षण में आपसे सब कुछ छूट गया था। केवल गंगा ही रह गई थी और गंगा तेज़ी से खींच लेती है।"

"ब्रह्माण्ड भी खींचता है?"

"गंगा से भी हज़ारों गुना ज़्यादा तेज़ी से। आख़िर गंगा ब्रह्माण्ड का एक बहुत छोटा सा हिस्सा भर है।"

"ब्रह्माण्ड कैसे खींचेगा?"

"कोशिश करिए। मेरा हाथ पकड़ लीजिए और बाक़ी सब कुछ, मेरा मतलब है सब कुछ, यहाँ तक कि ख़ुद को भी छोड़ दीजिए। मेरा हाथ सारी ज़रूरतें पूरी करेगा। आप कुछ भी बचाएँ नहीं।"

मैंने किया। वाक़ई सब कुछ छोड़ दिया। गुरु का सहारा काफ़ी है। किसी और की ज़रूरत नहीं है। एक मिनट के अन्दर ही मेरा सारा अवधान गुरु के हाथ पर था। गुरु पर भरोसा हो तो आसान हो जाता है। ध्यान की इस गहराई में पता नहीं कब गुरु ने एक झटके से अपना हाथ छुड़ाते हुए मुझे धक्का दे दिया और मैं अथाह ब्रह्माण्ड में खींच लिया गया।

यहाँ गुरुजी नहीं थे। यहाँ कोई नहीं था। न अँधेरा ही था और न ही प्रकाश। शरीर के बाहर से शरीर को देखने की बात और थी। वहाँ सारा ही माहौल परिचित होता था। सारे लोग वही होते थे। बस मैं ही दो भागों में बँटा होता था एक शरीर, और एक शरीर को देखने वाला, पर यहाँ तो कुछ भी नहीं था। स्वभाववश मैं धैर्य से इन्तज़ार करता रहा। कुछ तो होगा जो सामने आएगा। कोई तो परिवर्तन दिखाई पड़ेगा। कितने समय सब कुछ ऐसा समरस बना रहेगा। समय कहाँ था? कैसी जगह थी यह, जहाँ समय को भी ढूँढना था। जगह का विस्तार भी अनन्त था। जहाँ कुछ था ही नहीं, वहाँ विस्तार की बात केवल सैद्धान्तिक ही थी। केवल मैं था पर कैसा मैं? जहाँ कुछ था ही नहीं वहाँ "मैं" किसके सापेक्ष होता? सही कहना हो तो "था", कुछ था। "मैं" था भी और नहीं भी था।

अपनी दुनिया में हमेशा बाहर देखने का अभ्यासी होने के कारण अपने भीतर देखने का ख़याल देर से आया और जब देखा तो सब कुछ तो था वहीं। सब कुछ मेरे भीतर स्पन्दित हो रहा था। चाँद, सूरज, पृथ्वी, आकाशगंगा, गैलेक्सी,

ब्रह्माण्ड, जो कुछ भी मैं सोच सकता था सब मेरे भीतर था। इतना विराट विस्तार, मेरे भीतर? अब तो मेरे क़रीबी साथी और घरवाले भी मुझे पागल समझेंगे। घरवाले हैं कहाँ? मेरे बच्चे, मेरा परिवार या तिवारी जी के बच्चे, उनका परिवार। सब दिख रहे थे। बच्चे बैंगनी रंग की कैनवास की बाल से क्रिकेट खेल रहे थे। पत्नी अपनी मौसी से बात कर रही थी। दरवाज़े पर एक मैला-कुचैला बच्चा खड़ा बड़ी हसरत से इन लोगों को खेलते देख रहा था और बार-बार होंठों पर जीभ फेर रहा था। तिवारी जी का छोटा बेटा जब बाल लेने उधर गया तो उसे देख कर पूछा, "पानी पियोगे?"

मैला-कुचैला बच्चा हिचक कर पीछे हटा फिर सिर हिलाया। छोटा बेटा खेल छोड़ कर अपने भाइयों की डाँट सुनने के बाद भी दौड़ कर घर में गया और उसके लिए एक मिठाई और पानी लाया। जब वह दौड़ कर वापस खेल में आ रहा था मुझे उसके भीतर एक चमक दिखी, शुद्धता की चमक। मेरा स्पन्दन तेज़ महसूस हुआ। क्या यही ब्रह्म तत्व की शुद्धता की प्रक्रिया है? लेकिन सब कुछ मेरे भीतर ही क्यों है? मैं स्पन्दित क्यों हो रहा हूँ?

थोड़ा ठहर कर मैंने महसूस किया कि पूरा का पूरा विस्तार मैं ही हूँ और मेरे भीतर जो कुछ भी है वह सब भी मैं ही हूँ। सारे सुख और दुख मैं हूँ। गन्दगी, सफ़ाई, पाप, पुण्य, देवता, राक्षस सब मैं ही हूँ। यह सारे रूप मैंने क्यों बनाए हुए है? केवल एक कारण कह सकता हूँ। सब कुछ इस ब्रह्म तत्व की शुद्धता में मदद के लिए है। कोई पापी के रोल में है, कोई राक्षस बना है और दारुण दुख झेल रहा है। इनके बहाने से सैकड़ों लोगों को ब्रह्म तत्व शुद्ध करने में मदद मिलती है। यह शुद्धता अपने भीतर से पैदा हुई भलाई, सच्चे लोगों की मदद, रचनात्मक कार्यों आदि से आती है और अंततः आनन्द पैदा करती है।

क्या होगा जब ब्रह्म तत्व पूरी तरह शुद्ध हो जाएगा? यह स्पन्दन ठहर जाएगा। यह जो अशुद्धता आ गई है वह दूर होने पर ब्रह्म और ब्रह्माण्ड पूरी तरह शुद्ध हो जाएगा। फिर कोई हलचल नहीं, केवल परम शुद्धता, समाँग माध्यम। देखने में कुछ नहीं दिखेगा। न बाहर, न भीतर। और यह भूमिका होगी पुनः परम विस्फ़ोट की- द बिग बैंग।

पता नहीं क्यों मैं सिकुड़ने लगा। विस्तार कम होने लगा। स्पन्दन भी रुक

गया। अब यह क्या हो रहा है? होने दो जो भी हो रहा है। अब मुझे क्या पाना बाक़ी ही रह गया है? मैं निश्चिन्त भाव से आगत की प्रतीक्षा करने लगा।

गुरुजी ने दूसरे हाथ से मुझे झकझोर कर जगाया। उनका एक हाथ मैंने कस कर पकड़ रखा था। आँखें खोलने पर मुझे वहाँ बैठा शिवानन्द भी नज़र आया। दोनों ही लोगों ने बड़ी ही सन्तुष्टि के भाव से मुझे देखा। फिर पता नहीं कितनी देर तक बहती हुई गंगा के किनारे मैं उनके पास बैठा रहा। परम कृतज्ञता के आँसू लगातार बहते रहे जिसे रोकने की कोशिश किसी ने नहीं की।

***

टिप्पणी- योगदर्शन में शक्तिपात एक आध्यात्मिक प्रक्रिया है जिसके द्वारा गुरु अपनी आध्यात्मिक शक्ति शिष्य में स्थापित करता है। इससे साधक को कुण्डलिनी शक्ति जागरण का अस्थायी अनुभव प्राप्त होता है। दूसरे शब्दों में कहें तो शिष्य गुरु की शक्ति से दिव्य अनुभव की एक झलक देखता है। अब वह चाहे तो अपनी साधना से स्वयं इस दिव्यता को प्राप्त करने का प्रयास कर सकता है।

लेकिन खोटे सिक्के हमारे जीवन में हर जगह हैं। ठीक-ठीक कुण्डलिनी जागरण जैसी या शायद उससे भी बेहतर अनुभूति सम्मोहन द्वारा भी कराई जा सकती है। ढोंगी गुरुओं, बाबाओं आदि द्वारा सम्मोहन के प्रयोग किए जाने के उदाहरण बहुतायत में देखे जाते हैं। सामान्यतया हमारे पास यह जानने का कोई उपाय नहीं होता है कि सच क्या है। मेरी दृष्टि के अनुसार केवल एक ही पहचान हो सकती है। अगर आपका दिव्य अनुभव लम्बे समय तक बना रहता है तब तो यह सच है। सम्मोहन के अनुभव भले ही अधिक प्रभावकारी लगते हैं पर अस्थायी होते हैं। कुछ दिनों में ही समाप्त हो जाते हैं अगर इन्हें बार-बार न किया जाए। एक दूर की सम्भावना पोस्ट हिप्नोटिक सजेशन हो सकती है जिससे यह फ़र्ज़ी अवधि बढ़ाई जा सकती है पर यह कठिन प्रक्रिया है और प्रायः ऐसे बाबाओं के बस की नहीं होती है।

***

अध्याय 1
स्पन्दन

चारू ने चलते-चलते रुक कर मुझे ऐसे घूर कर देखा मानो मैं दुनिया का सबसे अहमक़ आदमी हूँ। उसके चेहरे पर रोष झलकने लगा था- "आपको ज़रूरत क्या है इन सब ऊल-जुलूल बातों में उलझने की? आपको ज़रा भी अन्दाज़ा है कि यह सब कितना नुक़सानदेह हो सकता है?"

"अरे भाई! मुझे वहाँ अच्छा लगता है। गंगा का किनारा है, ख़ूबसूरत हरियाली, शान्त माहौल, बहुत ही रिलैक्सिंग, दोस्ताना लोग। क्या हुआ है अगर मैं दिन भर की किच-किच के बाद कुछ देर वहाँ चला जाता हूँ। पहले भी मैंने तुम्हें और तुम्हारी भाभी को यह सब समझाने की कोशिश की है। इसमें नुक़सानदेह क्या हो जाएगा?"

"बात वहाँ जाने या न जाने की नहीं है भैया। हम दोनों ही लोगों ने इसके लिए कभी आपको रोका नहीं है। बात आपकी सुरक्षा की है। अगर यह लोग आपके साथ यह सब एक्सपेरिमेंट करते रहे तो आपके लिए ख़तरनाक है। आप आश्रम जाइए, वहाँ एन्ज्वाय करिए लेकिन उन लोगों को अपने साथ इस तरह के ख़राब प्रयोग मत करने दीजिए।"

मैं ख़ुद को आसमान से गिर कर खजूर में अटकने के लिए डाइव मारने की मुद्रा में पाने लगा। मेरी समझ में बिलकुल ही नहीं आ रहा था कि चारू इस दैवीय अनुभव जैसे मामले को इतना नेगेटिव क्यों बना रहा था। रात-भर मैं ब्रह्माण्ड की सैर की तन्द्रा में था। स्वयं को एक पहुँचा हुआ साधक स्वीकार कर चुका था। मेरे मन में यह तो पक्का ही हो चला था कि मैं अपने और साथियों से बेहतर हूँ क्योंकि मुझे अपने शरीर को बाहर से देखने का सच्चा अनुभव है, मैं गंगा की ऊर्जा को महसूस कर सकता हूँ और उसके साथ एक भी हो सकता हूँ। भीतर जैसे सब कुछ तरल हो गया था। आँख के आँसू लगातार आँखों को नम कर रहे थे जिन्हें पत्नी और बच्चों से यत्नपूर्वक छिपाता रहा।

पर इस सब के बावजूद भी सन्देह और तर्क बुद्धि ने अभी मेरा साथ पूरी तरह छोड़ा नहीं था। इसका प्रमाण यह था कि उस रात घर पहुँचते ही मैंने बैंगनी

रंग की कैनवास की बॉल, मैले-कुचैले बच्चे और मौसी के बारे में पूछा। बच्चों ने बताया कि यह सब सच था पर यह घटना कल दिन की थी जब मैं ऑफ़िस गया था। फिर यह मुझे रात में क्यों दिखाई दिया? लेकिन सबसे बड़ा प्रश्न तो यह था कि यह मुझे उस अवस्था में कैसे दिखाई दिया? मुझे बाद में पछतावा भी लगने लगा कि मैं इस अवसर का पूरा लाभ नहीं उठा पाया। चाहता तो अपना पूरा जीवन, पूरा भविष्य देख लेता। लेकिन उसे देख कर होता भी क्या? सब मालूम तो है। आँसू फिर उमड़ने लगते।

मैं इस अजीबो-ग़रीब अनुभव को किसी जानकार से शेयर करना चाहता था और इसके लिए चारू से बेहतर और कोई मुझे नहीं सूझा। अगर आश्रम में शिवानन्द था तो आश्रम के बाहर उसी कैलिबर का पर पूरी तरह विपरीत विचारों वाला आदमी चारू था। चारू को आध्यात्मिकता, भगवान, स्पिरिचुएलिटी जैसे नामों से जानी जाने वाली चीज़ों पर कोई विश्वास नहीं था। उसका सीधा-सीधा विचार था कि जीवन ही सब कुछ है और हमें इसी पर पूरा ध्यान देना चाहिए। इसको ही हम जितना ख़ूबसूरत बनाएँगे और जीवन को जितना अधिक से अधिक एनज्वाय करेंगे वही अपना है, बाक़ी की सारी बातें केवल विचार मात्र हैं, ढकोसला हैं, पलायनवादी प्रवृति है और जिन्हें कुछ मेहनत-वेहनत नहीं करने का मन होता है वे साधक और गुरु होकर समाज पर बोझ बन जाते हैं। मैं उसे चार्वाक परम्परा का पुनरावतार कहता था जो "यावत्जीवेत सुखम् जीवेत" के मन्त्र पर चलते थे। उसे भी यह स्वीकार था। शायद अदृश्य की प्रेरणा पर उसका नाम चारू, चार्वाकों से मिलते जुलते विचारों के कारण ही पड़ा था।

सवेरे की सैर के समय मैंने इस घटना का ज़िक्र चारू से किया। पहले तो वह घबरा सा गया, फिर गुस्सा हुआ और उसका यह रिएक्शन मुझे भी घबराहट में डालने लगा।

"चारू! सच बता। क्या यह इतना ही ख़तरनाक है? या तुम इसे बढ़ा चढ़ा कर बता रहे हो। क्या ख़तरा है इस प्रयोग में?" मैंने थोड़ा कूल होने की कोशिश करते हुए पूछा।

"भैया। यह हिप्नोसिस है, सम्मोहन है। बाहर कहीं कुछ नहीं है। सब आपके भीतर ही है। आपके मस्तिष्क का ही प्रयोग किया जाता है। हिप्नोसिस एक

वैज्ञानिक प्रक्रिया है। अभी इसका उपयोग चिकित्सा पद्धतियों में भी हिप्नोथिरैपी के रूप में होता है और यह सुरक्षित भी है। मेरा डर हिप्नोसिस से नहीं है बल्कि इसका प्रयोग करने वाले के आधे-अधूरे, अधकचरे ज्ञान वाले बाबाओं से है। पूरी तरह से प्रशिक्षित न होने के कारण अक्सर ही यह अपने शिष्यों को खतरे में डाल देते हैं।"

"लेकिन वे ऐसा क्यों करेंगे? गुरुजी एकदम सरल व्यक्तित्व वाले हैं। उन्होंने अपना कोई आयरन कर्टेन नहीं बनाया हुआ है। वे हम लोगों के बीच रहते हैं। शिवानन्द अच्छा ख़ासा पढ़ा लिखा साइन्टिफ़िक टेम्पर वाला आदमी है। वह पल्सेटिंग क्वान्टम पर रिसर्च भी कर रहा है। वहाँ जाने वाले सभी लोगों के साथ ऐसा कुछ कभी हुआ भी नहीं। मैं ही क्यों चारू! मैं ही क्यों? मेरे पास क्या है जो वे मुझे मिस-यूज़ करेंगे? न मैं बहुत पैसे वाला हूँ और न ही मेरे अन्दर कोई ऐसी ख़ास बात है जिसका फ़ायदा उठाने के लिए वे लोग मेरे साथ कोई ख़तरनाक प्रयोग करेंगे।" अपने डिफ़ेंस मैं मैंने पेशबन्दी की।

वह कुछ देर गुलमुहर के लाल फूलों के बीच से नीले आसमान में उड़ते सफ़ेद बादलों को देखता रहा फिर मेरा हाथ पकड़ कर मुझे एक बेंच पर बैठाते हुए सीधे मेरी आँखों में देख कर बोला- "आइए भैया! इसका पता लगाते हैं। लेकिन आप आश्रम से सम्बन्धित निगेटिव सवालों को दिल पर मत लीजिएगा। मैं किसी का अपमान नहीं करना चाहता। मैं केवल आपको किसी सम्भावित ख़तरे से बचाना चाहता हूँ क्योंकि आप की मुझे फ़िक्र है। आप नहीं तो मैं भी नहीं। मैं जानता हूँ और मेरे मन पर बहुत गहरा छपा हुआ है कि आप मुझे न थाम लेते तो मैं ज़िन्दगी भर सुर्ती रगड़ने वाला मुन्शी ही बना रह जाता। अपनी इच्छा भर पढ़ लिख कर अपने जीवन को आगे, और बहुत आगे ले जाने के मेरे सारे अरमान और सारी प्रतिभा धरी की धरी रह जाती। मैं ख़ुद में आप को ही देखता हूँ।"

"चारू! तुम्हारे अन्दर प्रतिभा थी और है। बहुत है। तुम जो भी हो वह तुम्हारी मेहनत है। मैं तुम्हें छोटे भाई की तरह प्यार करता हूँ। बाक़ी चीज़ें भूल जाओ और मुझे बताओ कि तुम आश्रम के बारे में इस तरह उल्टा क्यों सोचते हो?"

"आप ही बताइए भैया कि आज के युग में आश्रम बनाने की ज़रूरत क्या है? अपना पूरा इतिहास देख लीजिए। किस सन्त ने ईश्वर दर्शन कराने के लिए आश्रम बनाया है? अगर आपको कोई परालौकिक या आध्यात्मिक अनुभव हो रहे हैं तो चैतन्य महाप्रभु, मीरा, रैदास, बुद्ध, महावीर आदि की तरह आप बिना आश्रम बनाए अपना काम क्यों नहीं कर सकते?"

"भाई! आश्रम तो हमारी पुरानी परम्परा से हैं। आदिकाल से ऋषियों के आश्रम होते रहे हैं।"

"बिलकुल ठीक है। पर सोचिए, तब के समय में और आज में क्या अन्तर है? उस समय यह जंगलों में निर्जन स्थानों में होते थे और गुरुकुल के रूप में स्कूलों का काम करते थे। जंगली जानवरों और जंगली आदिम प्रजातियों, जिन्हें राक्षस कहा गया है, से अपनी रक्षा भी करनी थी। इसलिए उस समय तो यहाँ पर लोगों को इकट्ठा और संगठित रहने की ज़रूरत थी। इसी संगठन के लिए आश्रम बने थे। आज क्या है?"

"मैं फिर कहूँगा कि यह परम्परा है और परम्पराएँ ग़लत नहीं हैं। इन आश्रमों के भीतर एक अलग ही वातावरण और संस्कृति दिखती है। परम सत्य के खोजियों के लिए यहाँ रहना एक अनूठा अनुभव है। यहाँ उन्हें जीवन के परम सत्यों के साथ-साथ जीवन को सफलतापूर्वक जीने के तरीक़े भी मिल जाते हैं। अपनी समस्याओं का समाधान मिलता है। कुछ ग़लत लोगों के कारण हम पूरी व्यवस्था को तो नहीं नकार सकते।"

"अब अगर हम इस निगाह से देखें कि कितने लोगों को सच में आश्रम से यह सब लाभ हुए हैं तो इसके आँकड़े नहीं मिलेंगे?"

"आँकड़े तो चारू, उसके भी नहीं मिलेंगे कि कितने लोग बुद्ध, महावीर की संगति में रह कर उपलब्ध हुए? लेकिन हम उन सबको तो नहीं नकार पाएँगे।"

"हमारी विडम्बना ही यही है भैया। पुराने समय मे जो व्यवस्थाएँ आवश्यकता के अनुरूप विकसित हुई थीं और अपने उद्देश्यों को पूरा कर रही थीं, उनकी सफलता के मानदण्डों को आज के समाज में भी लागू करते हुए उनकी सफलता को हम इस समय कैश कर रहे हैं। परम्पराओं से अलग हट कर सोचना बहुत ही कठिन है। इसीलिए यह सन्स्थाएँ चल रही हैं जबकि आज तो इनकी कोई वास्तविक ज़रूरत नहीं ही है।"

"यह तो अन्तहीन बहस है। मुझे तो यह बताओ कि इसका मेरे मामले से क्या सम्बन्ध है?"

"अगर इस बात को अन्यथा न लें तो मैं कहना चाहूँगा कि हिप्नोसिस के लिए जो व्यवस्थाएँ चाहिए वे आश्रमों में आसानी से बनाई जा सकती हैं। बहती हुई गंगा, शान्त माहौल, प्रवचन, गुरु व उनके साथियों द्वारा धीरे-धीरे गुरु के प्रति विकसित की जा रही श्रद्धा, वहाँ एकत्र भक्तों की सामूहिक श्रद्धा की ऊर्जा वग़ैरह आपका ध्यान केन्द्रित करने में सहायक होते हैं। यही हिप्नोसिस की पूर्व आवश्यकताएँ हैं। आप सम्मोहित होते चले जाते हैं और पोस्ट हिप्नोटिक सजेशन में अपना सब कुछ किसी के माँगे बग़ैर आश्रम पर लुटाते चले जाते हैं। जब सब समाप्त हो जाता है तब आप इस सम्मोहन से मुक्त कर दिए जाते हैं। आपके राम और माया दोनों ही आपका साथ छोड़ जाते हैं।"

"भाई! जितना भयानक चित्रण कर रहे हो वह हर जगह फ़िट नहीं बैठता। इस आश्रम के गुरुजी सीधे-सादे हैं। हम लोगों के बीच ही रहते हैं। कोई आडम्बर नहीं करते। श्रद्धा अपने आप ही आती है। वे इसके लिए कोई कृत्रिम उपाय नहीं करते। उन्होंने अपनी क्षणिकाओं से लोगों का जीवन सुधारने में बहुत ही सहायता की है।"

चारू ने कुछ सोचते हुए कहा- "जहाँ-जहाँ सच्चे गुरु हिप्नोसिस की यह सब बनावटी व्यवस्थाएँ ख़ुद नहीं बनाते वहाँ उनके इर्द-गिर्द पलने वाले उनके महत्वाकांक्षी शिष्य या रिश्तेदार लोग यह सब बना देते हैं। सच कहा जाए तो यह लोग गुरु का इस्तेमाल करते हैं। शुरू में गुरु को भी यह सब समझ में नहीं आता और बाद में पानी सिर के ऊपर चले जाने के बाद अगर समझ में आ भी जाता है तो वह इस प्रवेग को रोकने में सक्षम नहीं रह जाता।"

"सच्चा गुरु कौन होता है? गुरु सब गुरु ही होते हैं। जिस पर भी ईश्वर की कृपा बरस जाए वह गुरु है। जिसकी साधना से ईश्वर प्रसन्न हो जाएँ वह गुरु है।"

"मेरे देखे तो गुरु दो तरह के हैं भैया। एक नैसर्गिक गुरु जिनमें परम सत्ता की झलक उनके जन्म के साथ ही आती है। उनके अन्दर नैसर्गिक आकर्षण होता है जो समय के साथ परिपक्व होता चला जाता है। वे ही सच्चे गुरु होते हैं। दूसरे प्रकार के गुरु वे होते हैं जो आश्रमों को फलते-फूलते देख कर एक धन्धे के

तौर पर इसमें आते हैं। वे बाक़ायदा इसका पूरा प्रशिक्षण लेते हैं। पुराने शास्त्रों का पूरा अध्ययन करके प्रवचन देने का, सम्मोहन की आधुनिकतम व्यवस्थाएँ बनाने का, सम्मोहन क्रिया का, स्टाफ़ मैनेजमेन्ट, फ़ाइनेन्शियल मैनेजमेन्ट, नेचुरल ला ऑफ़ अट्रैक्शन का पूरी तरह अभ्यास आदि बातें सब की सब इस प्रशिक्षण का हिस्सा होती हैं।"

मैंने उसे घूरते हुए कहा- "तुम तो ऐसे कह रहे हो जैसे यह पवित्र स्थान ठगी के अड्डे हों। पूरा प्लान बना कर लोगों के श्रद्धा विश्वास का लाभ उठा कर उन्हें लूटने का काम करते हों। इस व्यवस्था में सच्चे गुरु के होने न होने का भी कोई मतलब नहीं है। गुरु सच्चा हो या न हो आश्रम लुटेरा ही होगा।"

"आप नाराज़ हो रहे हैं।"

"हाँ। क्योंकि मैंने अनुभव किया है। मुझे अच्छा लगा है। मैं भी आँख बन्द करके नहीं रहता हूँ। यह बातें मैंने तुमसे इसलिए बताई हैं कि कल मुझे कुछ अलग ही तरह का अनुभव हुआ, न कि इसलिए कि तुम हमारी अपनी पारम्परिक संस्कृति की बधिया उखेड़ दो। कल के पहले तो मुझे कोई भी चीज़ असामान्य नहीं लगी थी। वह जगह रिलैक्सिंग है। वहाँ कुछ दैवीय तत्व भी हैं। वह ठगी का अड्डा तो कभी नहीं लगी। लोग दसियों साल से उससे जुड़े हैं। किसी ने कभी कोई शिकायत नहीं की।"

चारू कुछ नहीं बोला। कुछ देर में हम वहाँ से चल दिए। इस सिलसिले में कोई और बात नहीं हुई।

***

सामान्य अवस्था में लौटने में मुझे कई दिन लग गए। यद्यपि चारू की बातें कहीं न कहीं काँटे की तरह भीतर गड़ रही थीं लेकिन इसके बावजूद भी मेरा पूरा आस्तित्व ही एकदम तरल हो गया था। छोटी-छोटी बातों पर आँखें भर जा रही थीं और आँसू बहने लग रहे थे। उस दिन जो कुछ भी हुआ, स्वप्नवत ही था पर इस सपने ने अन्दर का कौन सा तार हिला दिया था, यह समझ से बाहर था।

हम लोग सारनाथ प्रोजेक्ट की साइट पर जापानी डेलीगेट का इन्तज़ार

कर रहे थे जो आज प्रोजेक्ट वैलुएशन रिपोर्ट फ़ाइनल करने वाले थे।

अशोक सिंह कह रहे थे- "मैं इन सब चक्करों में इसीलिए कभी नहीं पड़ा। आदमी पिलपिला हो जाता है। उतना ही करो जितना अच्छा लगे।"

आज बड़े वाले चीफ़ साहब ने अशोक सिंह को ही बहुत डाँटा था अतः वह ज़्यादा ही दार्शनिक हो गया था।

"करने न करने की गुन्जाइश कहाँ रहती है। जो होता है हो ही जाता है।" मैंने और बढ़ कर फ़िलॉसफ़ी बघारी।

"किसने कहा था तुमसे कि झूठे सच्चे क़िस्से सुनाओ? शरीर छोड़-छोड़ कर भागोगे तो और क्या होगा? गुरुजी पूरा ही उड़ा देंगे धरती के बाहर। फिर ढूँढते रहो अपना शरीर, अपना घर, बाल बच्चे।"

"वे झूठे क़िस्से नहीं थे।" मैंने विश्वासपूर्वक कहा।

"ठीक है, पर वहाँ इन्हें सुनाने की ज़रूरत क्या थी?"

"तो क्यों ले गए मुझे वहाँ? मैंने तो कहा नहीं था।"

"ले गया था कि अच्छी जगह है, अच्छे लोग मिलते हैं, अच्छी-अच्छी बातें करते हैं और अच्छा टाइम पास होता है। यह चीफ़ टाइप के लोग वहाँ टिर्रर-बिर्रर करने के लिए नहीं होते हैं।"

फिर उसने गेट की तरफ़ देखते हुए कहा, "लो, जसवन्त भी चले आ रहे हैं, एक और गूढ़ ज्ञानी। इन्हीं से समझो अपनी समस्या।"

जसवन्त हँसते हुए अन्दर आ गया- "किसको क्या समस्या हो गई है?"

"यही तिवारी जी हैं। गुरुजी ने इनको थोड़ा लम्बी सैर करा दी है। अब पिलपिलाए घूम रहे हैं।"

"लम्बी सैर! इनको!" जसवन्त हैरानी से बोला, "हो गया?"

"हाँ, यह अपने शरीर से बाहर होकर शरीर को देखने के क़िस्से सुना रहे थे।"

"उस दिन चर्चा ही यही थी।" मैंने कहा।

"क्या हुआ था। मुझे पूरी बात बताओ।"

मैंने बताया।

जसवन्त गम्भीर हो गया- "छुपे रुस्तम निकले तिवारी जी। कभी हम लोगों से तो चर्चा भी नहीं की थी।"

"यह सब क्या है जसवन्त? गुरुजी के दिखाए इस सपने के बाद मैं एकदम बदला हुआ महसूस कर रहा हूँ।" मैने पूछा।

"यह सपना नहीं था।" जसवन्त और गम्भीर हो गया जैसे उस दुनिया में खो गया हो, "यह वो सच्चाई है जिसे हम सपना समझते हैं क्योंकि उस पर भरोसा नहीं करना चाहते। अगर उस पर भरोसा आ गया तो हमारी यह दुनिया हमारे लिए बेकार हो जाएगी।"

"तुमने भी देखा उसे?"

"बस एक झलक भर। तभी से तड़प रहा हूँ। बहुत प्यास लगी हो और केवल एक घूँट पानी मिल कर रह जाए, वही हालत है।"

"और कितने लोगों ने देखा होगा?"

"यहाँ तो अभी बस हम तीन ही हैं, मैं तुम और शिवानन्द। शिवानन्द और आगे भी जा चुका है।"

"ब्रह्माण्ड के आगे भी कुछ और है?" मुझे बहुत हैरानी थी।

"हाँ। और वहाँ जाने वालों के लिए हमारी यह दुनिया सपना हो जाती है।"

मैं अपनी आन्तरिक स्थिति और स्पिरिचुअल साथियों के अनुभवों की बातों से ख़ुद को एक अजीब सी रहस्यमय स्थिति में पा रहा था। सोचने-समझने की क्षमता साथ नहीं दे रही थी। जसवन्त से मैंने कहा, "मुझे लग रहा था कि सृष्टि मेरे भीतर स्पन्दित हो रही है, धड़क रही है। यह केवल अपनी पृथ्वी की ही बात नहीं थी। सुन रहे हो न? गैलेक्सियाँ थीं। पूरा ब्रह्माण्ड था। कितना अजीबो-ग़रीब है इस तरह की बात करना?"

"जिसे इसका हल्का भी अनुभव है उसे बिलकुल भी अजीबो-ग़रीब नहीं लगेगा। हमारे ज्ञानी ऋषियों ने भी यत् पिण्डे तत् ब्रह्माण्डे कह कर इसका उद्घोष किया था। जिसे हम लोग ब्रह्म तत्व कह रहे हैं वह अखण्ड है। निरन्तर है। शाश्वत है। मुझमें, तुममें, उसमें, नदी में, पहाड़ में, हवा में, गैलेक्सियों में, गैलेक्सियों के बीच के स्पेस में हर जगह ही है। उसके खण्डित होने का कोई

उपाय नहीं है। अगर वह पकड़ में आ जाता है तो ब्रह्माण्ड ही है और ब्रह्माण्ड स्पन्दित हो रहा है।"

"यह स्पन्दन क्यों है?"

"क्यों का क्या प्रश्न है? बस है। वहाँ पहुँचो तो स्पन्दन का अनुभव होता है। जानने वाले कहते हैं रुपान्तरण के लिए।"

"वही जो गुरुजी ने कहा था। ब्रह्म तत्व की शुद्धता के लिए?"

"हाँ। कभी-कभी परम विस्फ़ोट में यह अशुद्ध हो जाता है और चूँकि शुद्धता इसका स्वभाव है और सृष्टि में ब्रह्म के सिवा और कुछ है ही नहीं अतः शुद्धता प्राप्त करने के लिए क्लीनर के रूप में यह पहले ऊर्जा और फिर संघनित ऊर्जा या पदार्थ के आवरण पैदा करता है और स्पन्दित होकर शुद्धता की ओर बढ़ता है।"

"क्या हम अपनी इस दुनिया में भी स्पन्दन महसूस कर सकते हैं?"

"करते ही हैं। जीवों में धड़कन को स्पन्दन कहते हैं, पेड़-पौधों में, नदियों में पहाड़ों में सभी जगह यह गति के रूप में महसूस होता है। पहाड़ देखने में गतिहीन लगते हैं पर भीतर-भीतर इनमें भी गति रहती है।"

"ऊर्जा अपने आप में गति का कारण है ही।"

जसवन्त गहरे ध्यान की अवस्था में आ गया था। उसने कहा, "ब्रह्म तत्व के इर्द-गिर्द विकसित हर प्रकार की ऊर्जा और फिर पदार्थ, इन सभी का एक ही उद्देश्य है, इस तत्व को शुद्ध करना और तेज़ी से शुद्ध करना। इसके लिए पूरे जीव जगत और फिर कालान्तर में परम उच्च जीव, मनुष्य का विकास हुआ। आप जानते हैं कि मनुष्य क्यों सर्वश्रेष्ठ है?"

"शायद इसलिए कि उसके पास अन्य जीवों की अपेक्षा सोचने समझने की अधिक क्षमता है। मनुष्य, जीव जगत का सर्वाधिक विकसित प्राणी है।"

"हाँ। मनुष्य के पास एक साथ तीन आयामों में देखने की क्षमता है और चौथे आयाम, समय का एहसास करने की क्षमता है जिससे वह भूत, भविष्य और वर्तमान के भाव को एक साथ समय के एक बिन्दु पर रख सकता है। उसकी सर्वश्रेष्ठ उपलब्धि है उसके विचार। आप संभवतः जानते ही हैं विचार भी ऊर्जा है जो प्रकाश की गति से भी तेज़ चलता है और विचार की गति प्रकाश की तरह

लीनियर न होकर हर दिशा में, हर जगह, या कहें तो हमारी ग्राह्यता के इर्द-गिर्द होती है अतः यह बहुत ही शक्तिशाली और केन्द्रित होते हैं। यदि यह विचार रचनात्मक हों, परोपकार या समाज की भलाई के लिए हों, सकारात्मक हों तो यह बहुत ही तेज़ी से ब्रह्म तत्व को शुद्ध करने वाले होते हैं। मनुष्य जन्म की यही सबसे भारी उपयोगिता है।"

"तो क्या इनकी नकारात्मकता अशुद्धि बढ़ाती है?"

"हाँ। इसे ऐसे कह सकते हैं कि सकारात्मक कार्य व विचार शुद्धता बढ़ाने के साथ मनुष्य का अपना आनन्द बढ़ाने वाले होते हैं जबकि नकारात्मक विचार व कार्य अशुद्धि बढ़ाने के साथ मनुष्य के अपने लिए महादुख या नर्क पैदा करते हैं।"

"लेकिन जसवन्त, ब्रह्म तत्व अशुद्ध कैसे हो सकता है? वह तो अन्तिम........."

तभी गाड़ियों की चीं-पीं के साथ लोकल चीफ़ और प्रोजेक्ट ऑफ़िसर के साथ जापानी डेलीगेट आ पहुँचा और हमारी चर्चा वहीं रुक गई। औपचारिक दुआ-सलाम और फ़ास्ट फ़ूड की तर्ज़ पर फ़ास्ट चाय पीने के बाद हम सभी साइट की ओर चल दिए। पूरी नौकरी में आज तक मैं समझ नहीं पाया कि जब बड़े लोगों के पास टाइम नहीं होता है तो दौरे पर आते ही क्यों हैं? आ ही जाते हैं तो हमारा सन्स्कारित आतिथ्य धर्म, दौरे के बाद क्यों नहीं इतमीनान से निभाया जाता। ऐसे हर दौरे में चाय वग़ैरह का तिरस्कार तो ज़रूर ही होता है।

पहला पड़ाव भगवान बुद्ध द्वारा अपने पहले पाँच शिष्यों को दिए गए पहले उपदेश के स्थल पर था। मोटे जापानी ने नाक भौं सिकोड़ते और अजीब ढंग से हाथ और सर हिलाते हुए अपनी नापसन्दगी ज़ाहिर की।

"द स्पेस बिट्वीन डिसाइपिल्स एण्ड बुद्धा इज नाट वेल केप्ट। रेज बुद्धा ए लिटिल।" उसने हम लोगों की तरफ़ देखा पर हम लोगों को उसकी जापानी मिश्रित अंग्रेज़ी के आगे एकदम ख़ाली निगाहों से उसकी ओर देखते हुए पा कर फिर बोला, "एम आइ क्लियर?"

अंग्रेज़ी हम लोग अच्छे से जानते थे पर जापानी अंग्रेज़ी से पाला नहीं पड़ा था। हम लोग लोकल चीफ़ की ओर देखने लगे।

लोकल चीफ़ तो और ब्लैंक थे। फिर भी कुछ बताना तो था ही। वे बोले,

"यहाँ एक वेल यानी कुआँ नहीं बना है जिसे बनवाना है और भगवान बुद्ध को थोड़ा लाल रंग........."

"ओह प्लीज़ स्टाप।" साथ आए दूसरे अंग्रेज़ टाइप आदमी ने कहा, "यह कह रहे हैं कि बुद्ध को थोड़ा और ऊँचा करिए और शिष्यों के बीच की दूरी और बुद्ध से शिष्यों के बीच की दूरी ठीक करिए।"

"यस सर।" कहते हुए अशोक सिंह ने अपनी डायरी में तत्परता से नोट करने का दिखावा किया। अगले दस-पन्द्रह मिनटों में हम सभी लोगों ने बाउण्ड्री को थोड़ा और दूर से बनाने, गेट से बुद्ध तक पेबिल पाथ बनाने, भगवान बुद्ध की प्रतिमा की झापड़ मारने वाली मुद्रा को ठीक करके उपदेश देने वाली मुद्रा बनाने तथा बुद्ध के सिर के पीछे की तरफ़ एक हिडेन लाइट सोर्स लगाने, जिससे उनके ज्ञान का प्रकाश सिम्बोलिकली दिखाई पड़े आदि कार्य नोट किए।

"कैन यू डू इट?" जापानी ने पूछा।

"यस सर।" अशोक सिंह ने तत्परता से कहा।

"हाउ यू आर गोइंग टु प्लेस हिडेन लाइट।"

"यस सर।" अशोक सिंह ने उतनी ही तत्परता से जवाब दिया।

"ओह माइ गॉड!" जापानी ने अंग्रेज़नुमा साथी की ओर देखते हुए कहा, "आस्क देम प्लीज!"

अशोक सिंह फिर "यस सर" कहने जा ही रहे थे कि जापानी की निगाह दूसरी ओर देख कर रुक गए। अगले कुछ मिनट हिडेन लाइट की तकनीक पर डिस्कशन में गुज़रे।

वहाँ के बाद अगला निरीक्षण स्थल धमेख स्तूप था। यह 28 मीटर व्यास और लगभग 44 मीटर ऊँची ईंट और पत्थरों से निर्मित ठोस संरचना है जिसका निर्माण 500 ईस्वी में कराया गया। यह निर्माण सम्राट अशोक द्वारा 249 ईसापूर्व में रिनोवेट कराए गए एक स्तूप व अन्य कई स्मारकों के स्थान पर कराया गया था। इसमें हाल ही में एक दरार आ गई थी जिसकी मरम्मत का काम पुरातत्व विभाग द्वारा किया जा रहा था। हमारे विभाग द्वारा इसमें कुछ नहीं किया जाना था अतः हम सभी तनावमुक्त थे।

"व्हाइ दिस इज़ मेड लाइक दिस?" जापानी इंगलिश ने पूछा।

केवल अंग्रेज़ ही भाषा समझता था पर इस बार वह भी गोल था। उसने हम लोगों की तरफ़ देखा पर हम तो पूरा ही गोल थे। फिर उसने जापानी की ओर देखा।

"व्हाइ दिस स्तूपा इज़ सो क्लोज़्ड, वेरी अनलाइक आवर पैगोडाज़? इट हैज़ नो डोर, नो विन्डो, नथिंग....."

अंग्रेज़ बुद्धिस्ट स्मारकों के बारे में ज़्यादा नहीं जानता था पर दुनिया की सर्वश्रेष्ठ जाति होने का घमण्ड एक जापानी और कुछ इन्डियन्स के सामने यह स्वीकार करने नहीं दे रहा था। उसने भी फेंकना चालू किया।

"यू सी, दे प्रेज़र्व द रिमेन्स ऑफ़ बुद्धा इनसाइड..."

"यस-यस आइ नो। आइ वाज़ सेइंग द स्तूपा इज़ नाट लाइक पगोडा व्हिच इज़ ए टियर्ड ओपेन स्ट्रक्चर। डू दे हैव सम डिफ़रेन्ट फ़िलासोफ़ी?"

अंग्रेज़ नाराज़ हो गया था। उसने लौटते हुए कहा, "आस्क देम?"

"देम" से बात करने का कोई मतलब ही नहीं था अतः टीम मन्दिर की ओर चली।

ऐसे ही निर्देशों, निरीक्षणो व लंच में दिन गुज़र गया। जापानी ने फ़ाइव स्टार होटल से मंगवाई गई सैंडविच व कटलेट रिजेक्ट कर दिए थे जिसे लोकल चीफ़ ने अपनी गाड़ी में रखने के लिए ड्राइवर को दिलवा दिया। वो केवल अजीब सी बिना चीनी वाली ग्रीन टी और फ्राइड काजुओं पर ही रह गया। हम लोग लोकल चीफ़ से जानना चाह रहे थे कि यह प्रोजेक्ट हम लोगों के हाथ से खिसक रहा है या नहीं पर चीफ़ ख़ुद ही कुछ नहीं समझ पा रहे थे अतः हम हिन्दुस्तानियों का प्रसिद्ध डाइलॉग बोले, "जो होगा सामने आ ही जाएगा।"

टीम के प्रस्थान के बाद कुछ देर हम लोग आदतवश टीम के निरीक्षण का मज़ाक़ उड़ाने वाली बातें करते रहे फिर आश्रम में आ गए।

***

आश्रम वही था पर मेरे मन में संशय के बीज थे। यद्यपि चारू की बातों को मैंने बिलकुल भी गम्भीरता से नहीं लिया था पर कहीं न कहीं यह बातें कुलबुला तो रही ही थीं।

आज शिवानन्द बहुत प्रसन्न दिख रहा था। हम लोगों का अड्डा पूर्ववत गंगा जी के किनारे था। आज वहाँ बैठ कर गंगा को देखने का अर्थ ही बदला-बदला लग रहा था। थोड़ा भी ध्यान लगते ही या तो गंगा का या फिर ब्रह्माण्ड का आकर्षण खींचने लगता था और चर्चा की दुनिया खो जाती थी। कई बार मुझे चौंक कर इस दुनिया में वापस आना हुआ तो शिवानन्द मेरे क़रीब आकर बैठ गया।

"कुछ परेशान दिख रहे हैं तिवारी जी?" उसने पूछा।

"नहीं, नहीं।" मैंने मुस्कराने की कोशिश करते हुए कहा- "उस दिन के अनुभव के बाद मैं स्वयं को भीतर से कुछ बदला-बदला सा महसूस कर रहा हूँ। जैसे किसी गहरी हिप्नोसिस की प्रक्रिया से गुज़रा होऊँ।" मैंने शिवानन्द के चेहरे को अपनी बात की प्रतिक्रिया जानने के लिए ग़ौर से देखा पर वहाँ सरलता के अलावा कुछ भी नहीं था।

"कुछ दिन में सब सामान्य हो जाता है।" शिवानन्द बोला- "लेकिन अच्छा हो अगर हम इसके दौरान ही अपनी उपलब्धियों को कुछ और आगे बढ़ा सकें।"

"कैसे?"

"हम मुक्तामणि प्राप्त करने की कोशिश कर सकते हैं।"

"मुक्तामणि?" हम सब को बहुत आश्चर्य हुआ। मैंने सभी की ओर देखते हुए कहा- "पहले कभी इसकी चर्चा नहीं सुनी।"

"भाई।" अशोक सिंह ने बेताबी से पूछा- "यह मुक्तामणि है क्या और इसे कैसे पाया जा सकता है।"

"अशोक जी, यह तो गुरुजी ही बताएँगे।"

जसवन्त ने पूछा- "शिवानन्द। तुमने मुक्तामणि पाने की कोशिश की क्या?"

"हाँ। दो बार अपनी जान और अपना आस्तित्व दाँव पर लगा कर कोशिश की।"

"फिर?"

"नहीं हुआ। नहीं सफल हुआ।"

"अगर तुम नहीं हुए तो और कौन हो सकता है?"

"कोई भी। अगर उसका आन्तरिक साँचा उससे मेल खा जाए। सभी अभ्यासों के बाद भी मेरा साँचा फ़िट नहीं बैठा।"

मैंने थोड़ा सोच कर पूछा- "शिवानन्द। तुम बता रहे थे कि जो अनुभव मुझे यहाँ हुआ उसके दौरान ही हमें अपनी उपलब्धियों को आगे बढ़ाने या सीधे कहें तो मुक्तामणि प्राप्त करने की कोशिश करनी चाहिए। क्या यह अनुभव फ़ेड होने के बाद कोशिश नहीं हो सकती?"

"हो सकती है। पर अधिक श्रमसाध्य हो जाती है। मेहनत ज़्यादा करनी पड़ती है। एक या दो बार के बाद लगभग असम्भव हो जाता है। इसीलिए गुरुजी कहते हैं कि पहली बार में ही कोशिश कर लेना अच्छा होता है।"

"इसका महत्व क्या है? मतलब हमें इसे पाने की कोशिश क्यों करनी चाहिए?"

"बस थोड़ा धैर्य रखिए। गुरुजी सब समझा देंगे।" बडी प्रसन्नता से शिवानन्द बोला।

"अच्छी बात है भाई। पर आज तुम बहुत ख़ुश दिख रहे हो? रोज़ से कहीं बहुत ज़्यादा। क्या हुआ है? कुछ अच्छी ख़बर? कोई नया पेपर तो नहीं आ गया?" मैंने कहा।

"कभी-कभी मानवता की ऊँचाइयाँ दिखाने वाली घटनाएँ हम जैसे लोगों को स्वतः प्रसन्न बना देती हैं।"

"क्या हुआ?"

"होता रहता है। कुछ दिनों में तुम्हें भी होने लगेगा। क्या किए आज दिन भर?"

"जापान से टीम आई थी, अपने प्रोजेक्ट की मॉनिटरिंग के लिए।" मैंने बताया। फिर मुझे अचानक स्तूप की याद आई, "यह धमेख स्तूप क्यों बनाया होगा बौद्धों ने?"

"पवित्र ऊर्जा को लम्बे समय तक संरक्षित रखने के लिए।"

"कैसी पवित्र ऊर्जा?"

"भगवान बुद्ध की।"

"कैसे?" मुझे आश्चर्य था।

"दिव्य व्यक्तियों के शरीर के आस-पास जिस ऊर्जा का उदय होता है उस की तरंगें हज़ारों साल तक प्रभावी रहती हैं। इसीलिए हम महापुरुषों की समाधियाँ बनाते हैं। शरीर नश्वर है पर इसकी अस्थियाँ, बाल आदि लम्बे समय तक रखे जा सकते हैं जो लगातार ऊर्जा प्रवाहित करते हैं और भावी साधकों के लिए मार्ग सरल बना सकते हैं।"

"इसका मतलब है कि स्तूप में भगवान बुद्ध की अस्थियाँ होंगी।"

"हाँ। बुद्ध की पवित्र ऊर्जा को संरक्षित रखने के लिए उनकी अस्थियों, बाल आदि को दस प्राकृतिक स्तूपों में सुरक्षित किया गया था पर कालान्तर में वे विस्मृत हो गए। आज हम इस धमेख स्तूप और साँची के स्तूप को ही जानते हैं जिनका पुनर्निर्माण सम्राट अशोक द्वारा कराया गया था।"

"शिवानन्द।" नाम लेते हुए मैंने अपने प्रश्न को व्यक्तिगत बनाया, "क्या सच में पवित्र ऊर्जा संरक्षित होती है? अगर होती है तो इसका प्रभाव समाज में क्यों नहीं दिखता? इतने दिव्यात्माओं की ऊर्जा संरक्षित होने के बाद भी क्यों दिनों-दिन मानवता बदतर होती जा रही है?"

"क्योंकि यह ऊर्जा आक्रामक नहीं होती, आक्रामक हो नहीं सकती। जो इसका लाभ उठाने का इच्छुक होगा वही उठा सकता है। यह स्वतः परिवर्तन नहीं प्रारम्भ कर सकती। जैसे सूर्य की ऊर्जा है। जो धूप लेना चाहेगा वही लेगा। जो नहीं चाहेगा वह नहीं लेगा। छाया में ही रहेगा। धूप उसे मजबूर नहीं कर सकती। जैसे बुद्ध के अपने समय में भी हुआ। एक तरफ़ उनके ज्ञान और उनकी ऊर्जा से हज़ारों लोगों ने लाभ उठाया पर वहीं लाखों लोग उनके प्रति उदासीन रहे। सैकड़ों उनके विरोधी भी रहे। आप जानते ही हैं कि उनका अपना भाई देवदत्त ही उनका सबसे बड़ा दुश्मन था जिसने कई बार उनकी जान लेने की भी कोशिश की। लेकिन उन्हें जो भी मिला था, अतीव था इसलिए करुणावश जनकल्याण के लिए वे उसे बाँटना चाहते थे। उनका अपना कोई स्वार्थ नहीं था पर कितने ज़रा

से लोग ही उसे लेने को तैयार हुए। आज तो ऊर्जा मात्र है। कौन मेहनत करेगा?"

"तब इसे रखा ही क्यों है?"

"जब रखा गया था तब उपयोग करने वाले मौजूद थे। धीरे-धीरे खो गए। स्तूप भी खो गए। वो तो सम्राट अशोक ने दो स्तूपों को फिर से जीवित कर दिया वरना सब कुछ खो ही रहा था।"

हम दोनों के अलावा वहाँ बैठे बाक़ी लोग भी अपनी अपनी चर्चाओं और कार्यों में व्यस्त थे। राय साहब के बुलाने पर शिवानन्द किचन की ओर चला गया और मैं बहती गंगा के साथ ही बहने लगा।

मेरे सामने स्तूपों का एक नया ही अर्थ खुल रहा था। मैंने इस पर और अधिक जानकारी के साथ-साथ इस ऊर्जा को फ़ील करने का निश्चय भी किया।

***

अध्याय-2
भगवान

जापानी डेलीगेट का नोटिस आ गया।

"जो होगा सामने आ ही जाएगा" वाले लोकल चीफ़ को तत्काल प्रोजेक्ट लीडरशिप से हटाने को कहा गया था। बाक़ी लोगों को अन्तिम वार्निंग देते हुए कहा गया था कि ऐसे नाकारा लोगों से प्रोजेक्ट चलाया जा रहा है जिन्हें अपनी धरोहरों के बारे में जानकारी तक नहीं है और इस पवित्र काम के प्रति कोई प्रतिबद्धता भी नहीं है। एक महीने बाद होने वाली समीक्षा बैठक तक अगर कोई सुधार नहीं पाया जाता है तो यह प्रोजेक्ट एक बौद्ध एन.जी.ओ. को दे दिया जाएगा।

इस नोटिस पर हम सीरियस होने को सोच ही रहे थे कि सरकार कुछ ज़्यादा ही सीरियस हो गई। लोकल चीफ़ तो लाइन हाज़िर हुए ही हमें भी अपनी सफ़ाई का एक मौक़ा देते हुए अगले ही दिन प्रातः दस बजे प्रमुख सचिव के सामने पेश होने का हुक्म हुआ।

डरते, घबराते हम सभी लोग समय से तैयार हो गए पर अशोक सिंह की पूजा समाप्त होने का नाम ही नहीं ले रही थी।

"बड़े पुजारी की पूँछ बने हुए हैं। सस्पेंड हो जाएँगे तो यह भगवान लोग बचाने आएँगे क्या?" राय साहब उत्तेजित हो रहे थे।

"यह दिया बत्ती करके भगवान की शान में कसीदे पढ़ने से क्या होने वाला है? क्या भगवान अपनी तारीफ़ें सुनने के भूखे हैं?" जे.ई बोला।

"टाइम की बरबादी है। इतने में कोई सार्थक काम करते तो भगवान ज़्यादा ख़ुश होते।" राय साहब नाराज़ थे।

"अरे अब आ भी जाओ सिंह साहब। देर हो गई तो प्रमुख सचिव बिना कुछ सुने हमें सस्पेंड कर देगा।"

कुछ देर में सिंह साहब आ ही गए। हम भी जल्दी-जल्दी करके शासन

पहुँचे और राहत की साँस ली कि प्रमुख सचिव अभी आए नहीं थे। हमारे लोकल चीफ़ अलबत्ता बिन बुलाए वहाँ मौजूद थे।

"आपको भी बुला लिया है क्या सर?" मैंने पूछा।

"नहीं। विभागीय प्रमुख चीफ़ ने मुझसे कहा कि यहाँ आकर मैं कुछ तुम लोगों को गाइड कर दूँ और प्रमुख सचिव के सामने विभाग का पक्ष रखूँ।"

"बहुत ही अच्छा हुआ सर। हमें भी सहारा रहेगा।"

कुछ देर बाद ही स्टेनो ने हमें वेटिंग रुम में पहुँचा दिया। उसने बताया कि प्रमुख सचिव साहब को अचानक चीफ़ सेक्रेटरी ने "पतंगों के पेंच लड़ाने पर प्रतिबन्ध" की ज़रूरी मीटिंग में बुला लिया है अतः हमको कुछ देर उनका इन्तज़ार करना होगा। जैसे ही प्रमुख साहब आएँगे हमें बुला लिया जाएगा।

वेटिंग रुम के खुले माहौल में हम सभी थोड़ा रिलैक्स हो गए। अशोक सिंह ने आश्चर्य से कहा, "पतंग का पेंच लड़ाने की मीटिंग आज पहली बार सुन रहा हूँ।"

"तुम्हें पूजा से फ़ुर्सत मिलेगी तब न कुछ सुनोगे।"

राय की इस बात को नज़र-अन्दाज़ करते हुए जे.ई ने कहा, "पतंगबाजी तो सीरियस मामला है ही। पहले पेंच लड़ाते हैं फिर ख़ुद ही लड़ जाते हैं। यह लॉ एण्ड आर्डर का मुख्य मुद्दा है।"

"कुछ लोग नैनों के पेंच भी तो लड़ाते हैं।"

"उस पर भी शासन स्तर पर बैठकें होती होंगी क्या?" लोकल चीफ़ मुस्करा रहे थे।

"क्यों नहीं? शासन की ज़िम्मेदारी बहुत बड़ी है।"

प्रमुख सचिव साढ़े बारह के लगभग आए। पहले घन्टे में तो उन्होंने पतंगबाजी जैसे कई महत्वपूर्ण मामलों पर स्टाफ़ से डिस्कशन कर निर्देश जारी किए फिर मुलाक़ातियों को एक-एक करके बुलाया। दो बजे के क़रीब हमारा भी नम्बर आ गया।

उन्होंने परिचय जानते ही मुझे घूरते हुए कहा, "तो तुम्हीं लोग हो जापानी डेलीगेशन को नाराज़ करने वाले? क्या करते रहते हो? सरकार की इज़्ज़त की कोई परवाह नहीं है? नौकरी को खेल बना रखा है?"

मैं गड़बड़ा गया। मुझे समझ ही नहीं आया कि कहाँ से शुरू करूँ। अशोक सिंह ने बात सम्भाली, "काम तो हमारा ठीक है सर। थोड़ा लैंग्वेज की प्रॉब्लम हो गई थी। हम पूरी तरह समझ नहीं पा रहे थे कि क्या पूछा जा रहा है।"

"तुम लोग पढ़े लिखे नहीं हो?" वह और गुस्से में बोला।

"सर, उनकी जापानी टोन वाली इंगलिश से समस्या हो रही थी।" मैंने स्थिति क्लियर करने की कोशिश की।

"तुम लोगों ने पंच प्यारों का भी प्लेसमेंट ठीक ढंग से नहीं किया और स्तूपा के बारे में कुछ बता नहीं पाए।" उन्होंने फ़ाइल देखते हुए कहा।

पाँच प्यारों का नाम सुन कर हम सभी घबरा गए थे कि यह सारनाथ में कहाँ से आ गए। हम बता भी नहीं पा रहे थे कि पंच प्यारे तो सिखों के गुरु गोविन्द सिंह के थे।

आदत के अनुसार अशोक सिंह ने कहा, "हम ठीक करा देंगे सर।"

"क्या ठीक करा देंगे? कुछ पता है आप लोगों को कि यह प्रोजेक्ट हमारे प्रदेश के लिए कितना इम्पोर्टेन्ट है? सारनाथ और कुशीनगर में स्थल विकास और बुद्धा सर्किट इन्फ्रास्ट्रक्चर विकास पर जापान से हमें 600 करोड़ रूपए मिल रहे हैं। अगर तुम जैसे लोग हों तो प्रदेश का विकास ही नहीं हो पाएगा। एक अप्रेज़ल तक ठीक से नहीं करा सकते और कमीशनबाज़ी के लिए मारामारी करोगे।"

"हमें तो सत्तर लाख ही मिले हैं पर हम ठीक करा देंगे सर।" अशोक सिंह बोले।

प्रमुख सचिव ने एक नज़र घड़ी पर डाली फिर फ़ाइल में देखते हुए बोले, "आप लोगों के काम पर डेलीगेशन ने सत्रह आपत्तियाँ लगाई हैं। इन्हें ठीक से समझ लें और पन्द्रह दिनों के अन्दर ठीक करा दें। सोलहवें दिन मैं यहाँ से जाँच टीम भेजूँगा। अगर तब तक काम ढंग से हुआ नहीं मिला तो सभी सस्पेंड कर दिए जाएँगे। समझ गए?"

मैं अभी सोच ही रहा था कि हमारे बजट और रिसोर्सेज की क्या स्थिति थी कि अशोक सिंह ने मुस्तैदी से कहा, "यस सर, हो जाएगा सर।"

प्रमुख सचिव ने फिर मुझे घूरते हुए कहा, "क्या कहते हो?"

सब कुछ भूल कर मैंने भी अशोक सिंह की तरह ही कहा, "बिलकुल हो जाएगा सर।"

"आप लोगों की मदद के लिए मैंने "बुद्धिस्ट फ़िलासफ़ी एण्ड आर्किटेक्चर विभाग" के हेड प्रो. केशवचन्द्र ओझा से बात की है। आप लोग आज ही डेलीगेट की चिट्ठी लेकर उनसे मिल लें। फिर उनके गाइडेंस में काम करें।"

"यस सर। थैंक यू सर।"

उन्होने हमें जाने का इशारा किया। हमें गाइड करने और शासन में विभाग का पक्ष रखने के लिए भेजे गए लोकल चीफ़ पहली बार मिमियाते टोन में बोले, "मुझे भी एक मौक़ा दिया जाए सर।"

"आप कौन हो?"

"मैं लोकल चीफ़ हूँ सर। मुझे अटैच किया गया है।"

"तुम्हारे बारे में तो डेलीगेट का क्लियर इन्स्ट्रक्शन है। कुछ नहीं हो सकता है।"

"अगर आप चाहें सर...."

"प्लीज़ लीव।" उन्होंने मक्खी उड़ाने वाले टोन में इशारा किया।

हम बाहर आ गए। आते ही मैंने अशोक सिंह से पूछा, "यस सर तो कर आए। करोगे कैसे?"

"हैं न भगवान बुद्ध। वही कराएँगे सब। मैं तो इतना ही जानता हूँ कि बड़े हाकिमों के सामने "यस" छोड़ "नो" कभी नहीं बोला जाता है।"

लोकल चीफ़ कुछ विकल लग रहे थे। उन्होंने मौक़ा पाते ही कहा, "मेरे इस महीने के हिसाब-किताब का क्या होगा? कब करोगे?"

"पहले इस झंझावात से जान बचे तो हिसाब किताब भी देख लेंगे सर।" कहते हुए मैंने उन्हें इग्नोर करने की कोशिश की पर उन्होंने अशोक सिंह को पकड़ लिया, "मेरा हिसाब कल तक पहुँच जाना चाहिए।"

"यस सर।" अशोक सिंह ने कहा तो वे मुझे घूरते हुए अपनी गाड़ी की ओर बढ़ गए।

मुक्ति और चैन की साँस लेते हुए अशोक सिंह ने कहा "जान छूटी। अब चलना है प्रो. ओझा के यहाँ। लंच करके चलते हैं।"

लंच ही एक ऐसा काम था जिस पर हम सभी लोग दिल से सहमत हो कर आज की तारीख़ में ख़ुशी ख़ुशी चले।

***

प्रो. ओझा के शालीन व्यक्तित्व के बारे में सन्स्थान में पहुँचने पर पता लगा। उनका स्थान पूछने मात्र से ही लोगों में उनके प्रति श्रद्धा और सम्मान की भावना नज़र आने लगी। सभी ने उनकी दिव्यता का ज़िक्र किया और साथ लाकर उनके कमरे तक पहुँचाया।

देखने में वे सरल थे पर उनकी आँखों की गहराई बताती थी कि वे सामान्य पुरुष नहीं थे। सहजता से हमारा स्वागत करते हुए उन्होंने हमें बैठाया और सबका परिचय प्राप्त किया। डेलीगेट का पत्र देने पर उन्होंने उसे ध्यान से पढ़ा और हम लोगों की ओर देख कर बोले, "ठीक है। कोई ख़ास समस्या नहीं है। मेरे इन्जीनियर शुक्ला जी एक बार वहीं जाकर सारा काम इनके हिसाब से ठीक कराने में आपकी मदद कर देंगे।"

"हम बहुत ही आभारी होंगे सर।"

"इस पत्र में जो कुछ भी है वह बड़ा मामूली है। लगता है आप लोग डेलीगेट को ठीक से समझा नहीं पाए।"

"सही बात है सर। हमें उनकी भाषा ही समझ में नहीं आ रही थी।"

ओझा जी हँसे, "इस बार जब भी उनका प्रोग्राम होगा बताइएगा, शुक्ला जी चले जाएँगे। इन्हें उनकी भाषा अच्छे से समझ में आती है।"

"शुक्ला जी को हम कितना दौड़ाएँगे?"

"उन्हें तो ख़ुशी ही होगी आपके यहाँ जा कर। उनके गुरुजी का आश्रम है वहाँ पर, गंगा के किनारे।"

"बाबा सहज़राम जी का तो नहीं?"

"हाँ। आप लोग जानते हैं?"

"आपके इन्जीनियर साहब का नाम सर्वदानन्द शुक्ला है क्या?" अशोक

सिंह ने पूछा। अशोक सिंह आश्रम के सबसे पुराने सदस्य थे और एल्यूमिनाई की तरह पुराने सदस्यों से जुड़े भी रहते थे।

"अरे वाह, लगता है आप लोग भी उस आश्रम से जुड़े हुए हैं।"

"हाँ सर। उस आश्रम का आशीर्वाद हम पर भी है। शुक्ला जी हैं कहां? क्या हमारी उनसे मुलाक़ात हो सकती है?"

"हाँ। हाँ। क्यों नहीं।" ओझा जी ने अपने सहायक को बुला कर शुक्ला जी को संदेश भिजवाया।

"आपसे मिल कर हम लोगों की सारी समस्या ही दूर हो गई है सर, वरना हमें कुछ समझ में ही नहीं आ रहा था कि क्या करें।" मैंने कहा।

"फिर तो अशोक सिंह के पूजा पाठ का ही सहारा था।" जे.ई ने चुटकी ली।

"वो भी कोई कम नहीं था।" ओझा जी ने हँसते हुए कहा।

"सर, क्या वाक़ई पूजा पाठ से कोई फ़ायदा होता है?" मैंने अनायास ही पूछ लिया।

"क्यों नहीं। नियमित रूप से पूरे ध्यान और प्रतिबद्धता के साथ की जाने वाली पूजा से बहुत तरह के लाभ होते हैं।" ओझाजी ने गम्भीरतापूर्वक कहा।

अशोक सिंह की प्रसन्नता छुपाए नहीं छुप रही थी, "और यह लोग आज सवेरे से ही पूजा-पाठ को लेकर मेरा मज़ाक़ उड़ा रहे हैं।"

"मज़ाक़ उड़ाने जैसी कोई बात ही नहीं है। इसके लाभ तो सभी लोग जानते हैं। मेरे देखे सबसे बड़ा लाभ यह है कि ऐसी पूजा आपकी संकल्प शक्ति को मज़बूत करती है। अगर आपकी संकल्प शक्ति मज़बूत है तो आप जो चाहते हैं वह पूरा होने की सम्भावना बढ़ जाती है। दूसरे कम से कम इतनी देर आप जीवन के झन्झावातों से अलग एक और ही दुनिया में होते हैं जो रिलैक्सिंग है। अगर आप अपनी पूजा के समय सस्वर मन्त्र, भजन, कीर्तन आदि पढ़ते या गाते हैं तो वेगल नर्व की टोन बढ़ती है जिससें आपका पैरासिम्पैथेटिक नर्वस सिस्टम सक्रिय होता है जो आपको बहुत सी शारीरिक और मानसिक परेशानियों से मुक्त रखता है।"

"अरे! यह तो बड़ा आश्चर्य है। इसके बारे में तो मैंने कभी सुना ही नहीं था

सर।” अशोक सिंह की तड़कदार आवाज़ आई।

“यह वैज्ञानिक शोध का परिणाम है। वेगस नर्व शरीर की सबसे बड़ी और प्रभावशाली नर्व है जो मस्तिष्क से शुरू होकर बड़ी आंत तक जाती है। मार्ग में यह आपके स्वर यन्त्र और गले की माँसपेशियों से होकर जाती है। अगर आप पूजा के समय लम्बा वाला “ओम” उच्चारित करते हैं तो आपकी साँस लम्बी होती है और स्वर यन्त्र सक्रिय होता है। यह दोनों ही बातें वेगस नर्व की टोन को बढ़ाने वाली होती हैं जिससे मस्तिष्क को संदेश जाता है कि सब कुछ ठीक है। मस्तिष्क आपको रिलैक्स करता है जिससे आपका तनाव दूर हो जाता है। यही चीज़ मन्त्र की चैण्टिंग या कीर्तन से होती है। यह लाभ आप बिना पूजा किए गाना गाकर भी प्राप्त कर सकते हैं।”

“तभी गायक लोग इतने मौज में रहते हैं।” राय ने कहा।

“और क्या क्या लाभ हैं गुरुजी?” अशोक सिंह ने उतावलेपन से पूछा।

गुरुजी के बजाए राय साहब अपना ज्ञान बघारने लगे- “अरे, पूजा के समय घी के दीपक, धूप, अगरबत्ती, कपूर, फूलों आदि का भी तो अपना भारी लाभ है। यह वातावरण को सुगन्धित और शुद्ध रखते हैं। नकारात्मक ऊर्जा को दूर करते हैं।”

राय को किसी ख़ातिर में न लेते हुए अशोक सिंह ने ओझा जी की ओर देखा।

ओझा जी ने मुस्कराते हुए कहा- “भाई, इस बारे में मुझे कुछ पता नहीं है।”

“आपको पता नहीं है? कैसे हो सकता है?” अशोक सिंह ने भारी आश्चर्य से कहा।

“मेरा मतलब है कि पूजा पाठ करने वालों से मैंने भी ऐसी बातें सुनी पढ़ी हैं पर इस बात का कोई वैज्ञानिक आधार नहीं मिला। मुझे मालूम नहीं है कि किस प्रक्रिया से यह चीज़ें वातावरण को शुद्ध करती हैं? मुझे नहीं पता कि नकारात्मक ऊर्जा क्या होती है? मेरे देखे अगर कोई भी चीज़ जलती है तो प्राणवायु लेती है और हमारे लिए हानिकारक कार्बन-डाइऑक्साइड और कार्बन के कण निकालती है। अगरबत्ती या धूप की तरह मन्द दहन की प्रक्रिया में इनके साथ

कार्बन मोनो-ऑक्साइड भी निकलती है जो और अधिक हानिकारक होती है। सही है कि जलने वाली चीज़ के अपने अणु भी हवा में जाते हैं जो सुगन्ध आदि कुछ लाभ पहुँचा सकते हैं पर आजकल क्या है? कपूर पहले पेड़ की छाल से बनता था पर अब शत प्रतिशत कपूर सिन्थेटिक है जो टरपेन्टाइन से बनता है। आप देख सकते हैं कि जहाँ भी कपूर नियमित रूप से जलाया जाता है वहाँ की दीवारें कार्बन जमा होने से काली पड़ जाती हैं। वही हाल हमारे फेफड़ों के भीतर भी हो सकता है। अगरबत्ती बनाने में बाँस, चारकोल, जिगत पाउडर और सिन्थेटिक सुगन्ध का प्रयोग होता है। घी की शुद्धता के बारे में तो कुछ पूछिए ही मत। हो सकता है कि नेगेटिविटी दूर करने या हवा को शुद्ध करने में इन सब का कोई रोल हो पर इन बातों के बारे में किसी बैकग्राउण्ड रिसर्च का मुझे पता नहीं है।"

"लेकिन सर।" मैंने कहा- "इन सबका प्रयोग तो हमारे यहाँ सनातन काल से होता आया है। अगर इससे कोई नुक़सान होता तो हमारे ऋषियों ने पूजा में इनके प्रयोग की स्वीकृति बिलकुल नहीं दी होती।"

"हाँ भाई। आपकी बात सच है। इन सबके पीछे आध्यात्मिकता के संकेत छिपे हैं। उदाहरण लें तो दीपक प्रकाश का प्रतीक है जो यह संदेश देता है कि परमात्मा प्रकाशस्वरूप है और हमें अपने भीतर परमात्मा का प्रकाश जगाना है। दीपक की स्थिर लौ पर ध्यान केन्द्रित करना अपेक्षाकृत आसान होता है। दीपक का एक और भी महत्व है।" कहते हुए ओझा जी ने हम लोगों की ओर देखा मानो जानना चाहते हों कि हमें इन बातों में रुचि है या नहीं।

"वो क्या है सर?" मैंने उत्सुकता से पूछा।

"प्राचीन ऋषियों ने जिस पंचमहाभूत की बात की है- आकाश, पृथ्वी, जल, वायु और अग्नि, इनमें केवल अग्नि को छोड़कर शेष महाभूत प्रकट तत्व हैं। अग्नि छिपा हुआ तत्व है जिसे प्रकट करना होता है। पूजा में हमें पाँचों महाभूतों के समक्ष होना होता है जिसके लिए हम अग्नि तत्व को दीपक के रूप में प्रकट करके पूजा में रखते हैं।"

"वाह सर! हमारे लिए अद्भुत जानकारी है। बाक़ी चीज़ों के भी ऐसे ही कोई महत्व हैं क्या?" मैंने कहा।

"कपूर का संदेश था कि जैसे वह जल कर बिना कोई अवशेष छोड़े सीधे हवा में मिल कर पूरी तरह समाप्त हो जाता है उसी तरह हमारा आस्तित्व भी हो जाता है। इसलिए हमें ख़ुद पर ज़्यादा घमण्ड नहीं करना चाहिए। फूल हमारे लिए उच्चतम ऊर्जा और सर्वोत्तम प्राकृतिक सुन्दरता का प्रतीक है अतः इसे हम अपने भगवान को अर्पित करते हैं, वग़ैरह वग़ैरह। हाँ, मुझे इन चीज़ों का एक बड़ा लाभ नज़र आता है जो इन चीज़ों को रोज़गार से जोड़ता है। पूजा सामग्रियों और फूलों की मिलियन डॉलर इन्डस्ट्री है जो करोड़ों लोगों को रोज़गार देती है।"

राय साहब धीरे से मेरे पीछे बुदबुदाए- "यह बौद्ध हैं। इन्हें पूजा पाठ की असली भावना के बारे में क्या पता होगा?"

मैंने भी राय साहब को इग्नोर करते हुए ओझा जी से कहा- "यह भी तो हो सकता है सर, कि पूजा की नियमितता, मन्त्रों का उच्चारण या पूजा के समय ध्यान जैसी स्थिति बन जाने के कारण हम रिलैक्स महसूस करते हों और इसका क्रैडिट पूजा इन्डस्ट्री इन पूजा सामग्रियों को दे कर अपना बाज़ार बढ़ाने की कोशिश करती हो।"

"हाँ। कुछ भी हो सकता है। हम एक जटिल माहौल में जी रहे हैं जहाँ हम एक बाज़ार मात्र होकर रह गए हैं। हमारी हर भावना को बाज़ार से जोड़ देना आजकल के प्रचार माध्यमों के लिए बहुत ही आसान है।"

तभी सहायक ने आकर बताया कि शुक्ला जी किसी काम से हज़रतगंज गए हैं। कुछ देर में आ जाएँगे।

ओझा जी उससे बोले- "अरे भाई, मेहमानों को चाय नहीं पिलाओगे?"

"बस अभी लेकर आता हूँ साहब। फुल्ली की ही चाय रहेगी न?"

"हाँ। बिलकुल। साथ में नैनो और माइक्रो समोसे भी लाना।"

"नैनो और माइक्रो समोसे क्या होते हैं सर?" अशोक सिंह ने बड़े आश्चर्य से पूछा।

ओझा जी हँसते हुए बोले- "यहाँ फुल्ली की चाय बहुत मशहूर है। अपने प्रोडक्ट की मार्केटिंग के लिए उसने अपने समोसों के नाम नैनो, माइक्रो, मैक्रो आदि रखे हुए हैं जो केवल साइज़ पर हैं। हाँ, बनाता अच्छा है।"

कुछ देर हम लोग नैनो, माइक्रो समोसों के नाम का मज़ा लेते रहे फिर मैंने

पूछा- "सर, अगर हम अपनी धार्मिकता से जुड़ी हुई चीज़ों के बारे में ही बात को आगे बढाएँ तो क्या मन्दिर और तीर्थ आदि भी बाज़ार ही हैं?"

ओझा जी ने हम सभी लोगों को देखते हुए गम्भीरता से कहा- "मन्दिर और तीर्थ तो हमारी सामूहिक श्रद्धा के केन्द्र के रूप में विकसित हुए थे। जहाँ सैकड़ों, लाखों, करोड़ों आदमी एक श्रद्धा, एक विश्वास, एक संकल्प के साथ जाते रहते हैं, वह जगह स्वाभविक रूप से इन विचारों से चार्ज हो जाती है। श्रद्धा विश्वास आपकी संकल्प शक्ति को बढ़ाने वाले होते हैं इसलिए आप जब यहाँ पहुँचते हैं तो आप की संकल्प शक्ति बढ़ जाती है। इस बढी हुई संकल्प शक्ति से आप की इच्छाएँ पूरी होने लगती हैं। आप रिलैक्स होते हैं। आपकी परेशानियाँ दूर होने लगती हैं। सामूहिक संकल्प शक्ति के विकास के लिए मन्दिर या तीर्थ आज भी बहुत महत्वपूर्ण हैं।"

"और पुजारियों का रोल?"

"मेरे देखे तो कुछ भी नहीं। वे आपको पूजा की जो विधियाँ बताते हैं उनकी कोई ज़रूरत नहीं होती है। आप सीधे, जो आपको ठीक लगता है वह कर लेते हैं या केवल वहाँ पहुँच कर अपनी इच्छा व्यक्त करके आ जाते हैं, इतना ही काफ़ी है। वो एक पुराना फ़िल्मी गाना सुना होगा आपने-कहने की ज़रूरत नहीं आना ही बहुत है। द्वारे पे तेरे शीश झुकाना ही बहुत है। काम यही करता है। पुजारी तो वहाँ पहुँचने वालों सहायता के लिए या वहाँ की व्यवस्था बनाए रखने के लिए होता है। उसका रोज़गार है।"

ओझा जी की बातें क्रान्तिकारी थीं। लीक से हट कर थीं। लेकिन मुझे लगा कि अगर अपने पूर्वाग्रहों से हट कर देखा जाए तो उनका विश्लेषण ज़बरदस्त था। वे वैज्ञानिक सोच पर विश्वास रखते थे पर मनोविज्ञान पर भी उनकी पकड़ थी। उन्होंने किसी भी तथ्य से जबरदस्ती इन्कार नहीं किया था। उनके इन्कार का कुछ न कुछ आधार अवश्य था और वे कहीं अड़े हुए भी नहीं थे। उनका सीधा हिसाब यह लगता था कि आज की स्थिति यही है। आगे का कुछ पता नहीं है। कल को कुछ नई बातें सामने आ सकती हैं। स्थिति बदल भी सकती है। वे स्वीकार करने को हमेशा तैयार हैं।

जे.ई ने पहली बार पूछा- "तब तो यह पूजा कराने वाले पंडित भी रोज़गार ही होंगे?"

"हाँ, बिलकुल। असल काम तो हमारा विश्वास और आस्था करती है। अगर आपको पण्डित द्वारा की गई या कराई गई पूजा पर पूरा विश्वास है तो आपको लाभ भी हो सकता है। लेकिन असल में तो यह रोज़गार ही है जो आपकी आस्था पर सवार होकर चलता है।"

"और यह ज्योतिषी भी?"

"हाँ। वैसे ज्योतिष अपने आप में एक गूढ़, अद्भुत और सत्य विज्ञान है पर उसे समझने वाले अब नहीं रह गए हैं। ले दे कर रावणसंहिता, भृगुसंहिता जैसी कुछ पुरानी पुस्तकें हैं जिन पर आज का ज्योतिष खड़ा हुआ है। रोज़गार बढ़ाने के लिए अब ज्योतिषियों ने कालसर्पयोग, पितृदोष आदि नई चीज़ों का अविष्कार कर लिया है पर कुल मिला कर आज का ज्योतिष तो बस रोज़गार ही है।"

राय साहब पता नहीं क्यों कसमसा रहे थे पर मैंने उनका हाथ दबा कर चुप बैठने का इशारा किया और ओझा जी से पूछा- "सर, अभी तक आपने इस सिलसिले में जो भी लाभ बताए वे वैज्ञानिक या मनोवैज्ञानिक आधार पर मनुष्य के आस्तित्व में गढ़े हुए हैं। मैं पूछना चाहता हूँ कि घर की पूजा या मन्दिर में आपके विचार में भगवान का क्या है। वे कब और क्या करते हैं। क्या वही हमारी इच्छाएँ पूरी करते हैं?"

"माफ़ी चाहता हूँ। मैं अलग ही सोचता हूँ। आप में से किसी को भी ख़राब लग सकता है। आप नाराज़ हो सकते हैं। मैं इस विषय पर कुछ नहीं कह सकता। अभी तक भी मैंने जो कुछ कहा है वह सब मेरे व्यक्तिगत विचार ही हैं। मेरा कोई आग्रह नहीं है कि इन्हें माना जाए।"

इस बार मैंने सबकी ओर देखा। किसी के भी चेहरे पर ख़राब लगने जैसी कोई बात नहीं थी बल्कि उत्सुकता ही झलक रही थी। मेरी उत्कण्ठा यह थी कि दैवयोग से ही ऐसे सोचने समझने और विश्लेषण करके अपने विचार स्थिर रखने वाला व्यक्ति मिलता है। हम जैसों को इस अवसर का लाभ उठाना चाहिए।

राय साहब ने कहा- "हम जानते हैं कि बौद्ध धर्म में भगवान को नहीं मानते हैं। बुरा लगने की कोई बात ही नहीं है सर।"

"बात मानने या न मानने की नहीं है राय साहब। बात अन्धश्रद्धा की नहीं है। बात है एक तार्किक निष्पत्ति की। हम तो पूरे के पूरे विरोधाभासों से ही बने

हैं। विरोधी विचार को भी स्वयं में जगह नहीं देंगे तो हमारा विकास तो होगा ही नहीं। हम किसी डबरे के पानी की तरह सड़ते रहेंगे और ऐसे ही ख़त्म हो जाएँगे।"

फिर मैंने ओझा जी से कहा- "सर, हम सभी लोग आपकी बात पूरे मन से सुनना चाहते हैं।"

"आप जिस भगवान की बात कर रहे हैं वह कुछ नहीं करता।" ओझा जी की यह सपाट बात हम लोगों के मन में हलचल मचाने के लिए बहुत थी। इसका कुछ तो अन्दाज़ हमें था पर एकदम से सामने आने पर विश्वास नहीं हुआ। यह बात हमारी सदियों की मान्यताओं और आस्था, श्रद्धा, सब को व्यर्थ साबित करने वाली थी।

"कुछ नहीं करता? यह कैसे हो सकता है सर?" मेरे मुँह से अपने आप ही आवाज़ निकली।

"क्योंकि वह है ही नहीं।"

पहले हम लोगों ने एक दूसरे की ओर देखा फिर ओझा जी की ओर अविश्वास से देखा। तमाम नास्तिक लोग यह बात धड़ल्ले से कहते घूमते रहते हैं पर ओझा जी जैसे व्यक्तित्व से इसकी आशा नहीं की जा सकती थी। राय साहब फिर बुदबुदा रहे थे पर उनकी ओर किसी ने ध्यान नहीं दिया।

ओझा जी ने देर तक मेरी ओर देखा फिर बाक़ी सबकी ओर। इस बार वे बिना मुस्कराए गम्भीर सी आवाज़ में बोले- "भगवान के जिस रूप की बात आप कर रहे हैं वह हमने ही तो बनाया है। हमने का अर्थ है हमारे ही आदि पूर्वजों ने। हम जहाँ जन्म लेते हैं, जहाँ हमारा पालन पोषण होता है, उसी वातावरण का असर हमारी धार्मिक मान्यताओं पर भी पड़ता है। अगर भगवान की बात करें तो यही मान्यताएँ तय करती हैं कि हम किस भगवान को मानेंगे? किस रूप में मानेंगे? मानेंगे भी या नहीं? आप जानते हैं कि दुनिया में अलग-अलग भगवान को मानने वाले, या भगवान को न मानने वाले तथाकथित नास्तिक, सभी लोग तो एक ही तरह के हैं। अगर धार्मिकता को हटा कर देखें तो सबका जीवन एक ही ढर्रे पर चलता है। वही भावनाएँ, वही इच्छाएँ, गहराई में वही सब कुछ है। ऐसी स्थिति में आप ही बताइए कि किसी ख़ास भगवान का क्या रोल हो सकता है?"

"भगवान है ही नहीं?" मैंने अविश्वास से पूछा।

"नहीं। जैसा हम मानते हैं वैसा तो नहीं है।" ओझा जी ने पूरे विश्वास से कहा- "वह है तो नहीं पर वह हमारे जीवन की सबसे बड़ी ज़रूरत है। सबसे पहली ज़रूरत है। इसीलिए तो उसे बनाना पड़ा।"

"कैसे? क्यों? कब सर!" आश्चर्य के सागर में ग़ोते खाते हुए मेरे मुँह से बोल नहीं फूट रहे थे।

थोड़ा रुक कर उन्होंने हम सबको यह विषम सूचना हजम करने का समय दिया फिर पूछा- "आप जानना चाहते हैं?"

"हाँ। ज़रूर ही जानना चाहेंगे सर।"

वे मेरी ओर देखते हुए बोले- "कल्पना कीजिए जब हममें चैतन्य प्रकट हुआ तब क्या हुआ होगा?"

"उस समय हम सजग हो गए होंगे। अपने प्रति, अपने परिवेश के प्रति। हम अपने परिवेश को जानने समझने की कोशिश भी करने लगे होंगे।"

"एकदम परफ़ेक्ट। अब सोचिए कि सजगता के साथ सबसे पहले क्या आवश्यकता सामने आई होगी? खाना वग़ैरह तो पहले भी जुटाते ही थे। आपातकालीन आवश्यकता क्या महसूस हुई होगी?"

काफ़ी देर बाद अशोक सिंह पीछे से बोले- "अपनी सुरक्षा।"

ओझा जी ख़ुश होकर बोले- "यही तो मैं सुनना चाहता था। यही बात है जो हमें जानवरों से अलग करती थी। सारे ही जानवर जब ख़तरा सर पर आ जाता है तब अपनी रक्षा की कोशिश करते हैं। सारे जानवर जब भूख लगती है तब खाना खोजते हैं। मनुष्य को चैतन्यता के बाद जब समय का ज्ञान हुआ तो कुछ भविष्य का भी अन्दाज़ा होने लगा था। सुरक्षा के लिए वह पहले भी गुफाओं, पेड़ों आदि पर रहता था पर यह बहुत प्रभावी नहीं था। धीरे-धीरे सुरक्षा के लिए ही परिवार और सामुदायिकता की धारणा विकसित हुई। इस तरह ख़तरा आने पर वे सामूहिक रूप से उसका सामना कर सकते थे। खेती बाड़ी भी आ गई जिसमें सामूहिक योगदान की ज़रूरत थी और पूरा समाज तैयार होने लगा।"

"लेकिन इसका भगवान से क्या सम्बन्ध है?" राय साहब ने पूछा।

"उसी बात पर आ रहा हूँ। यह तो भूमिका है। इसके बग़ैर समझना

कठिन होगा। अगर मैं आपसे सीधे सीधे कह दूँ कि भगवान की धारणा चैतन्य सामुदायिक विकास का प्रतिफलन है तो आप क्या समझेंगे?"

"आप आगे बताइए सर।"

मैं यह स्थापित करना चाह रहा हूँ कि इस विकास के दौरान हमारी दृष्टि बहिर्मुखी हो गई। हमें अपना हर सुख, हर समाधान बाहर खोजने की आदत हो गई। हमारा प्रेम बाहर था, हमारा डर बाहर था, हमारा परिवार और मित्र बाहर थे, समाज बाहर था, इसलिए धीरे-धीरे हम अपने अन्दर देखना भूलने लगे यद्यपि हमारी असल सम्पदा तो अभी भी हमारे भीतर ही थी।"

"बहिर्मुखी होने पर मूलभूत अन्तर क्या हुआ सर?"

"देखिए, जब परिवार आया तो साथ में प्रेम आया। हमें केवल अपनी ही नहीं बल्कि अपने प्रियजनों की भी फ़िक्र होने लगी। चिन्ता और भय का उदय हुआ। जीवन तो प्रारम्भ से ही अनिश्चित है और इसमें दुर्घटनाएँ भी होती रहती हैं इसलिए यह नकारात्मक भावनाएँ बढ़ने लगीं। अपने स्वयं के ऊपर विश्वास घटने लगा। जब हम अपनी सारी क्षमताओं का उपयोग करने के बाद भी स्वयं पर विश्वास नहीं जगा पाए तब अपनी आस्था, अपना विश्वास और मनौतियों के लिए हमें स्वयं से बाहर एक ऐसी शक्ति की आवश्यकता हुई जिस पर हम अपनी यह सब भावनाएँ रख सकें। जिस पर हम भरोसा कर सकें कि वह हमारी रक्षा कर सकती है, हमें दुर्घटनाओं से बचा सकती है, हमारा कल्याण कर सकती है। जिससे हम प्रार्थना कर सकें। इन परिस्थितियों में समाज के मनीषियों ने इस आवश्यकता की पूर्ति के लिए ही बहुत समझदारी से एक परम सत्ता भगवान, ईश्वर जो भी कहें, उसकी कल्पना और स्थापना की। यह प्रचारित किया कि उसने ही हमें बनाया है और वह ही हमारा ख़याल रख सकता है। वह ही हमारे कष्टों को दूर कर सकता है। इससे आसानी हो गई। हम अपनी इच्छाएँ उस शक्ति पर पूरे भरोसे के साथ छोड़ देते थे। भरोसा प्रायः काम कर जाता है। प्रॉबेबिलिटी भी काम करती है। इस तरह भगवान स्थापित हो गए।"

"क्या यह सम्भावना बहुत बनावटी नहीं लगती है सर?"

"लग सकती है। पर ध्यान दीजिए तो पाएँगे कि दुनिया के कोने कोने में बहुत प्राचीन काल में, जब आपसी संवाद की कोई व्यवस्था नहीं थी, हर सभ्यता,

हर संस्कृति में किसी न किसी रूप में भगवान की कल्पना स्वयं ही उभर कर आई। इसका साफ़ अर्थ है कि भगवान या हम इसे जिस नाम से भी जानें, मानव समाज के विकास में एक अनिवार्यता रही है। भगवान के बिना हमारा समाज नहीं हो सकता है। मेरे देखे तो बेसिक आवश्यकता यही थी जो आज भी काम कर रही है। आप कुछ और आगे भी सोच सकते हैं।"

"परम सत्ता के साथ देवता, फ़रिश्ते, देवदूत आदि भी तो आए।"

"एक बार मार्ग खुल गया तो सबके लिए जगह बन गई। राक्षस, शैतान आदि नेगेटिव शक्तियाँ भी तो आ गईं।"

"आपने कहा कि जैसा हम मानते हैं, वैसा भगवान नहीं है। फिर वह कैसा है?"

"भाई, मैं उसे एक परम सत्ता, परम नियमों के रूप में देखता हूँ जिससे पूरी सृष्टि का संचालन होता है। परम शक्ति है, इसमें कोई सन्देह नहीं है पर वह कैसी है, कहाँ है, इसके बारे में मैं अभी जानता नहीं। खोज रहा हूँ। आप भी खोज में लग सकते हैं। मैं कहता हूँ कि मेरी बातों पर विश्वास करने की कोई ज़रूरत नहीं है। आप अपना मार्ग स्वयं तय करिए, पर यह बहुत ज़रूरी होगा कि सत्य तक पहुँचने के लिए हमें अपने असत्यों को गिराना होगा। हो सकता है कि आप में से ही कोई उस परम सत्य तक पहुँच जाए।"

अशोक सिंह ने हाथ जोड़ कर प्रणाम की मुद्रा में पूछा- "सर यह खोज कहाँ से शुरू करें?"

ओझा जी ने इस मज़ाक़ को भी गम्भीरता से ही लेते हुए कहा- "ज़ाहिर है, अपने आप से ही। हमारे चारो ओर जो मायाजाल फैला हुआ है उसमें केवल हमारे भीतर ही सत्य की सम्भावना है। यह ज़रूर ही समझने का प्रयास करिए कि सामाजिक मायाजाल हमारे आस्तित्व के वृत्त की परिधि है और इसका केन्द्र वह परम शक्ति है जिसे आप वास्तविक भगवान भी कह सकते हैं। अगर हम अपने पूर्वाग्रहों, सामाजिक आवश्यकताओं के लिए गढ़े गए मायाजाल और बाज़ार आदि से मुक्त होते हैं तो हम अपने केन्द्र पर यानी अपने वास्तविक अन्तर में झाँक सकते हैं। वही परम शक्ति है। वही परम सम्भावना है। परम सुख है। हमें परिधि से केन्द्र पर जाने का प्रयास अवश्य करना चाहिए। वहीं हमें

सब कुछ मिल सकता है। उस वास्तविक परम शक्ति "भगवान" तक पहुँचने का मार्ग हमारे भीतर से ही होकर जाता है।"

"सर, अगर परम शक्ति हमारे भीतर ही है तो बाक़ी सब कुछ भी वहीं होना चाहिए। परम शक्ति से ऊपर तो कुछ है नहीं?" मैंने पूछा।

"एकदम सही कह रहे हैं आप। सब कुछ भीतर ही है। कुछ बातों का हम अनुभव कर पाते हैं और कुछ का नहीं। हम अपने विचारों, भावनाओं आदि का अनुभव कर सकते हैं पर अपने भीतर छिपी अपनी आस्थाओं आदि का अनुभव नहीं कर पाते।" उन्होंने कहा।

"आस्थाओं का अनुभव क्या सर? मैं समझ नहीं पाया।"

ओझा जी मुस्कराए और कुछ देर सीलिंग फ़ैन की ओर देखते रहे मानो अपने विचारों को व्यवस्थित करने की कोशिश कर रहे हों, फिर बोले- "आप सोचिए कि जो बातें आपकी आस्था बनाती हैं वे कहाँ हैं। मान लीजिए आप पूजा के पहले अपने इष्ट भगवान को नमन करते हैं। अगर भगवान कहीं बाहर है तो उसके पास अरबों-खरबों लोगों के नमन को सुनने की क्या व्यवस्था होगी? टालने के लिए हम कह सकते हैं कि आख़िर वह भगवान है, कुछ भी कर सकता है पर यह सीधी और विश्वसनीय बात नहीं होगी।"

उन्होंने कुछ देर तक मेरी ओर देखा और आगे बोले- "सीधी बात यह है कि हमारा वह इष्ट हमारे भीतर ही है जिसको हम नमन कर रहे हैं और हमारे याद करने से हमारी आस्था का वह केन्द्र जाग जाता है। उसके जागने से हमारा वह अभीष्ट कार्य पूरा हो सकता है जिसके लिए हम उस केन्द्र को जगा रहे हैं। सारे मन्त्र, संकल्प, जप, व्रत आदि के केन्द्र इसी तरह हमारे भीतर ही हैं और हम उन्हें अपनी पुकार से सक्रिय कर सकते हैं। इसी तरह सारे ग्रह, नक्षत्र-राहु, केतु, शनि, मंगल आदि जिन पर हमारा ज्योतिष टिका है, हमारे भीतर ही हैं। जब भी हम इनके लिए कुछ उपाय करते हैं तो वह उपाय हमारे भीतर के इनके केन्द्र को ही सक्रिय या निष्क्रिय करता है। अगर हमें इन सब पर आस्था नहीं है तो इन सब का कोई केन्द्र हमारे भीतर होगा ही नहीं। जिस आस्था का केन्द्र हमारे भीतर नहीं है वह हमारे लिए है ही नहीं। उसका कोई अच्छा या बुरा प्रभाव हम पर नहीं पड़ सकता। अगर हमारी आस्था ईश्वरपुत्र या पैग़म्बर पर है तो हमारे

भीतर इनके केन्द्र होंगे जिन्हें सक्रिय किया जा सकता है। कुल मिला कर हम ही परम आस्तित्व हैं। सब कुछ हमारे भीतर ही है।"

चकित होकर मैं बोला- "सर, यह आस्था के केन्द्र विकसित कैसे होते हैं। मुझे लगता है कि हमारे पालन पोषण का माहौल ही इन्हें हमारे भीतर विकसित करता है।"

"सच है। अपने परिवेश से हम जो कुछ भी सहज स्वीकार करते हैं वह सब कुछ इन केन्द्रों को विकसित करता है और जब भी हमारी आस्था में परिवर्तन होते हैं तो उस आस्था से सम्बन्धित केन्द्र समाप्त भी हो जाता है। हमारे भीतर ही सब कुछ होता रहता है। बाहर नहीं हो सकता।"

"यह बहुत ही आश्चर्यजनक है सर! हमारी मान्यताएँ और आस्थाएँ ही हमारी दुनिया बनाते हैं?"

"कहते भी तो हैं- "मानो तो भगवान नहीं तो पत्थर" या "मानो तो मैं गंगा माँ हूँ, ना मानो तो बहता पानी।"

मैं ओझा जी की इस धारणा से पूरी तरह प्रभावित हो गया। यह धारणा पूरी तरह यह स्पष्ट कर रही थी कि अलग-अलग देशों या धर्मों के या नास्तिक लोगों पर उनके अपने विश्वास, धारणाएँ, मान्यताएँ या आस्था कैसे काम करती है। लोगों के इस तर्क का कि विदेशों में कौन शादी के समय कुण्डली मिलाता है या मरने के बाद तेरहवीं करता है, का उत्तर इस धारणा में परफ़ेक्ट रूप से था। जिस चीज़ पर हमारी आस्था है वह हमारे लिए प्रभावकारी हो सकती है। जिस चीज़ पर नहीं है वह नहीं हो सकती। मैंने हृदय से ओझा जी को प्रणाम किया।

शुक्ला जी और नैनो समोसों वाली चाय साथ-साथ ही आए। अशोक सिंह उठ कर शुक्ला जी के गले मिले। दोनों लोगों में आपसी हालचाल और हम सभी से परिचय के बाद हम लोग चाय और स्वादिष्ट समोसों पर टूट पड़े।

आज का दिन मेरे लिए विशेष हो गया था। अपने प्रोजेक्ट के लिए सहायता मिलने के साथ-साथ मेरी बहुत सी पूर्वाग्रह युक्त मान्यताओं पर भी प्रश्न चिन्ह लग गए थे और बहुत सी शंकाओं का समाधान भी जीवन मे पहली बार मिल रहा था।

***

अध्याय-3
स्वीकार

सोलहवें दिन प्रमुख सचिव की टीम आ गई जिससे हमें यह स्पष्ट हो गया कि शासन इस मामले में वाक़ई गम्भीर है। प्रो. ओझा की कृपा और उनके इन्जीनियर शुक्ला जी का गाइडेंस न रहा होता तो हम लोग समाप्त ही थे। शुक्ला जी आज भी मौजूद थे। शासन की टीम के अध्यक्ष पी.डब्लू.डी के चीफ़ इन्जीनियर थे जो शुक्ला जी के पूर्व परिचित भी थे। चीफ़ साहब शुक्ला जी से कह रहे थे, "अरे शुक्ला जी, यहाँ पहले ही भूमि पूजन करा दिए होते तो यह सब समस्या आती ही नहीं।"

"चीफ़ हो गए हो मिसिर जी लेकिन पंडिताई नहीं छूटी अभी तक। जापानिए का जानें भूमि पूजन?" शुक्ला जी घनिष्टता दिखाने वाली डाइलेक्ट पर आ गए।

"जापनिए से का मतलब है। ई सब हमारी अपनी कल्चर है, हमारे अपने देवता हैं।" मिसिर जी भी भोजपुरी ट्राई करने लगे।

"जब देवता अपने ही हैं तो पूज लेंगे कभी भी। अपनों से क्या फ़ॉर्मेलिटी करना है।"

इतने अनौपचारिक और प्रेमपूर्ण वार्तालाप से यह तो क्लियर हो ही गया कि हम लोग शासन के कोप से बच गए हैं। मैंने धीरे से शुक्ला जी से कहा, "इनका मन है तो भूमि पूजन करा ही दिया जाए।"

"हो जाएगा तिवारी जी। आइए पहले इन लोगों को लंच करा देते हैं।"

लंच पर चीफ़ इन्जीनियर साहब मेरे बग़ल में ही बैठे और पूरे टाइम यही समझाते रहे कि भूमि और स्थान देवता को प्रसन्न रखने से काम में कोई समस्याएँ नहीं आती हैं। उन्होंने कितने भारी-भारी प्रोजेक्ट इसी तरह आराम से निबटा दिए और कोई दिक़्क़त हुई ही नहीं। मैंने उन्हें बताने की कोशिश की कि हम बौद्ध स्थल पर बौद्ध कल्चर के विकास का काम कर रहे हैं जिसमें वैदिक पूजा फ़िट नहीं बैठती लेकिन उनका तर्क था कि काम तो हम लोग ही कर रहे हैं तो अपने कल्चर के हिसाब से करेंगे।

उन लोगों के जाने के बाद जब हम सभी लोग इतमीनान में हो गए और रिलैक्सेशन वाली चाय का ऑर्डर कर के दुनियादारी और पर निन्दा वाली गपशप के मूड में आ गए तब शुक्ला जी हम लोगों से बोले, "यह लोग तो लोकल थे, आसानी से निबट गए पर हमें असली तैयारी में भी कोई कोर कसर नहीं छोड़नी चाहिए।"

"असली तैयारी?" चौकन्ने होते हुए मैंने पूछा।

"जापानियों से निबटने की तैयारी भैया।"

"लीजिए, मैं तो समझ रहा था कि इस टीम से पास होने के बाद सब पास है।" मैंने कहा।

"अपने आप कुछ भी पास नहीं होता तिवारी जी। कराना पड़ता है। जैसी टीम वैसी तैयारी। जापानियों के लिए उनके हिसाब से तैयारी करनी होगी।"

"उनके लीडर की बात समझ आने लगे तो समझिए तैयारी हो गई।" भाषा की मूल समस्या की कोई काट अभी हम लोग खोज नहीं पाए थे।

"यही तो करना है कि उनके लीडर को बोलने का मौक़ा ज़्यादा न मिले। वो खड़ूस आदमी लगता है। परिस्थितियों को समझने के बजाए लिखत पढ़त में ज़्यादा भरोसा रखता है इसलिए हम भी उसको लिखत पढ़त में ही उलझाएँगे। आइए एक प्रोजेक्ट नोट बनाते हैं।"

"मास्टर नोट तो है ही।" अशोक सिंह बोले।

"अरे छोड़िए मास्टर नोट को। हम तो उनका पसन्दीदा नोट बनाएँगे जिसमें जापान सरकार द्वारा परम पावन पवित्र बौद्ध स्थलों के सुन्दरीकरण व इन्फ्रास्ट्रक्चर-विकास के प्रोजेक्ट की फ़न्डिंग के लिए दस बार कृतज्ञता और पन्द्रह बार धन्यवाद डालेंगे। पगोडा और स्तूपों का कम्पेरिजन होगा। "ही बोरियोकू" जैसे जापानी शब्द डालेंगे।"

"क्या, क्या, क्या? यह क्या बोले आप?" मैं घबराया।

"अहिन्सा" का जापानी अनुवाद है। एकाध और ऐसे ही शब्द गूगल पर खोज लेंगे। पाँच बार उनके निर्देशों का पालन किया गया लिखना होगा और आख़िर में होगा उनके कमेंट का पेज जिस पर उनसे लिखने का रिक्वेस्ट किया जाएगा।"

"मतलब लिखना अधिक, बोलना कम।"

"बिलकुल। हम बिना चाय पानी के सीधे उनको फ़ील्ड में ले जाएँगे। केवल मिनरल वाटर की सीलबन्द बोतलें ही साथ में होंगी। जाते समय हम उन्हें स्टैण्डर्ड पैक लंच और मिनरल वाटर की बोतलें देंगे जिसे वह चाहे तो यहाँ रेस्ट हाउस के डाइनिंग टेबिल पर हमारे साथ खाएँ या अपने साथ ले जाएँ।"

"वाह, इतनी बारीकी से प्रोग्राम पहले तय हुआ होता तो कोई समस्या ही न आती।" जे.ई गदगद हो रहे थे।

"जब आँख खुले तभी सवेरा। और उस दिन हम लोग सवेरे दो घन्टे पहले ही यहाँ आकर हर सफ़ाई और डेकोरेशन अपने सामने कराएँगे।"

"बिलकुल। उस दिन अशोक सिंह भी अपनी पूजा समय से कर लेंगे।" जसवन्त ने चुटकी ली।

"अशोक सिंह ने पूजा पाठ शुरू कर दिया? कब से भैया?" शुक्ला जी आश्चर्य से बोले।

"यही कोई तीन साल से।" अशोक सिंह बोले, "उत्तराखण्ड में चार साल अकेले रहना पड़ा। वहीं शुरू हुआ।"

"बढ़िया है भैया, वरना तो यह दायित्व लोग पत्नियों पर छोड़े रहते हैं और वह लोग सम्भाले भी रहती हैं।"

"हम लोगों के पास बाहर का इतना काम होता है कि पूजा पाठ का समय निकालना मुश्किल है।" जे.ई बोले, "फिर इससे कुछ फ़ायदा समझ में नहीं आता।"

"ओझा जी की बातों से कोई प्रेरणा नहीं ली क्या?"

"उनकी बातें पूरी तरह मेरी समझ में आईं ही नहीं। उनके हिसाब से तो हम लोग जो भी कर रहे हैं वह सब ग़लत है।"

"संतों की बात का ग़लत मतलब निकालना आपके अपने लिए ही नुक़सानदेह होता है।" मैंने कहा- "उन्होंने कहा था कि हमें झूठे मायाजाल से मुक्त होकर परिधि से केन्द्र की ओर यात्रा का प्रयास करना चाहिए।"

"मैं समझा ही नहीं, परिधि से केन्द्र की ओर का क्या मतलब है।"

"अगर चाहें तो समझने की कोशिश कीजिए। आप अभी परिधि पर हैं। जब आप अपने भीतर, अपने केन्द्र की ओर जहाँ से आपका आस्तित्व प्रकट होता है, ध्यान लगाने की कोशिश करते है तो यह परिधि से केन्द्र की यात्रा होती है।" मैंने कहा।

"अपने भीतर......... जहाँ से आस्तित्व प्रकट होता है.... वह कहाँ होता है? मैं अपने भीतर जब भी देखने की कोशिश करता हूँ कुछ विचार, भावनाएँ, कुछ यादें या फिर अँधेरा नज़र आता है। देर तक करूँ तो नींद आने लगती है।" जे.ई ने कहा।

"सामान्यतः अधिकांश लोगों की यही स्थिति होती है। लेकिन जब संत लोग कहते हैं, "तेरा साईं तुझ में" या "अपने माहिं टटोल" तो इसका भी कुछ गहरा मतलब ज़रूर है। क्यों जे.ई साहब?" शुक्ला जी ने कहा।

"बात तो सही है शुक्ला जी। लेकिन संत तो संत ही होते हैं। हम उनकी बराबरी कहाँ कर सकते हैं?"

"शायद हम सन्तत्व की दिशा में यात्रा शुरू कर सकते हैं। पर महाराज, अभी तो चल कर नोट तैयार किया जाय। यह डिस्कशन शाम को गुरुजी के आश्रम में किया जाएगा।" शुक्ला जी ने कहा और हम सभी रिलैक्सिंग चाय का कप टेबिल पर रखते हुए तुरन्त उठ गए।

***

इतने दिनों में मुझे यह पक्का एहसास हो गया था कि भले ही हम इसका कोई कारण न बता पाएँ पर आश्रम का माहौल बाक़ी दुनिया से एकदम अलग था। आप कितने ही तनाव व परेशानियों में वहाँ पहुँचें पर वहाँ जाते ही यह सब बेमानी लगने लगता था और एक शान्ति उतर आती थी। वहाँ हम अपनी जिन समस्याओं पर चर्चा करते थे, वे अपनी समस्याएँ न लग कर एक एकेडमिक डिस्कशन सा लगता था। हृदय में एक अद्भुत सा स्वीकार भाव आ जाता था जो विरोधों को भी समाहित कर लेता था और कोई झगड़े या ग़ुस्से का भाव आता ही नहीं था। चारू की बातें मुझे याद आती थीं। मैं जानता था कि वह जानबूझ

कर ग़लत बोलने वालों में नहीं था। मेरे आगे अपनी विद्वता झाड़ने का भी उसका कतई इरादा नहीं हो सकता था। शायद उसकी सोच भटक गई थी। शायद अन्यत्र आश्रमों में वही माहौल हो।

आज बहुत दिनों के बाद गुरुजी हमारे बीच थे। अगर व्यक्तित्व की किताबी परिभाषाओं के अनुसार देखा जाए तो न वे बॉडी-बिल्डर या बॉडी-ग्रूमर थे और न ही ब्राण्डेड कपड़ा पहनने वालों में थे। उनकी क़द-काठी और चेहरा मोहरा भी औसत ही था। फिर भी उनमें किसी फ़िल्मी हीरो या किसी भी सेलीब्रिटी से कहीं बहुत ज़्यादा आकर्षण था और यह आकर्षण एक पवित्रता का भाव जगाता था। उनका आकर्षण स्वयं द्वारा निर्मित न होकर किसी दैवीय सत्ता द्वारा दिया गया लगता था। यूनिवर्सल लॉ ऑफ़ अट्रैक्शन का अभ्यास तो बिलकुल ही नहीं लगता था। यह तर्कातीत बातें यह इशारा तो करती ही थीं कि सब कुछ वैसा ही नहीं होता है जैसा हम रोज़मर्रा के जीवन में जानते समझते हैं। कुछ तो इसके पार भी ज़रूर होता है।

दिन की बातें सुन कर गुरुजी हँस रहे थे, "यह जान कर मुझे बहुत अच्छा लगता है कि आप लोग इन पारलौकिक बिन्दुओं को भी अपनी रोज़मर्रा की सामान्य बातचीत में शामिल करते हैं वरना आजकल तो लोग इसको समय की बरबादी और बेइज़्ज़ती समझते हैं।"

"आश्रम का असर है गुरुजी।" शुक्ला जी ने सौजन्यतापूर्वक कहा, "और आपने हमें उस लोक की जो झलक दिखला दी है उससे सांसारिकता के अर्थ कुछ हद तक तो बदल ही गए हैं।"

"लेकिन जे.ई साहब तो कन्फ़्यूज़ हो गए।"

"कन्फ़्यूज़?" मैं चौंका।

"हाँ भाई, लाखों-करोड़ों लोगों की तरह वे भी प्रकृति द्वारा प्रेरित सहज मार्ग पर चलने वालों में हैं। परिधि से केन्द्र की यात्रा अभी उन्हें कन्फ़्यूज़ ही तो करेगी।"

"मैंने तो सोचा सही राह जानने से भी उस पर चलना आसान हो जाता है।" मैंने कहा।

"तिवारी जी। उनकी राह ही क्या ग़लत है?" आशा के विपरीत गुरुजी ने कहा।

मुझे बहुत ही आश्चर्य हुआ, "इसका यह अर्थ हुआ गुरुजी कि जो साधना की दिशा में कुछ नहीं करता वह भी साधक है।"

"नहीं, एकदम से ऐसा नहीं है। वह साधक नहीं है। साधक का अर्थ है साधना करने वाला यानी प्रयास करने वाला। अगर कोई साधना नहीं करता है तो भी वह अपने केन्द्र पर तो पहुँच ही जाएगा। यह अलग बात है कि काफ़ी कुछ भटकने के बाद पहुँचेगा"

मेरे आश्चर्य को देखते हुए गुरुजी बोले, "आप तो जानते ही हैं कि केन्द्र पर पहुँचना विधायक आन्तरिक रचनात्मक भाव व कर्म से होता है। ऐसे व्यक्ति में जब भी सामान्य से हट कर कोई अच्छे रचनात्मक कर्म जन्म लेते हैं तो वह बिना पारम्परिक साधना को जाने भी अपने केन्द्र के निकट पहुँचता है और वही दिव्यता अनुभव करता है जो एक साधक करता है। उसकी साधना उसकी रचनात्मकता ही होती है। क्या लगता है? रविन्द्रनाथ टैगोर, आइन्सटीन जैसे महापुरुषों की दिव्यता कहाँ से आई? वे तो आध्यात्मिक साधना के पथ पर चलने वालों में नहीं थे। वे सृजनात्मक थे।"

"तब गुरुजी, संत लोग क्यों ध्यान सत्संग आदि पर ज़ोर देते हैं?" जसवन्त ने पूछा।

"यह उनकी करुणा है। वो देखते हैं कि सामान्य व्यक्ति उन चीज़ों में भटक रहे हैं जो उनकी तकलीफ़ें बढ़ा रही हैं तो वे तकलीफ़ें कम करने के सरल उपाय बताते हैं और उन उपायों पर ज़ोर देते हैं। अन्ततः तो व्यक्ति को सत्य के रास्ते पर ही आना है पर बहुत भटकने के बाद। संत इस भटकन को कम करना चाहते हैं।"

"जे.ई साहब की भटकन दूर नहीं की जानी चाहिए?"

गुरुजी हँसने लगे जिससे सब कुछ बहुत हल्का हो गया। उन्होंने कहा, "ज़रूर की जानी चाहिए। आप लोग कर ही रहे हैं। पर कब कर पाएँगे? जब जे.ई ख़ुद चाहेंगे। स्वयं इसे स्वीकार करेंगे। इसके पहले आप या मैं कितनी भी कोशिश कर लें वे हमारे उपायों को भीतर से स्वीकार नहीं कर पाएँगे। जिस दिन

उनके भीतर भाव जगेगा वे ख़ुद ही कुछ न कुछ करने लगेंगे। देखिए जीवन के कितने सालों बाद अशोक सिंह के मन में भाव जगा और यह स्वतः ही पूजा पाठ करने लगे।"

बात कुछ कुछ समझ में आने लगी थी। गुरुजी ने आगे कहा, "कोई संत आपको जबरदस्ती नहीं करता। वह आपके सामने उपाय रख देता है। बाक़ी आपकी मर्ज़ी। चाहे करिए, चाहे न करिए। प्रारम्भ में संत की ऊर्जा आपकी मदद कर सकती है पर अन्ततः आप अपने मूल स्वभाव पर लौट ही आएँगे। जब आपको स्वयं लगने लगेगा कि यह करने योग्य है तभी आप कर पाएँगे।"

"संत की ऊर्जा का भी बड़ा असर होता है। शायद इसीलिए भगवान बुद्ध की ऊर्जा स्तूपों में संरक्षित की गई है।"

"हाँ। सच है। बुद्ध संत ही नहीं महासंत हैं अतः उनकी ऊर्जा बहुत ही अधिक प्रभावी है। वह चाहने वाले साधक को तुरन्त सिद्ध करने में सक्षम है। इसीलिए सबसे अधिक स्वतः सिद्ध संत, बौद्ध ही होते थे, जिनके कारण चीन जापान जैसे तमाम देश बौद्ध धर्म को जानते मानते हैं। स्वतः सिद्धि के लिए भी स्वीकार चाहिए। स्वीकार सबसे ज़रूरी है।" गुरुजी ने कहा।

"गुरुजी क्या पूजा पाठ से लाभ होता है?" अशोक सिंह की पूजा पाठ की इतनी चर्चा हो चुकी थी कि पूछे बिना रहा नहीं गया।

"क्यों नहीं। अगर पूजा नियमित रूप से की जाती है तो यह संकल्प शक्ति को मज़बूत बनाती है। मन्त्रोच्चार, ध्वनि के आध्यात्मिक प्रयोग का सर्वोत्कृष्ट रूप है। सबसे बड़ा लाभ यह है कि आप को ध्यान करने का बहाना मिलता है। ध्यान करना जिसकी भी आदत बन जाए उसके जीवन में अपने आप शान्ति उतरनी शुरू हो जाती है। इसलिए पूजा का एक प्रमुख अंग ध्यान होना ही चाहिए।"

"और चीफ़ इन्जीनियर साहब का भूमि पूजन?"

"वह संस्कार है। कर्मकाण्ड का एक हिस्सा जो मध्य युग में बहुत विकसित हुआ। माना जाता है कि लम्बे समय से ख़ाली पड़ी भूमि में आत्माओं का वास हो जाता है अतः उस भूमि का प्रयोग करने के पहले उन आत्माओं को प्रसन्न करने के

लिए उनकी पूजा की जाती थी। सारनाथ में कोई ज़रूरत ही नहीं है। यह स्वतः ही हाई डिवाइन इनर्जी क्षेत्र है।"

हम सभी स्वीकार भाव से गुरुजी की बातें आत्मसात कर लेते थे। उनकी ऊर्जा के सामने यह हो ही जाता था। कोई तर्क-वितर्क जन्म नहीं लेता था। उनको देख कर यह स्पष्ट हो गया था कि पहले के ऋषि मुनियों की बात लोग इतनी सरलता से कैसे मान जाते थे। उन ऋषियों की दिव्य ऊर्जा के सामने तर्क का कोई उपाय ही नहीं था। अगर उन्होंने वाल्मीकि से राम-राम जपने को कहा और सरलता से उनकी बात स्वीकार करते हुए वाल्मीकि भ्रमवश मरा मरा कहते हुए भी उपलब्ध हो गए तो यह पूरी तरह सच होना चाहिए।

शिवानन्द की अनुपस्थिति में भी मुझे मुक्तामणि की याद अचानक ही आई और मैंने गुरुजी से पूछ लिया।

वे मुस्कराते हुए सहज भाव से ही बोले- "हाँ। शिवानन्द ने इसके लिए बहुत प्रयास भी किया था लेकिन शायद मणि ने उसे स्वीकार नहीं किया।"

"शिवानन्द को नहीं स्वीकार किया? हमें यह आश्चर्य उस दिन भी हुआ था जब शिवानन्द ने इस बारे में चर्चा की थी। गुरुजी। ऐसा कैसे हो सकता है। शिवानन्द सर्व सम्पन्न है।" अशोक सिंह ने पूछा।

"हुआ तो यही। हम कह नहीं सकते कि अलौकिक शक्तियाँ क्या चाहती हैं? क्या स्वीकार करेंगी? क्या स्वीकार नहीं करेंगी। लेकिन ठीक है। निराश होने की बात नहीं है। हम मनुष्य हैं। जो ठान लेंगे, कर ही लेंगे। क्यों तिवारी जी?" गुरुजी ने मेरी ओर देखा।

ख़ुद पर गुरु का अवधान जाते ही मैं चैतन्य हो गया।

लेकिन मेरे कुछ बोलने के पहले ही अशोक सिंह बेज़ारी से बोल पड़े- "लेकिन गुरुजी। पहले यह तो पता चले कि यह है क्या?"

गुरुजी ने बारी-बारी से हम सब को देखा- "सभी लोग जानना चाहते हैं?"

सभी ने स्वीकार में सिर हिलाया और थोड़ा-थोड़ा उनके निकट हो गए।

"मैं आप सब को भगवान बुद्ध की कहानी पर ले चलता हूँ। सभी लोग जानकार हैं, काफ़ी लोग बौद्ध परियोजना से भी जुड़े हैं। मैं केवल मोटी-मोटी बातें बता कर अपनी मूल कहानी पर आऊँगा। जब भगवान बुद्ध बीमारी, बुढ़ापा

और मृत्यु से पीड़ित इस जीवन के सभी सुखभोगों को छोड़ कर चले गए तब उनके सामने यह यक्ष प्रश्न था कि अब आगे क्या करना है? वे उस समय के ख्याति प्राप्त महागुरुओं की शरण में गए और परम ज्ञान की प्राप्ति के लिए जो कुछ भी उपाय, जो साधनाएँ उन गुरुओं द्वारा बताई गईं उन सबको पूरी श्रद्धा व मनोयोग से पूर्णता तक किया। तब तक किया जब तक कि गुरु ने ही हार मान कर उनसे कह नहीं दिया कि बस, इसके आगे हमें नहीं आता है।"

"गुरु ने ही हार मान ली?" अशोक सिंह ने आश्चर्य से कहा।

"हाँ। फिर उस गुरु की सलाह पर वे और बड़े गुरु के पास गए, फिर और बड़े गुरु के पास, लेकिन कुछ नहीं हुआ। उस समय प्रचलित हर साधना वे पूर्णता तक करते गए और सफलता न मिलने पर स्वतःस्फूर्त प्रयोग भी किए। इसी क्रम में जब वे उपवास का प्रयोग कर रहे थे और बीस-बाइस दिनों से बिना अन्न के थे तो प्रातः स्नान के लिए निरन्जना नदी में उतरे लेकिन एकदम शक्तिहीन हो जाने के कारण स्नान के उपरान्त उसके कगार पर वापस नहीं चढ़ पाए और डूबने लगे। किसी तरह पेड़ की जड़ें पकड़ कर उसके सहारे वे ऊपर अपने वटवृक्ष तक आए। उन्हें लगने लगा कि अब कुछ नहीं हो सकता। सत्य असत्य कुछ भी नहीं है। शरीर को गला कर भी कुछ होने वाला नहीं है। परम हताशा और शक्तिहीनता की अवस्था में निढाल होकर वृक्ष के नीचे पड़े पड़े उनकी सारी आशाएँ, सारी इच्छाएँ एकदम समाप्त हो गईं। इसी समय उनकी एक भक्त, गाँव की एक महिला, सुजाता द्वारा उन्हें खीर भेंट की गई। उन्होंने खीर खाना शुरू किया। पता नहीं खीर खाने के पहले या खाते समय या खाने के बाद वे तत्काल ज्ञान को उपलब्ध हो गए।"

सभी लोग यह कथा ध्यान से सुन रहे थे।

"अब हम बुद्धत्व की सारी उपलब्धियों को छोड़ कर काफ़ी आगे चलते हैं जब उनका अपना भाई व शिष्य-देवदत्त उनका सबसे बड़ा दुश्मन हो गया और मगध के सम्राट अजातशत्रु के सहयोग से भगवान बुद्ध को मार कर उनके संघ को हथियाने के लिए तरह-तरह के षड्यन्त्र करने लगा। जब उसने भगवान बुद्ध पर सीधा हमला करना शुरू कर दिया तो, कहते हैं कि, देवताओं को बुद्ध के जीवन और संघ की चिन्ता हुई क्योंकि भगवान बुद्ध हर सुरक्षा व आक्रमण का

प्रतिरोध करने की भावना के बहुत ऊपर थे। वे सर्वात्मा थे। उनके लिए उनका शत्रु भी उनका अपना ही हिस्सा था अतः वे उसे भी नुक़सान पहुँचाने की बात नहीं सोच सकते थे। तब देवताओं ने चुपचाप बुद्ध के एक दाँत में सर्व सुरक्षा और समृद्धि की शक्तियाँ भर दीं जो उन्हें और उनके संघ को हर सम्भावित खतरे से बचा कर रखे और संघ को दिनों दिन समृद्ध बनाए।"

"यह हमने पहले कभी नहीं सुना था गुरुजी।"

"हाँ। यह कथा बहुत कम लोगों को ही पता है क्योंकि यह कभी नियमित बौद्ध साहित्य का हिस्सा नहीं रही।"

"क्यों गुरुजी? इसे क्यों बौद्ध साहित्य में नहीं रखा गया?"

"क्योंकि बुद्ध स्वयं इसके बहुत ख़िलाफ़ थे। जैसे ही उन्हें यह पता चला उन्होंने देवताओं से यह शक्तियाँ वापस करने को कहा पर देवताओं के लिए यह सम्भव नहीं था। वे शक्तियाँ भर तो सकते थे पर उन्हें हटाना सम्भव नहीं था। प्रकृति कभी इन्हें वापस नहीं लेती है।"

"आश्चर्य है गुरुजी। हम सभी के लिए आश्चर्य है। देवता क्यों नहीं इन शक्तियों को वापस कर सकते थे?"

"यह प्राकृतिक शक्तियों की एक अबूझ व्यवस्था है जो समझने में काफ़ी जटिल है। आप तो ऐसे समझिए कि देवता लोग राक्षसों को उनकी तपस्या से प्रसन्न होकर वरदान दे तो देते थे पर उसे वापस नहीं ले पाते थे, भले ही यह वरदान राक्षसों द्वारा उनके ख़िलाफ़ ही इस्तेमाल किया जा रहा हो। भस्मासुर की कथा आपको याद होगी।"

"हाँ। जिसने शिव भगवान से वरदान प्राप्त किया था और उन्हें ही भस्म करने जा रहा था। अन्ततः शिव जी को विष्णु से मदद लेनी पड़ी थी।"

"वे अपने वरदान को वापस नहीं ले सकते थे और उस राक्षस से बचने के लिए तीनों लोकों में भागे फिर रहे थे। इसी तरह की बहुत सी कथाएँ हैं।"

"लेकिन गुरुजी, भगवान बुद्ध क्यों अपनी व अपने संघ की सुरक्षा व समृद्धि के विरोध में थे? यह तो अच्छी ही बात थी।"

"ऊपर से देखने में यह अच्छा लगता है पर गहराई में देखा जाए तो सुरक्षा और समृद्धि आत्मिक विकास के दुश्मन हैं। आपका जो भी आत्मिक विकास

होता है वह असुरक्षा में ही होता है। बुद्ध की प्राथमिकता पर आत्मिक विकास था, सुरक्षा और समृद्धि नहीं।"

"ज़ाहिर है। नहीं तो वे अपना सारा राजपाट और सारी सुरक्षा व समृद्धि छोड़ कर क्यों जाते?"

"फिर क्या हुआ?"

"भगवान बुद्ध ने अपना वह दाँत तोड़ कर जंगल में फेंक दिया पर उसमें इतनी चमक और तेज़ था कि उसका छिपना मुश्किल था। वह किसी न किसी को मिल जाता था और उसे संघ में वापस कर दिया जाता था।"

"फिर।" मुझे सच में ही इस कथा में रस आने लगा था।

"फिर भगवान ने उसे निरन्जना नदी में फेंक दिया।" गुरुजी कह कर कुछ क्षण चुप रहे। बारी-बारी उन्होंने हम सब के चेहरों को देखा फिर कहानी आगे बढ़ाई

"एक निरन्जना ही वह नदी थी जो बुद्ध से गहन जुड़ाव के कारण उनकी किसी भी चीज़ को धारण किए रहने में सक्षम थी। अन्य नदियाँ तो उसके तेज़ से घबरा कर उसे जल्दी से जल्दी तट पर फेंकने में उत्सुक होती थीं। वह दाँत निरंजना नदी में बहता चला गया और उरुवेला में, जिसे आजकल बोधगया के नाम से जानते हैं, वहाँ आकर रुका जहाँ बुद्ध भगवान की अनन्य भक्त-सुजाता रहती थी। आपको याद होगा कि यह वही महिला थी जिसने मरणासन्न बुद्ध भगवान को खीर खिलाई थी। वह बुद्ध के ज्ञानप्रप्ति के पहले से ही बुद्ध की भक्त थी। ज्ञान प्राप्ति के बाद भले ही भगवान का पहला प्रवचन सारनाथ में हुआ पर मौन, अनकहा प्रवचन सबसे पहले उस महिला सुजाता को ही मिला था। वह बिना कुछ बोले, बिना किसी लाग-लपेट के उसी जगह पर उसी महाबोधि वृक्ष के नीचे बुद्ध भगवान की भक्ति में लीन थी। उसने भगवान का दाँत पहचान लिया और अपने पास रख लिया। उस दिन से उस पूरे क्षेत्र के गाँव सुरक्षित और समृद्ध होने लगे।"

"इसका मतलब यह हुआ कि वह दाँत जहाँ भी रहेगा वहाँ सुरक्षा और समृद्धि आप से आप रहेगी।"

"हाँ राय साहब। सुजाता ने ही इस दाँत का नाम मुक्तामणि रखा था। यहाँ

सुजाता और बोधिवृक्ष का साथ पाकर मुक्तामणि की शक्ति बढ़ती ही चली गई और यह क्षेत्र समृद्धि की परम ऊँचाइयाँ पाता गया। कालान्तर में सुजाता के निर्वाण के बाद वहाँ के लोगों ने इस मुक्तामणि को सारनाथ पहुँचा दिया क्योंकि इसको रखने में वहाँ और कोई समर्थ नहीं था।"

"कितना आश्चर्य है कि सुख समृद्धि को भी रखने में दिक़्क़त होती है। हमारे युग में तो इस मणि के लिए कितने युद्ध हो चुके होते? कितने लोगों की जानें चली गई होतीं।"

"आप मत भूलिए कि यह मणि भगवान बुद्ध के शरीर का एक हिस्सा थी। वही इसे रख सकता था जिसमें बुद्ध का अंश हो। और जिसमें भी बुद्ध का अंश होगा राजा जनक की तरह "विदेह" होगा। चाहे आप के पास दुनिया भर की सम्पदा हो आप उससे निर्लिप्त ही होंगे। अगर आप ऐसे नहीं होंगे तो वह मणि पास होने पर बहुत अधिक बेचैन करती चली जाती है। यह सतत बेचैनी आपको इस स्थिति में ला देती है जब आप सुख सम्पत्ति छोड़ देने की क़ीमत पर शान्ति और सुकून की तलाश में लग जाते हैं।"

"फिर यह मणि सारनाथ में प्रभावी हो गई होगी। वहाँ के लोग समृद्ध होने लगे होंगे।"

"नहीं। ऐसा नहीं हुआ। सारनाथ में उन दिनों बुद्ध के प्रारम्भिक पाँच शिष्यों में से केवल अश्वजित ही वहाँ था। वह बुद्ध की ही भाँति पूरी तरह निर्लिप्त था। उसे अच्छे से पता था कि भगवान का यह दैवशक्ति युक्त दाँत इस क्षेत्र का भारी नुक़सान करेगा क्योंकि यह पहला स्थान था जहाँ बुद्धत्व पृथ्वी पर उतरा था। यहाँ के कण कण में बुद्धत्व समा गया था। मुक्तामणि विरोधी शक्तिवाली थी। इनका संघर्ष क्षेत्र में बहुत भारी तबाही लाने वाला होता।"

"फिर क्या हुआ?" मैंने पूछा।

"फिर वही पुरानी तरकीब लगाने के सिवा कोई और चारा नहीं था इसलिए अश्वजित ने मणि को निष्क्रिय करने का उपाय देवताओं से पूछा।"

"देवताओं से?"

"हाँ। आप जानते ही हैं कि देवता जब उल्टे सीधे वरदान देकर फँस जाते थे तो वे इसकी काट के लिए और बड़े देवताओं से उपाय पूछते थे और उपाय

निकल भी आते थे। उदाहरण के लिए आप हिरण्यकश्यप को याद कर सकते हैं जिसे वरदान प्राप्त हो गया कि वह देव, दैत्य, राक्षस, मानव या जानवर द्वारा नहीं मारा जा सकेगा, न दिन में और न ही रात में मारा जा सकेगा वग़ैरह वग़ैरह तो इसकी काट के उपाय स्वरूप उसे नरसिंह द्वारा शाम को मारा गया जो न आदमी था और न ही जानवर।"

मैंने हँसते हुए कहा- "याद आ गया गुरुजी।"

गुरुजी ने भी हँसते हुए ही कहा- "इसी तरह मुक्तामणि को निष्क्रिय करने के लिए उसे पंच तत्वों से संयुक्त करके एक अति ऊर्जा क्षेत्र का स्तूप के रूप में निर्माण करके उसमें रख दिया गया।"

"माई गॉड!" सभी लोग जान गए कि यह अशोक सिंह की आवाज़ है- "तब से यह मणि यहाँ दबी हुई है! हमारे इस धमेख स्तूप में!"

"पूरे विश्वास से कह नहीं सकते अशोक सिंह जी।" गुरुजी ने कहा।

"क्यों? क्या हुआ? क्या उसका स्थान फिर बदलना पड़ा?"

"ऐसा कुछ ज्ञात नहीं है लेकिन बहुत ही लम्बा समय बीत गया है। बीच-बीच में मणि की उड़ती-पड़ती ख़बरों के कारण यहाँ पर छोटी-मोटी लूटमार, तोड़फोड़ और बौद्धों की हत्याएँ होती रहीं। सम्राट अशोक ने अपने समय में यहाँ के टूटे-फूटे स्तूप को नए सिरे से बनवाया। उसके बाद कई बार यह स्तूप तोड़ा और फिर बनाया गया। भारी झटका तब लगा जब बख़्तियार ख़िलजी ने बौद्ध संस्कृति पूरी तरह नष्ट करने के इरादे से नालन्दा विश्वविद्यालय को आग के हवाले कर दिया। इसका असर सारनाथ पर भी आया। धीरे-धीरे बौद्ध लोग अण्डरग्राउण्ड होते गए। मणि की कहानी तरह-तरह के रहस्यमय रूप भी लेती गई। अठारहवीं सदी के अन्त में वाराणसी के राजा चेतसिंह के एक दीवान जगत सिंह ने बाज़ार बनाने के नाम पर पूरा ही स्तूप ढहा दिया। लोग कहते हैं कि उसे कहीं से मणि की भनक लग गई थी और वह स्तूप में मणि ही खोज रहा था। इस प्रकार यहाँ स्तूप तो था पर इसका ऊर्जा क्षेत्र खोने लगा था। मणि की गोपनीय बात जिन्हें पता थी वे इसे आगे नहीं बढ़ा सके। इसके बाद से इसका कुछ पता नहीं है।"

"शिवानन्द को इसके बारे में कैसे पता लगा गुरुजी?" मैंने पूछा।

"मैंने बताया।"

किसी की यह पूछने की हिम्मत नहीं पड़ रही थी कि यह कथा जिसका ज़िक्र बौद्ध साहित्य में या अन्यत्र कहीं नहीं है, गुरुजी को कहाँ से मालूम हुई। उन्होंने स्वयं ही कहा- "मैं अपने अध्ययन के दिनों में अपनी पी.एच.डी के लिए बौद्ध साहित्य पर काम कर रहा था। पहली बार तो यों ही पाली निकायों के दीघा निकाय में महासुधासनसुत्त में मणि का वर्णन देखा और अभिधर्म कोश में मणि को पानी शुद्ध करने वाला और विश्वास के रूपक के रूप में अनिश्चितता को दूर करने वाला बताया गया था। यह मेरा टॉपिक नहीं था इसलिए उस समय मैंने इस पर ध्यान नहीं दिया।"

तभी वहाँ शिवानन्द आ गया। गुरुजी को मणि की चर्चा करते देख कर वह चुपचाप हम लोगों के साथ ही बैठ गया।

"काफ़ी बाद में मेरा ध्यान बौद्धों में चमत्कारी मन्त्र के रूप में प्रचलित "ओम् मणि पद्मे हुँ।" पर गया। यह मन्त्र यह तो पूरी तरह साबित करता है कि बौद्धों में मणि का कुछ न कुछ विशेष महत्व तो ज़रूर है। ख़ास तौर पर तब, जब कि यह मन्त्र सुरक्षा और समृद्धि देने वाला ही माना जाता है। टुकड़े-टुकड़े जोड़ते हुए मैं इसके आस्तित्व की कहानी का मोटा-मोटा आइडिया पा गया पर पूरी बात जानने में कई साल लग गए।"

"यह सब कुछ बहुत रहस्यमय है न शिवानन्द?" मैंने शिवानन्द को भी चर्चा में जोड़ने के लिए पूछा।

उसने सपाट चेहरे से मुझे देखा और चुप रहा।

गुरुजी ने आगे कहा- "इसकी बिखरी कड़ियाँ जोड़ने के लिए हमने ध्यान का सहारा लिया।" हमने का मतलब और अधिक स्पष्ट करने के लिए उन्होंने शिवानन्द की ओर देखा- "हम ऐसी आत्मा से सम्पर्क करना चाहते थे जो हमें मणि की कहानी स्पष्ट रूप से बता सके। यह बहुत ही श्रमसाध्य काम था क्योंकि इस खोज में एक बार में हमारी जितनी ऊर्जा ख़र्च हो जाती थी उसे वापस लाने में कई सप्ताह लग जाते थे।"

"पर गुरुजी इसे खोजने के लिए इतना श्रम करने की ज़रूरत ही क्या थी?

मणि के बारे में पूरा जान कर भी क्या होना था? क्या आपको इसकी चमत्कारी शक्तियों के उपयोग का कोई आइडिया था?" शुक्ला जी ने हिचकते हुए पूछा।

"कुछ भी नहीं था शुक्ला जी। बिलकुल नहीं। पर जिज्ञासा थी। भारी जिज्ञासा थी। जैसे किसी शोध या फिर वैज्ञानिक अविष्कार में लगा हुआ छात्र सदा इस आशा में रहता है कि उसके हाथ कुछ एकदम नया, एकदम चमत्कारिक लग जाए। यही आशा थी जो हमें इतनी मेहनत पर मजबूर करती थी। यह इतिहास की एकदम अछूती कहानी थी। इसका सामने आना एक एडवेन्चर था। यह भी आशा थी कि हो सकता है इतनी चमत्कारी मणि मानवता का कुछ कल्याण भी कर सके।"

"फिर क्या रहा?"

"यह सिलसिला चलता रहा। मैं व शिवानन्द बारी-बारी खोज में लगे थे। लगभग एक साल बाद भारी सफलता मिली। जानते हैं शिवानन्द को कौन मिला? एकदम जैकपॉट! जिसकी हम आशा ही नहीं कर रहे थे वह अश्वजित मिला जिसने मणि को धमेख स्तूप में सुरक्षित रखवाया था।"

"माई गॉड।" अशोक सिंह ने एक बार फिर नारा लगाया- "तब तो सब स्पष्ट हो गया होगा।"

"इस कहानी की तो पुष्टि हो ही गई भले ही ध्यान के माध्यम से हुई इस पुष्टि को हमारा समाज स्वीकार नहीं करेगा। लेकिन इससे क्या? हम तो जानते ही हैं कि यह कथा सत्य है। मुक्तामणि इस समय कहाँ है, यह अश्वजित को भी नहीं मालूम है। लेकिन उसका और हमारा विश्वास है कि वह यहीं है, इसी धमेख में, पंच तत्वों से संयुक्त है, अति ऊर्जा क्षेत्र में ही कहीं स्थित है। इसीलिए उसे खोजना असम्भव था। हमारे विश्वास का आधार भी यही है कि उसे कोई सामान्य चोर, लुटेरा या आक्रमणकारी खोज ही नहीं सकता था। बिना खोजे उसे हटाया नहीं जा सकता। वह यहीं है पर विडम्बना यह है कि हम भी उसे नहीं खोज सकते।"

"गुरुजी। अगर हम उसे खोज भी लें तो उसे पंचतत्वों से मुक्त कैसे कर पाएँगे? उसे अति ऊर्जा क्षेत्र से बाहर कैसे निकाल पाएँगे?" मैंने पूछा।

"नहीं जानता। बस यह जानता हूँ कि यदि मणि ने हमें इस काम के लिए

चुना है, इतिहास में या बहुत ही लम्बे-चौड़े बौद्ध साहित्य में कहीं भी इसका ज़िक्र न होने पर भी स्वयं को हम पर प्रकट किया है तो यही आगे भी रास्ता बताएगी। यही हमें रास्ता बताएगी। कुछ तो अच्छा होने को ज़रूर है। कुछ होना है तभी यह ख़ुद को हम पर प्रकट कर रही है।"

मुक्तामणि की कथा और धमेख स्तूप की महिमा से रोमान्चित हम लोगों ने उस रात जब गुरुजी से विदा ली तो लगा कि सामान्य सी दिखने वाली चीज़ें भी कितनी रहस्यपूर्ण हो सकती हैं। यही स्तूप, जिसे हम पहले सैकड़ों बार देखते हुए भी अनदेखा कर चुके थे, आज हमारे लिए दुनिया की सबसे रहस्यमय चीज़ बन चुका था

***

अध्याय-4
करणीय

"आज क्या हो गया? आज आश्रम नहीं जाना है क्या?" पत्नी ने घड़ी देखते हुए पूछा।

ज़ाहिर है कि आज शनिवार था। ऑफ़िस से आने के बाद चाय वग़ैरह के रिफ्रेशमेंट के बाद हम लोग लॉन में अपने फूल पौधों के बीच बैठ कर घर गृहस्थी की बातों का सुख ले रहे थे। शाम गहराने के साथ-साथ साए लम्बे होने लगे थे। पिछले कई महीनों से हर शनिवार को चाय के बाद जल्दी ही मैं आश्रम का रुख कर लेता था पर आज आराम से बैठे देख कर पत्नी को आश्चर्य हो रहा था।

एक क्षण को आकाश में लाल होते बादलों के बैकग्राउण्ड में मैंने उसके चेहरे की ओर देखा जो हमेशा से ही मुझे बहुत दिव्य लगता था फिर बोला, "आज यहीं पत्नीदेवी का प्रवचन सुना जाएगा।"

"पत्नीदेवी कहाँ पीछे हट रही हैं। यह अलग बात है कि उनका प्रवचन सुन कर आप ही न भाग जाएँ।" उसने ख़ुश होते हुए कहा।

"देखते हैं।"

"इसी ख़ुशी में कॉफ़ी बनाती हूँ।"

"प्रवचन को कॉफ़ी बनाने के बहाने टालना बहुत पुराना नुस्ख़ा हो गया है। कुछ नया सोचो।"

"टालने का सवाल ही नहीं है। वैसे भी पत्नियाँ प्रवचन देने के लिए मशहूर हैं। फ़िलहाल तो आप पहले इन छोटे बाबाओं का प्रवचन सुनिए।" उसने बच्चों को आते देख कर कहा।

अगला घन्टा पत्नी और "छोटे बाबाओं" के साथ स्कूल, मोबाइल, टैबलेट, लैपटॉप, गेम्स, कॉफ़ी, पकौड़ियाँ आदि पर प्रवचन में कब बीत गया पता ही नहीं चला। अँधेरे की शुरूआत के साथ-साथ आसमान पर तारे उगना शुरू हो गए थे। आज इतमीनान था। बच्चों को भी कल के स्कूल की कोई हड़बड़ी नहीं थी। कुछ देर बाद वे टी.वी के लिए अन्दर चले गए।

"वैसे तो आप रोज़ घर पर रहते ही हैं पर बहुत दिनों बाद आज शनिवार को कितना अलग सा अच्छा लग रहा है। कितना इतमीनान है।"

"यही तो मैं सोच रहा हूँ। कोई-कोई चीज़ें हमें इतनी अच्छी क्यों लगती हैं जो हमें अन्दर तक गुदगुदाती हैं। वहीं कुछ बातें अकारण ख़राब भी लगती हैं।" मैंने कहा।

"बच्चों के साथ तो सभी को अच्छा लगता है।"

"तुम जानती हो यह पूरी तरह सच नहीं है। हमारे रिश्तेदारों में ही कई ऐसे लोग हैं जिन्हें बच्चों से कोई मतलब नहीं है। मेरा सोचना यह नहीं है कि किसको क्या अच्छा लगता है बल्कि यह है कि जो कुछ भी अच्छा लगता है वह क्यों अच्छा लगता है।"

"फिलॉसफ़ी फिर चालू। इसे आश्रम तक ही रखते।"

"फिलॉसफ़ी बिलकुल भी नहीं।" मैंने धैर्य से कहा, "पत्नीदेवी, आप भी सोचिए कि आज भगवान हमारी झोली में जो कुछ भी डाल रहे हैं, शायद अपने विचारों की वजह से हम उसमें ख़ुश या दुखी हो रहे हैं। लेकिन हम मनुष्य हैं। हमें विवेक बुद्धि प्राप्त है। हम यह एनालाइज़ कर सकते हैं कि हम क्यों सुखी या दुखी होते हैं। अगर सही निष्कर्ष निकाल पाए तो दुखी होने का कोई मतलब ही नहीं रह जाएगा।"

"मेरी समझ में अभी भी नहीं आता है कि सीधी-सादी चीज़ों को एनालिसिस के झमेले में डालने का क्या मतलब है। बच्चे अच्छा पढ़ लिख जाएँ, सेटिल हो जाएँ, उनकी अच्छी शादी हो जाए, इसके अलावा हमें और कौन सा सुख चाहिए।"

अंधियारी शाम में अब लॉन में मच्छरों का प्रकोप होने लगा था। चटाक की आवाज़ के साथ एक मच्छर को अपने गाल पर मारते हुए मैंने कहा, "अच्छा है जानम, तुम इतना सीधा सोचती हो। लेकिन कल को कोई बच्चा अपनी ऊँची शिक्षा, ऊँची कमाई या फिर अपनी नई नवेली पत्नी के प्रभाव में तुम्हें उपेक्षित करने लगे तो भी परेशान मत होना।"

"ऐसा कोई क्यों करेगा?" जानम के कान खड़े हो गए।

"ऐसा होता नहीं है क्या?"

"होता होगा, पर हमारे बच्चे ऐसा नहीं कर सकते।"

"आमीन। ईश्वर करे ऐसा ही हो।"

मच्छरों का एक झुण्ड श्रीमती जी के कान में भिनभिनाने लगा जिससे परेशान होकर वह उठ खड़ी हुईं, "अब यहाँ बैठने लायक़ नहीं रह गया है। चलिए अन्दर।"

मेरी प्रतीक्षा किए बग़ैर वे अन्दर चली भी गईं।

एक बार मैंने काले होते हुए, सितारे चमकाते ख़ूबसूरत आसमान की तरफ़ देखा फिर मच्छरों को गाली देते हुए पत्नी की ललकार- "आ रहे हैं क्या?" के पीछे-पीछे घर के अन्दर चल दिया।

घर के अन्दर टी.वी एक भारी जंजाल था। बच्चे बारी-बारी से अपने प्रोग्राम देखते थे। इसे और सटीक कहना हो तो एक बच्चा चैनल बदलता था और किसी किसी चैनल पर कुछ देर रुक जाता था। बाक़ी बच्चे वहीं बैठ कर बदलते हुए चैनल देखते रहते थे। जब वह चैनल बदलते बदलते ऊब जाता था तो दूसरे को रिमोट पकड़ा देता था। अब वह चैनल बदलने लगता था और बाक़ी बैठ कर देखते रहते थे। यही प्रक्रिया तब तक चलती थी जब तक उन्हें डाँट कर वहाँ से हटाया नहीं जाता या फिर श्रीमती जी अपना सास वधू टाइप का सीरियल देखने नहीं पहुँच जातीं।

शाम को रोज़ का हाल यही था कि श्रीमती जी अपना सीरियल देखने लगती थीं और मैं नेटिजन बनने के प्रयास में अपने मोबाइल या आई पैड पर व्हाटसऐप, फ़ेसबुक, वेब मैगज़ीन्स आदि करता रहता था। पर आज पत्नी सीरियल देखने नहीं गईं। शनिवार को सीरियल आते भी नहीं थे। डिनर की तैयारी के कुछ पूर्व-कार्य संपादित करने के क्रम में वे काटने वाली सब्ज़ियाँ लेकर ड्राइंग रुम में ही मेरे साथ बैठ गईं और बोलीं, "ज़रा गैरेज से एक पुराना अख़बार उठा लाइए।"

व्हाटसऐप पर कर रहे पोस्ट को बीच में ही छोड़ कर मैं अख़बार लेने चला गया। टी.वी वाले कमरे में बच्चों का चैनल चेंजिंग कार्यक्रम बदस्तूर जारी था पर उस पर कोई ध्यान दिए बग़ैर मैं अख़बार लेकर वापस आ गया। वो आलू छीलने लगीं और मैं फ़ेसबुक पर "लाइक" मारने में लग गया।

सन्नाटे को तोड़ते हुए कुछ देर बाद वो बड़े आशंकित स्वर में बोलीं, "क्या ऐसा हो सकता है?"

मैं फ़ेसबुक पर एक वीडियो देखते हुए सोच रहा था कि इस पर कमेंट पोस्ट करूँ या नही अतः बिना ध्यान दिए बोला, "क्या? क्या कैसा हो सकता है?"

"पहले आप अपना यह आई पैड बन्द करिए।"

आज्ञा का पालन करते हुए उसे बन्द करके एक तरफ़ रख कर बोला, "लीजिए साहब। बन्द कर दिया। अब कहिए।"

"क्या बच्चे सच में ऐसा कर सकते हैं?"

"देवी जी, मैंने एक बेसिक प्रश्न पर विचार करना चाहा था कि हमारे सुख या दुख का मूल कारण क्या है जिससे हम लम्बे समय तक या कहें कि हमेशा सुखी रहें और बच्चों को भी सुखी रख सकें। लेकिन आप तो इसे एकदम नया ही रूप दे रही हैं।"

"मेरा सुख-दुख तो इन पर ही निर्भर है। मैं तो आश्रम जाती नहीं कि सुख के नए-नए साधन तलाश कर सकूँ।"

"किसने रोका है? आश्रम में महिलाएँ भी जा सकती हैं।"

"घर और बच्चों को कौन देखेगा?"

"महेन्द्र है ही। एक दो घन्टे में क्या फ़र्क़ पड़ जाएगा। यह वैसे भी टी.वी का चैनल बदलते रहते हैं। शनिवार को एक घन्टा और बदल लेंगे।"

वे आलू छीलना छोड़ कर मुझे घूरने लगीं तो लगा कि अब मामला सीरियस हो रहा है। बोलीं, "यही रह गया है कि नौकरों के भरोसे बच्चों को छोड़ कर उन्हें बिगड़ने दूँ।"

"अरे बिलकुल नहीं। मेरा यह मतलब तो क़तई नहीं है।" बात को ग़लत दिशा पकड़ने से बचाने की हर सम्भव कोशिश करते हुए मैंने कहा, "मैं भी बच्चों को बहुत प्यार करता हूँ और मुझे पूरा यक़ीन है कि ऐसा वैसा हमारे साथ कुछ भी नहीं होगा।"

अभी मैं आगे का डाइलॉग सोच ही रहा था कि डोर बेल बजने लगी।

"कौन आ गया इस समय?" कहते हुए मैं दरवाज़े की ओर बढ़ा। साथ में

हज़ार तौबाएँ करता गया कि पत्नियाँ गूढ़ प्रश्नों के लिए नहीं होती हैं और उन्हें इन झमेलों में नहीं डालना चाहिए।

बाहर जसवन्त था। उसे आया देख कर मुझे बहुत ही ख़ुशी हुई। मेरे ग्रुप में एक वही था जिसे पत्नीदेवी जानती मानती थीं। वह बहुत चहकते हुए अन्दर आया और पत्नी को सब्ज़ी काटते देख कर बोला, "आज तो बढ़िया डिनर मिलने वाला है। भाभीजी ख़ुद ही बनाने जा रही हैं क्या? महेन्द्र कहाँ गया?"

भाभीजी प्रसन्न हो गईं, "वो तो दो दिन के लिए छुट्टी गया है।"

"लो।" जसवन्त बोला, "तब तो मेरा प्रोग्राम बड़ा टाइमली बना है।"

"क्या प्रोग्राम बन गया भैया?"

"कल का नाश्ता और लंच मेरे यहाँ है। मैं तो आप लोगों को इनवाइट करने ही आया था। आपके शिब्बू का सेलेक्शन बिट्स पिलानी में हो गया है और उसका मनपसन्द विषय इलेक्ट्रोनिक्स भी मिल गया है।"

"अरे वाह।" हम दोनों के मुँह से एक साथ निकला।

"क्या बात है जसवन्त। क्या क़िस्मत है तेरी। मज़ा आ गया।" मैंने कहा।

"इतनी बड़ी ख़बर और बिना मिठाई के?" पत्नी ने कहा।

"अरे, लाया हूँ, लाया हूँ मिठाई, पर गाड़ी में ही भूल गया हूँ। अभी ले के आता हूँ।" कहते हुए वह उठ खड़ा हुआ।

"बैठो, बैठो।" पत्नी ने साधिकार उसे बैठा लिया, "आज तो मिठाई मैं खिलाऊँगी।"

अगले दस पन्द्रह मिनट रसमलाई, भुने काजू, चाय व शिब्बू भैया की ख़बर सेलिब्रेट करने टी.वी छोड़ कर आ गए बच्चों के साथ मौज में गुज़रा। जब बच्चे पढ़ने-लिखने और पत्नी किचन में चली गईं तब मैंने धीरे से जसवन्त से कहा, "बहुत अच्छा लग रहा है न?"

"बहुत ही अच्छा। जैसे कोई अपना सपना पूरा हुआ। लगता है कि हम तो वह सब कुछ नहीं कर पाए जो चाहते थे पर बच्चों के सपने पूरे करने में उनकी हर सम्भव मदद करें।"

"आज शनिवार है। मैं आश्रम न जाकर पत्नी बच्चों के बीच रहा। बहुत

अच्छा लगा। सोचता रहा कि अच्छा क्यों लगता है। अच्छा लगने और ज़िम्मेदारियों के बीच की विभाजन रेखा कहाँ है?"

जसवन्त आश्चर्य में आ गया। बोला, "इसमें यह विभाजन रेखा का क्या मतलब है?"

"भाई। मान लो, उदाहरण के लिए केवल मान भर लो कि मुझे शराब पीना अच्छा लगता है। मैं उसकी लत का शिकार नहीं हूँ। पर जब भी पीता हूँ तो उसे समय देता हूँ, पैसे ख़र्च करता हूँ और उसके साइड इफ़ेक्ट भी झेलता हूँ। यह समय और संसाधन मैं अपने परिवार या और व्यापक रूप से देखें तो समाज के प्रति अपनी ज़िम्मेदारियों से काट कर निकालता हूँ। प्रश्न यह है कि मैं कितना समय और संसाधन अपने निजी सुख पर और कितना ज़िम्मेदारियों पर लगाऊँ। यही विभाजन रेखा का मतलब है।"

जसवन्त भी गम्भीर हुआ। वह कुछ देर तो सोच में रहा फिर बोला, "मुझे जो समझ में आता है वह यह है कि ज़िम्मेदारियाँ पूरी होने पर भी जो सुख मिलता है वह कहीं से कम नहीं होता। मैं ख़ुद इसे महसूस कर रहा हूँ।"

"बिलकुल सही है। लेकिन कहीं किसी बिन्दु पर तो हम स्वयं अपने प्रति अपनी ज़िम्मेदारियों को भी पूरा करेंगे। हमारा अपने प्रति भी तो कुछ कर्तव्य है। शराब का उदाहरण छोड़ दो। हम आश्रम भी तो अपने निजी विकास के लिए ही जाते हैं।"

"यह भी सच है। उलझन भरा सच है। तुम सही कह रहे हो। एक विभाजन रेखा ज़रूरी है। बहुत से लोग यह रेखा न खींच पाने के कारण ज़िन्दगी भर पछताते हैं। सच है कि ज़िम्मेदारियाँ पूरी होने का सुख बड़ा है पर अगर पूरी न हों या पूरी होने के बाद आपको उससे अलग कर दिया जाए तो नारकीय दुख भी है।"

"यही तो..... यही तो मेरे मुँह से निकल गया जो तुम्हारी भाभी परेशान हो गईं। महिलाएँ किस क़दर ज़िम्मेदारियों के साथ एक हो जाती हैं।"

"इसीलिए झेलती भी हैं। सास बहू का सनातन संघर्ष इसीलिए तो है जहाँ सास अपनी समझ से अपने बच्चे के लिए अपना पूरा जीवन समर्पित करने के बाद अलग कर दी जाती है।"

"मेरे देखे दो तरह की जीवन प्रणालियाँ दुनिया में हैं, एक हमारी संस्कृति, जहाँ प्रायः अपनी ज़िम्मेदारियों के पीछे लोग कुछ अधिक ही समर्पित हैं और दूसरी पश्चिमी देशों की, जहाँ यह ज़रूरत से थोड़ा कम ही हैं। दोनों ही अपनी अति पर हैं और हमें इनके बीच से ही मार्ग निकालना है।" मैंने कहा।

"जीवन को जीना अधिक जटिल है भैया। इससे अच्छा तो आश्रम में जीवन के पार की खोज ही है। कहीं हम जीवन से पलायन तो नहीं कर रहे हैं।"

"नहीं, हम लोग विचार कर रहे हैं।" श्रीमती जी को अन्दर आते देख कर मैंने कहा, "इस तरह की बातचीत अक्सर जीवन को सही दिशा में ले जाने में सहायक होती है।"

आशा के विपरीत श्रीमती जी ने कोई विपरीत कमेंट नहीं दिया। वार्तालाप में अपनी भी एन्ट्री दर्ज कराते हुए उन्होंने कहा, "कभी-कभी हमें समझ में नहीं आता कि क्या करें।"

जसवन्त बोला, "हम लोग तो उस पीढ़ी के हैं जिसमें हमारे बचपन में टी.वी, मोबाइल, कम्प्यूटर, फ्रिज, तरह-तरह की मोटरसाइकिलें, कारें आदि सुख-सुविधाएँ थी ही नहीं। कुछ ज़रूरतें होती थीं और सीमित संसाधनों में कुछ पूरी हो जाती थीं और कुछ नहीं होती थीं। जो बच जाती थीं उनके लिए हमें भरोसा रहता था कि बड़े होने पर हम सब कुछ कर ही लेंगे। हमारे बड़े होने तक पूरी दुनिया का बाज़ार खुल गया जिसमें हज़ारों सुख सुविधाएँ हमें आकर्षित करने लगीं और ज़िन्दगी हमें अपनी औक़ात बताने लगी।"

"बात तो वही रही जसवन्त। हमारी क्षमता पहले के सीमित बाज़ार में भी कम थी और अब के बहुत भारी बाज़ार में भी कम है। हम हर चीज़ तो आज भी पूरी नहीं कर सकते।"

"इसीलिए तो हमें यह सब सोचना पड़ रहा है।" श्रीमती जी ने कहा, "ग़रीब की हर युग में मौत है।"

जिस महापुरुष ने "मेन आर फ्रॅाम मार्स वूमेन आर फ्राम वीनस" वाली किताब लिखी थी उन्हीं के बताए रास्ते पर अनजाने में ही चलते हुए मैंने पत्नी की बात का तुरन्त विरोध किया, "ऐसा भी नहीं है। अगर ऐसा होता तो आपके इन्कम-टैक्स वाले करोड़ों की हैसियत के भाई भी बहुत सुखी होते।"

"उनके सुख में क्या हुआ है?" कहते हुए वे वापस किचन में चली गईं।

जसवन्त भी उठ खड़ा हुआ, "चलता हूँ। कल सवेरे बाल बच्चों सहित पहुँच जाना। मौक़ा लगा तो बाक़ी का डिस्कशन वहीं करेंगे। अशोक सिंह, राय साहब वग़ैरह भी रहेंगे।"

किचन की ओर आवाज़ मारते हुए वह थोड़ा ऊँची आवाज़ में बोला, "भाभी जी चल रहा हूँ। प्रणाम। कल मिलते हैं।"

"अच्छा भैया। ठीक है।" किचन से आवाज़ आई।

मैं उसे छोड़ने बाहर तक गया। इस बार उसने याद से मिठाई का डिब्बा मेरे हवाले किया, "भाभी की पसन्द की मिठाई है। अपने हाथ से खिलाना। मूड सही हो जाएगा।"

"तुम्हें कैसे पता कि उसका मूड ऑफ़ है?" मैंने आश्चर्य से पूछा।

"हर तरफ़ बस यही अफ़साने हैं। मूड ऑफ़ हो तो उसकी ख़ुशबू अलग ही आती है। लेकिन इसका कोई फ़ायदा नहीं है। पत्नियाँ प्यार करने के लिए होती हैं, गूढ़ प्रश्नों में डालने के लिए नहीं। और उनकी बात काटने के लिए तो बिलकुल ही नहीं।"

"जी गुरुजी।" मैंने हँसते हुए कहा।

उसकी गाड़ी गुर्राते हुए अँधेरी सड़क को रोशन करते निकली और मैं मिठाई हाथ में लिए सीधे किचन में आ गया।

इन गुरुजी की कृपा से डिनर बड़े बढ़िया माहौल में हुआ। उनकी मिठाई और सीख दोनों ही कारआमद रहे।

***

अध्याय 5
ऊर्जा

सारी बात सुन कर शिवानन्द यों मुस्कराया मानों बच्चों का कोई झगड़ा सुलझाना हो। आज आश्रम में आमन्त्रित विशेष अतिथि कुण्डलिनी विशेषज्ञ अतुल सिंघल अभी आए नहीं थे अतः हम लोगों के पास बातचीत का समय था। शिवानन्द मुझसे मुख़ातिब हुआ।

"मुझे सच सच बताइए जब आपने होश सम्भाला तो आपकी अपने लिए सबसे बड़ी चाहत क्या थी?" उसने पूछा।

"कि मैं इम्तिहानों में अच्छे से पास हो जाऊँ।"

"पास होने के बाद क्या थी?"

"कि मुझे एक अच्छी नौकरी मिल जाए जिससे मैं आत्मनिर्भर हो सकूँ।"

"नौकरी मिलने के बाद?"

"कि मेरी अच्छी शादी, बच्चे, परिवार हो।"

"वे भी हो गए। अब?"

"कि बच्चे समझदार निकलें और अच्छे से सेटिल हों।

"तो भाई जो कुछ भी आपने अपने लिए, मैं फिर से रिपीट करूँ, अपने लिए सबसे बड़ी चाहत के रूप में चाहा वह सब मिल गया। अब क्या? विरोधाभास कहाँ है?" शिवानन्द ने सीधे मेरी आँखों में देखा।

"कभी-कभी लगता है कि पारिवारिक ज़िम्मेदारियों को निभाने में मैं अपने लिए मनचाहा कुछ नहीं कर पाता।"

"भाई, इस तरह की काल्पनिक बातें किसी भी काम की नहीं होतीं। अगर आप वाक़ई केवल अपने लिए सोचने वाले आदमी होते तो आत्मनिर्भरता के बाद शादी बच्चों की बात न सोच कर पहले अपनी निजी इच्छाएँ पूरी करने के बारे में सोचते। लेकिन आपमें सामाजिक तत्व है इसलिए सहज ढंग से आप चुन कर इस मार्ग पर आए। अटल बिहारी बाजपेई जी ने राजनीति और कविता को चुना। डॉ. कलाम ने साइन्स को चुना। आपने परिवार चुना तो इस दायरे में ही

अपने लिए मनचाहा करने का रास्ता देखिए।"

"वे महान लोग थे। हम तो साधारण लोग हैं।" जसवन्त बोला।

"इसीलिए तो कह रहा हूँ। हम साधारण लोग हैं। हमने प्रकृति के गुणों से प्रेरित राह चुनी है जो हमारे लिए सहज है। अगर अपनी चुनी हुई व्यवस्था से हम ख़ुद ही विद्रोह करते हैं तो यह हमारे लिए सहज मार्ग नहीं है।"

"तब यह विद्रोह आ क्यों रहा है यह समझ में नहीं आता।"

"यह और कुछ नहीं, कुछ बातों की प्रतिक्रिया स्वरूप पैदा होता है। हम स्वतन्त्रता चाहते हैं पर ज़िम्मेदारियाँ बड़ी लगती हैं। फिर इन काल्पनिक बेड़ियों से विद्रोह होने लगता है। हम भूल जाते हैं कि हमने इन्हें ख़ुद अपनी इच्छा से पहना हुआ है।"

"ऐसे में क्या किया जाए कि यह विद्रोह तत्व समाप्त हो जाए।"

"इच्छा को पूरा कर लिया जाए।"

मैं जैसे भ्रमित सा हो गया। जब इच्छा को पूरा किया जाना ही है तो इतनी एनालिसिस की क्या ज़रूरत थी।

"कैसे पूरा किया जाए? यही तो समस्या है न?"

"प्रतिक्रिया करना बन्द करके सहज क्रिया प्रारम्भ कर दीजिए।"

"शिवानन्द, पहेलियाँ न बुझाओ। साफ़-साफ़ बताओ कैसे?"

"आपके केस में भाभीजी से अनुमति लेकर।"

"वो देंगी अनुमति? असली समस्या जो यही है।"

"अगर आप भी उनकी भावनाओं की कद्र करते हैं और उन्हें प्रेम करते हैं तो क्यों नहीं देंगी अनुमति। एक बार प्रेम से कह कर देखिए तो?"

तभी नाटकीय ढंग से अशोक सिंह ने वहाँ आकर घोषणा की, "बाबा अतुलानन्द आश्रम में पधार चुके हैं। आप सभी से विनम्र निवेदन है कि उनका प्रवचन सुनने के इच्छुक जन सभागार में तशरीफ़ ले आएँ।"

हम सभी हँसते हुए सभागार की ओर चले।

अशोक सिंह ने रास्ते में कहा, "भाई मैं तो अपनी हर इच्छा पूरी कर लेता हूँ। कोई समस्या ही नहीं आती।"

"वो कैसे?"

"सप्ताह के तीन दिन मेरे, तीन पत्नी के और एक दिन बच्चों का। जिसका दिन रहता है वह मनचाहा करने के लिए स्वतन्त्र होता है।"

"आइडिया बुरा नहीं है लेकिन थोड़ा बनावटी लगता है।"

"बनावटी का क्या सवाल है।" राय साहब बोले- "तीन दिन जो इनकी पत्नी कहती हैं वह होता है। बाक़ी के तीन दिन यह वह करते हैं जो पत्नी कहती है। बच्चों का क्या है? उनकी सुनता ही कौन है?"

"अब पुराने धुराने जोक न मारो राय। कुछ तो व्यवस्था बनाने की कोशिश करो। कुछ तो करना ही पड़ता है सामन्जस्य बैठाने के लिए। क्या पता कौन सा सिस्टम अच्छा होता है?"

"जो काम कर जाए वह सबसे अच्छा होता है।"

सभागार में एक तरफ़ दो-फ़ीट ऊँचा स्टेज था जो नीले और हरे दो रंगों के मैट से ढका गया था। पीछे दीवार की तरफ़ तीन कुर्सियाँ लगी थीं और आगे की ओर मध्य में एक लाल पीले रंगों का आसन था जिस पर अतुल जी विराजमान थे। स्टेज के अलावा पूरे हाल में भी यही व्यवस्था थी। दीवार के साथ लगी कुर्सियों पर वे लोग बैठते थे जो ज़मीन पर नहीं बैठ पाते थे। दोनों दीवारों पर बड़े-बड़े शीशों वाली खिड़कियाँ थीं जिन पर लगे भारी पर्दे खुल जाने पर बाईं ओर गंगा जी का प्रवाह तथा दाहिनी तरफ़ आश्रम का बग़ीचा दिखता था। छत गुम्बद के आकार में बनाई गई थी और उस पर भीतर कोई नक्काशी या डिज़ाइन नहीं थी। विशेष कार्यक्रमों के अलावा बाक़ी दिन इस हाल का प्रयोग हम सामूहिक ध्यान के लिए करते थे।

हम बीस-पचीस लोग स्टेज पर बैठे अतुल जी व उनकी टीम के सामने जमीन पर ही बैठ गए। आज उनके साथ एक अजीबो-ग़रीब यन्त्र भी था जिसे हमने पहले कभी नहीं देखा था।

अतुलजी ने बात शुरू की।

"आप मे से अधिकांश लोग जानते ही हैं कि हमारी सन्स्था "अन्तः ऊर्जा शोध कर्म" या संक्षेप में कहें तो "अशोक" मानव शरीर के कोर ऊर्जा पर व्यवहारिक अध्ययन कर रहा है। आप में से कुछ लोग हमसे जुड़े भी हैं। अपने

अध्ययन से प्राप्त निष्कर्षों को हम आपके साथ समय-समय पर बाँटते रहते हैं जिससे यह निष्कर्ष पुनः चेक हो सकें।"

शुक्ला जी पहली बार इसमें आए थे अतः उन्होंने धीरे से मुझसे पूछा, "यह कोर ऊर्जा का क्या मतलब हुआ?"

"आप जानते ही हैं कि हमारे शरीर की अन्तःक्रियाएँ मुख्यतः विद्युत-रासायनिक ऊर्जा से संचालित होती हैं। लेकिन कुछ और तरह की ऊर्जाएँ भी हैं। दरअसल हमारे भीतर एक ऊर्जा स्तम्भ है जो कई चक्रों के माध्यम से ब्रह्माण्डीय ऊर्जा से जुड़ा है। इसे ही अतुल जी कोर ऊर्जा कहते हैं।"

"चक्र? क्या वही चक्र तो पुराने समय से ही ऋषियों द्वारा बताए गए हैं? कुण्डलिनी जागरण के लिए?"

"शायद वही। पर अधिक विवरण के लिए अतुल जी से पूछना होगा।" मैंने कहा और अतुल जी की ओर देखा।

"लेकिन आज यह अजीब सी मशीन क्यों लाए हैं अतुल जी?" हमारे ग्रुप के सबसे क्यूरियस श्रोता अशोक सिंह ने पूछ ही लिया।

"यह हमारे कलाम जी का चमत्कार है अशोक सिंह, जो अभी कुछ देर बाद आपको दिखाया जाएगा। आप जानते ही हैं कि कलाम जी विद्युत चुम्बकीय ऊर्जा पर शोध से जुड़े हुए हैं।"

"चुम्बक से चिपका कर बिजली का झटका देंगे क्या?" अशोक सिंह ने कुछ ऐसे अन्दाज़ में कहा कि सभी को मज़ा आ गया।

अतुल जी भी हँसते हुए बोले, "आपने जो कभी सोचा भी नहीं होगा उससे भी कहीं ज़्यादा ज़ोरदार झटका लगने वाला है।"

हम सभी लोगों की उत्सुकता बढ़ने लगी। अतुल जी जैसी शख़्सियत से हम कभी मज़ाक़ की उम्मीद नहीं रखते थे। अगर वो कह रहे हैं कि इतना ज़ोरदार झटका लगने वाला है तो वह लगने ही वाला है। क्या है यह मशीन और यह क्या झटका देने वाली है, हम लोग जानने को बेचैन होने लगे पर उन्होंने अपनी बात स्वाभाविक ढंग से आगे बढ़ाई।

"मैं यह मान कर चल रहा हूँ कि आप सभी यह जानते हैं कि सारा जगत या कहें तो सारा ब्रह्माण्ड ऊर्जा के ही भिन्न-भिन्न रूपों का प्रकटीकरण है। हमारे

पहाड़, नदियाँ, समुद्र, हवा, सूर्य, चाँद, तारे, सारा का सारा जीव जगत और हम ख़ुद ऊर्जा ही हैं। संक्षेप में कहना हो तो यह जो कुछ भी दृश्य अदृश्य जगत है, सब का सब ऊर्जा का ही अलग-अलग रूप है।"

"हाँ। अल्बर्ट आइन्सटीन के बाद तो यह वैज्ञानिक रूप से भी साबित है। उनका प्रसिद्ध समीकरण ऊर्जा व प्रकाश के एक दूसरे में कनवर्ज़न से ही सम्बन्धित है। अब तो सभी जानते हैं कि पदार्थ ऊर्जा का ही संघनित रूप है और एटॉमिक रिएक्टरों ने यह दिखा दिया है कि पदार्थ को ऊर्जा में बदला जा सकता है।"

"बिलकुल सही है। तो आज की चर्चा के लिए हम सैद्धान्तिक रूप से मान सकते हैं कि सब कुछ ऊर्जा ही है। कुछ पदार्थ रूप में संघनित है और कुछ स्वयं में ही रूपान्तरित है।" अतुल जी ने कहा।

"रूपान्तरित का क्या मतलब हुआ?"

"शुक्ला जी, आप ख़ुद ही देखिए, हम कितने तरह की ऊर्जाओं को जानते हैं। प्रकाश, ऊष्मा, ग्रैविटी, चुम्बकत्व, ध्वनि वग़ैरह बड़े ग्रुप तो हैं ही, इनमें तमाम छोटे-छोटे ग्रुप भी हैं। प्रकाश ऊर्जा के लिए कह सकते हैं इन्फ्रा रेड ऊर्जा, अल्ट्रा वायलेट या अलग-अलग रंगों की ऊर्जाएँ।"

"सही है।" शुक्ला जी ने सहमति जताई, "मैंने इस तरह से कभी सोचा नहीं था।"

"यह सब तो बेसिक जानकारियाँ हैं और हम सब लोग अपनी प्रारम्भिक शिक्षा से ही मोटे तौर पर यह सब जान लेते हैं। लेकिन जब मैं कहता हूँ कि यह सारी ऊर्जाएँ केवल एक ही ऊर्जा का रूपान्तरण हैं तब हमें समझने में दिक़्क़त होती है क्योंकि हमने इसे बचपन से नहीं जाना है।"

"एक ही ऊर्जा! यह कौन सी ?" मैंने हैरत से पूछा।

"किसी भी वैज्ञानिक ने अभी उसका कोई निश्चित नाम नहीं दिया है। किसी ने उसे ईथर कहा, किसी ने कॉस्मिक इनर्जी कहा, हमारे सन्स्थान में इसे आद्य ऊर्जा कहा जाता है क्योंकि हम मानते हैं कि यही मूल आदिकाल से उपस्थित ब्रह्माण्डीय ऊर्जा है, पर अन्तिम निष्कर्ष पर पहुँचने के लिए अभी प्रयोग चल ही रहे हैं।"

"नाम देने के लिए प्रयोग?"

"नहीं, उसकी निश्चितता सुनिश्चित करने के प्रयोग। आप जानते ही हैं कि विज्ञान का अपना एक डेकोरम है और जब तक किसी कन्सेप्ट को साबित नहीं कर लिया जाता उसे नाम नहीं दिया जा सकता। पर आध्यात्मिक जगत में हमारे साथ ऐसी बाध्यता नहीं है। हम कन्सेप्ट पर आगे काम कर सकते हैं और आगे के किसी लेविल पर उसका लाभ ले सकते हैं, भले ही वह वैज्ञानिक रूप से अभी सिद्ध न हो।"

हम लोगों के चेहरे पर उलझन के भाव देख कर वे आगे बोले, "चलिए हम अपने मूल विषय पर आते हैं। हर चीज़ को छोड़ कर स्वयं को देखते हैं। हम पदार्थ और ऊर्जा का सम्मिलित रूप हैं। हमारे शरीर को अन्दर और बाहर से संचालित करने के लिए पदार्थ और ऊर्जा के भिन्न-भिन्न रूप परस्पर गुथे हुए हैं और ख़ुद के लिए निर्धारित काम बिना किसी भूल के परफ़ेक्ट रूप से कर रहे हैं। यह तो हो गई सामान्य बात जो सबके लिए सामान्यतः सही है।"

उन्होंने हम लोगों के चेहरों को बारी-बारी से देखा। सभी को ब्लैंक जैसा पा कर उन्हें हँसी आ गई।

"हम कुछ कुछ समझ रहे हैं।" मैंने कहा, "आपका मतलब है हमारे शरीर का विकास पदार्थ और ऊर्जा की निरन्तर पारस्परिक क्रिया का परिणाम है। हम पैदा होते हैं, फिर धीरे-धीरे बड़े होते हैं, जीवन में बहुत कुछ करते हैं, यह सब ऊर्जा का ही खेल है।"

"बिलकुल सही।" उन्हें थोड़ा इतमीनान लगना शुरू ही हुआ था कि अशोक सिंह की आवाज़ आई, "आज की यह चर्चा और यह मशीन भी तो ऊर्जा के ही खेल लग रहे हैं। मशीन कब चलवाएँगे अतुल जी?"

अतुल जी ने असहाय भाव से उन्हें देखा फिर बोले, "पहले इस मशीन के पीछे का कन्सेप्ट तो समझ लीजिए। तभी तो मशीन का काम समझ में आएगा।"

"यस सर।" अशोक सिंह ने तपाक से कहा और पूरा हॉल ही हँसने लगा।

"सृष्टि के आदिकाल से शुरू होकर यह जो सिस्टम विकसित हुआ है यह लगभग परफ़ेक्ट और त्रुटिहीन है। हम कह सकते हैं कि स्थूल या भौतिक रूप से बच्चा अभी क्या है, जवान हो कर क्या होगा या बुढ़ापे में क्या होगा। ठीक है,

जीवन की बहुत सी चीज़ें, जीवन में होने वाली बहुत सी घटनाओं के मोड़ हम नहीं प्रेडिक्ट कर सकते पर शुद्ध भौतिक विकास का अन्दाज़ा लगा सकते हैं।"

"कहें तो केवल शारीरिक विकास का......."

"कुछ मानसिक विकास का भी। जैसे ख़तरों से निबटने की स्थिति। हममें से लगभग हर आदमी कोई ख़तरा सामने आने पर डर जाएगा, शरीर में अतिरिक्त शक्ति पैदा कर के खतरे से भिड़ेगा या भागेगा। असम्भव सी लगने वाली ताक़त कुछ हारमोन्स से पैदा हो जाती है और यह हर आदमी में होती है।"

"एड्रीनलिन व नॉरइपीनेफ्रिन नाम के हारमोन, जो एडरीनल ग्रन्थि से निकलते हैं।" एक डॉक्टर साहब बोले जो अब आश्रम में नियमित आने लगे थे।

"हाँ डॉक्टर साहब। इसी तरह की तमाम मानसिक क्षमताएँ व व्यवहार पदार्थ व ऊर्जा के आपसी रिएक्शन से तय होते हैं। जैसे प्रेम में पड़ना, क्रोध आना वग़ैरह वग़ैरह।

मुझे आश्चर्य हुआ- "मैं तो अभी तक प्रेम, क्रोध आदि को मानवीय भावनाएँ समझता था।"

"वे मानवीय भावनाएँ तो हैं ही।" अतुलानन्द ने कहा- "हमारे भीतर बचपन से ही यह डाला गया है। मानव समाज का नज़रिया ही यही है। सही है। लेकिन मैं तो चाहता हूँ कि इस स्तर पर हम इसे थोड़ा और गहराई से देखें।" उन्होंने मेरी ओर देखा।

"कैसे?" मैंने भ्रमित स्वरों में पूछा।

"हम प्रेम का उदाहरण लेते हैं। उदाहरण के दायरे को और अधिक सीमित करना हो तो विपरीत सेक्स के मध्य प्रेम का उदाहरण लेते हैं। कल्पना कीजिए हम जवान हैं। ऊर्जा से लबालब भरे हुए हैं। किसी सुन्दर लड़की को देखते हैं। वह हमें बहुत अच्छी लगती है। मेरे भीतर उसके लिए कुछ कुछ होने लगता है। मानवीय भावनाओं के रूप में प्रेम का उदय हो जाता है। जितनी बार हम उससे मिलते हैं यह भावनाएँ शक्तिशाली होती जाती हैं। हम उसके प्रेम में पड़ जाते हैं। हम उसके लिए जीने मरने को तैयार हो जाते हैं।"

उन्होंने हम सबकी ओर देखा। दो क्षण चुप रहे फिर बोले- "अब इसे दूसरी दृष्टि से देखें। उस लड़की के चेहरे और शरीर से निकलने वाली ऊर्जा मेरी

आँखों के रास्ते मेरे मस्तिष्क में प्रवेश करती है और यह ऊर्जा मस्तिष्क के उस हिस्से पर असर करती है जिसके लिए यह बनी है। फिर वह......।"

"माफ़ी चाहता हूँ अतुल जी। बीच में टोकना नहीं चाहता था। पर यह समझना भी ज़रूरी है कि ऊर्जा सीधे मस्तिष्क तक कैसे पहुँच सकती है? क्या ऊर्जा मस्तिष्क के किसी ख़ास हिस्से को ही प्रभावित करने के लिए होती है। पूरे मस्तिष्क को एक साथ नहीं प्रभावित करती है।" मैंने पूछा।

"हाँ तिवारी जी। यह थोड़ा ऐसी चीज़ें हैं जिन्हें सब लोग नहीं जानते पर जो इसका अध्ययन करता है वह जानता है। हम जानते हैं कि ऊर्जा आँखों के रास्ते दृष्टि पटल तक जिसे हम रेटिना कहते हैं, पहुँचती है जहाँ तंत्रिकाओं का जाल होता है। फिर से कहूँ कि यह उन तन्त्रिकाओं को प्रभावित करती है जो इस तरह की ऊर्जा के लिए बनी हैं। यह तन्त्रिकाएँ इस ऊर्जा को मस्तिष्क के उस भाग तक ले जाती हैं जो प्रेम को महसूस करने के लिए बना है। क्यों डॉक्टर साहब? आप कुछ कहेंगे क्या?"

"जी। इतना तो मैं कह सकता हूँ कि मानव मस्तिष्क के अलग-अलग हिस्से अलग-अलग भावों को महसूस करते हैं। प्रेम, क्रोध, भय आदि जिस हिस्से में महसूस होता है जिसे एमिग्डाला कहते हैं और जिस हिस्से में घृणा महसूस की जाती है उसे इन्सुला कहते हैं। न्यूरोसाइन्स या साइकियाट्री मेरी फ़ील्ड नहीं है इसलिए इसे ज़्यादा गहराई से नहीं बता सकता।"

"हमारे उद्देश्य के लिए इतना काफ़ी है। मैं तो केवल इतना ही कह रहा हूँ कि हर ऊर्जा चाहे वह बाहर से आ रही हो या भीतर से, मस्तिष्क के किसी ख़ास हिस्से में महसूस की जाती है। क्या मैं और उदाहरण दूँ?"

"हाँ। हाँ। अतुल जी। मेरी समझ में तो कुछ नहीं आया।" अशोक सिंह बोले।

"अच्छी बात है अशोक सिंह। कल्पना करिए कि आप एक हरे भरे मैदान में हैं। नीले आसमान में सफ़ेद बादल उड़ रहे हैं। बढ़िया ठण्डी हवा चल रही है। ख़ुश्बूदार फूल खिले हुए हैं। अब आप अपनी आँखें बन्द कर लीजिए। क्या महसूस करेंगे?"

"ठण्डी हवा।" अशोक सिंह ने तपाक से कहा।

"शरीर के किस हिस्से से?"

"पूरे शरीर से ही।"

"और फूलों की ख़ुश्बू?"

"ज़ाहिर है नाक से।"

"अब आँखें खोल लीजिए। सुन्दर दृश्य कहाँ से देख रहे हैं।"

"आँखों से। क्या बचकाने सवाल कर रहे हैं अतुल जी।"

"अशोक सिंह जी। मैं यह बताने की कोशिश कर रहा हूँ कि जैसे पदार्थ जगत में हमारी पूरी ग्राह्यता अलग-अलग ज्ञानेन्द्रियों से प्राप्त अनुभवों से होती है और हम लोग, सारे परसेप्शन को एक साथ मिला कर पूरी तस्वीर बना लेते हैं ठीक उसी तरह मस्तिष्क में भी अलग-अलग हिस्से में भावनाओं को महसूस करके एक पूरी तस्वीर बनाते हैं। शरीर वाली ग्राह्यता की बात करें तो हमें अलग-अलग ज्ञानेन्द्रियों से परसेप्शन लेकर पूरी तस्वीर बनाने का थोड़ा बहुत अनुभव होता है पर दिमाग के मामले में उतना नहीं होता। लेकिन सच तो यह दोनों के लिए ही है।" अतुल जी ने अशोक सिंह की ओर देखते हुए कहा और अशोक सिंह हाथ जोड़ते हुए दण्डवत की मुद्रा में लेट गए।

हँसते हुए अतुल जी बोले- "अब मैं वापस अपने प्रेम की घटना पर आता हूँ। जब यह ऊर्जा मस्तिष्क के उचित हिस्से को ट्रिगर करती है तो मस्तिष्क उन ग्रन्थियों को सक्रिय करने वाला संदेश तन्त्रिकाओं के माध्यम से जारी करता है जो प्रेम के हॉरमोन्स जैसे ऑक्सीटोसिन, डोपामीन वग़ैरह शरीर में छोड़ती हैं। इन रासायनिक हारमोनों से हमारा पूरा शरीर और मन प्रेममय हो जाता है। प्रेम को महसूस करने लगता है क्योंकि यह रासायनिक चीज़ें मस्तिष्क के प्रेम महसूस करने वाले हिस्से की सेंसिटिविटी को बढ़ाने लगती हैं। अगर यह असर लड़के-लड़की दोनों में हो रहा है तो दोनों के बीच की केमिस्ट्री परवान चढ़ने लगती है।"

"और अगर दोनों में न होकर केवल एक में ही हो रहा है तो क्या होगा?" ज़ाहिर है कि यह सवाल अशोक सिंह का ही था।

"फिर क्या सिंह साहब! दिल के टूटने की आवाज़ नहीं होती पर इसका शोर दूर तक सुनाई पड़ता है। आजकल की रोमेन्टिक फ़िल्में, कहानियाँ वग़ैरह इसी मुद्दे पर तो होते हैं।" अतुल जी ने चुटकी ली।

पूरे हॉल के साथ हँसते हुए राय साहब ने पूछा- "और लालच, चोरी, मोहमाया?"

"यह व्यवहारगत भावनाएँ हैं जो हमारे परिवेश की हमसे क्रिया प्रतिक्रिया के फलस्वरूप विकसित होती हैं। इन्हें हम सीधे पदार्थ व ऊर्जा के प्रकृतिजन्य रिएक्शन के समकक्ष नहीं रख सकते।"

"नहीं समझा अतुल जी।" शुक्ला जी ने कहा।

अतुल जी ने धैर्य से कहा- "ऐसे समझिए कि हमारे भीतर जो भी भावनाएँ जन्म लेती हैं उसका मेकैनिज़्म तो यही होता है पर इनका एक समूह ऐसा है जो सीधे प्रकृति से आता है क्योंकि प्रकृति की निगाह में यह ज़रूरी हैं। प्रेम, सेक्स आदि ऐसी ही भावनाएँ हैं। इन्हें आना ही है। आदमी दुनिया के किसी कोने का रहने वाला हो, किसी भी वर्ग या धर्म का हो, यह भावनाएँ सभी में आनी ही हैं। दूसरा समूह वो है जो हमारे भीतर अपने पालन पोषण के माहौल से विकसित होता है। हमारी आस्था क्या होगी, नैतिकता का स्तर क्या होगा, यह सब अलग-अलग हो सकता है। माहौल पर निर्भर करेगा। कुछ स्पष्ट कर पाया हूँ कि नहीं?"

"हाँ, अतुल जी। आगे क्या?" मैंने कहा।

"व्यवहारगत बातें एक और अलग सिस्टम से भी आती हैं जो हमारी चेतना पर अंकित प्रभावों से आता है।"

आश्चर्य में राय साहब ने पूछा- "और यह प्रभाव कहाँ से अंकित हो जाते हैं गुरुजी?"

अतुल जी ने एक क्षण सभी की ओर नज़र दौड़ाई और बोले- "हममें से जो लोग पुनर्जन्म की धारणा मे विश्वास रखते हैं उनके लिए मैं कह सकता हूँ कि यह जन्मों-जन्मों के संस्कारों का हमारी चेतना पर पड़ा इम्प्रेशन होता है। जो नहीं मानते वो इसे चेतन तत्व के पदार्थ-ऊर्जा से संयोजन के समय चेतन तत्व में पूर्व अंकित प्रोग्रामिंग के रूप में देख सकते हैं।"

"यह समझना तो और कठिन हो रहा है अतुल जी।" डॉक्टर साहब ने कहा- "पुनर्जन्म की धारणा को अगर हम कुछ देर के लिए अलग भी रख दे तो इस बिन्दु पर यह मानना पड़ेगा कि मृत्यु के बाद या जन्म से पहले हमारे आस्तित्व का कुछ हिस्सा हमारे आस्तित्व से अलग होता है और हम दो अलग-

अलग चीज़ों के जोड़ होकर जीवन में आते हैं।"

"जी हाँ डॉक्टर साहब। बिलकुल यही है। अगर पदार्थ-ऊर्जा के संयोजन को एक मान लें तो जीवित प्राणी की संरचना बनाने के लिए जो संयोजन होगा उसमें चेतन तत्व भी जुड़ता है तभी जीव जगत की उत्पत्ति है अन्यथा वह संसार है जिसे हम निर्जीव कहते हैं।"

"लेकिन इस चेतन तत्व के बारे में विज्ञान को कुछ पता नहीं है।"

"जी। मैंने पहले ही कहा कि विज्ञान का अपना अलग डेकोरम है। विज्ञान अपने रास्ते से उसे मानेगा। हमारे साथ यह समस्या नहीं है। हम विज्ञान के डेकोरम में गए बग़ैर भी उसे मान सकते हैं।"

"ऐसी बात के आधार पर जिसका आस्तित्व ही नहीं साबित है हम कोई संरचना कैसे खड़ी कर सकते हैं।"

अतुल जी मुस्कराए- "कहाँ नहीं साबित है? विज्ञान को अपना समय लेने दिया जाए। हमारे लिए तो साबित है। विज्ञान यह भी तो नहीं बता पा रहा है कि अगर ऐसा नहीं है तो क्या है? वह तो नकारने के सिवा कुछ कर नहीं रहा है। लेकिन अगर हम जानते हैं तो हम इस पर अपनी संरचना खड़ी कर सकते हैं और वह काम भी करेगी।"

"कैसे अतुल जी? कैसे?"

"जैसे "ओम्" की संरचना है। हम हज़ारों साल से इसका प्रयोग करते आ रहे हैं। हमारी ही संस्कृति में नहीं बल्कि पूरी दुनिया में। इस्लाम में यह आमीन है, क्रिश्चियनिटी में आमेन है, ज्यूज़ में शालोम है, क़रीब-क़रीब हर संस्कृति में इससे मिलती-जुलती आवाज़ का प्रयोग बिना किसी वैज्ञानिक मान्यता के होता रहा है और लोग लाभ उठाते रहे हैं। इसी तरह वैज्ञानिक मान्यताओं के बग़ैर ही हम ध्यान करने, जिसे आजकल मेडिटेशन कहा जाता है, योग करने, प्रकृति के निकट रहने, जागरुकता यानी माइन्डफ़ुलनेस के प्रयोग करने आदि का लाभ सदियों उठाते आए हैं। विज्ञान ने अब जाकर इन विधियों को मान्यता दी है। नासा ने ओम् ध्वनि को अन्तरिक्ष से भी रिकॉर्ड किया है। इन उदाहरणों को देखते हुए हम अभी विज्ञान की मान्यता का इन्तज़ार क्यों करें? क्यों न हम अपनी मान्यताओं पर अपनी संरचना खड़ी कर के उससे लाभ उठाएँ। विज्ञान अपनी

विधियों के अनुसार काम करेगा और हो सकता है आने वाले दो चार सौ सालों में वह चेतन तत्व को भी मान्यता दे दे। कहिए डॉक्टर साहब?"

डॉक्टर साहब चुप रहे। हम सभी लोग चुप रहे। बातों को इस दृष्टि से देखना रोमांचक था। तभी बाहर अचानक तेज़ बारिश के साथ बिजली का चमक और बादलों की गरज शुरू हो गई और जैसा कि अपने यहाँ नियम है, बिजली तत्काल कट गई।

"माई गॉड।" अशोक सिंह का चिर परिचित नारा गूँजा और वे बोले- "अब हम अतुल जी के मशीन की ऊर्जा का आनन्द कैसे लेंगे?"

अतुल जी सदाबहार आवाज़ में बोले- "पहले प्रकृति की इस ज़बरदस्त ऊर्जा का आनन्द तो उठा लीजिए।"

बारिश वास्तव में चमत्कार जैसी लग रही थी। पारदर्शी खिड़कियों से इसका तेज़ वेग और चमकती बिजलियाँ जो आसमान से ज़िगज़ैग रेखाओं के रूप में नीचे की ओर झपट रही थीं और उनका यही झपटता हुआ प्रतिबिम्ब गंगा में झलक रहा था। इनके अलावा कहीं भी रोशनी की एक रेखा भी नहीं थी। जब यह चमकती थी तब बारिश की भारी झड़ियाँ, काले पेड़, गंगा की बेचैनी से हिलोरें लेती लहरें और आसमान नज़र आता था। बादलों की गरज और बारिश के प्रबल वेग की आवाजें भीतर बन्द हॉल में भी गूँज रही थीं। कितनी ही देर हम सभी मन्त्रमुग्ध से बैठे प्रकृति का यह नजारा देखते रहे।

अतुल जी ने कहा- "वर्षा प्रकृति की एक अनुपम लीला है। यही वह घटना है जिसमें पाँचों तत्व संयुक्त रूप से काम करते हैं। आकाश, जल, हवा, अग्नि और पृथ्वी। यह प्रकृति के महाशुद्धिकरण की प्रक्रिया है।"

"गुरुजी।" डॉक्टर साहब कुछ हिचकिचाते हुए बोले- "इनको तो विज्ञान तत्व मानता ही नहीं है। तत्व तो एक ही प्रकार के परमाणुओं से मिल कर बने पदार्थ को कहते हैं। इनका वर्गीकरण धातु और अधातु में किया गया है कुल 118 तत्वों को हम जानते हैं जिनमें से 94 प्राकृतिक रूप में पाए जाते हैं।"

"आप बिलकुल सही कह रहे हैं डॉक्टर साहब। यह विज्ञान की दृष्टि है। सही है। इसी पर पदार्थ जगत के सारे अन्वेषण और अविष्कार चलते हैं जो मानव सहित इस पूरी दुनिया के लिए लगातार लाभप्रद हैं। लेकिन जब हमारे

मनीषियों ने क्षिति जल पावक गगन समीर को पाँच तत्व कहा था तब उनकी दृष्टि समान परमाणुओं से बने पदार्थ की न होकर, इस सारी सृष्टि को समाहित करने वाले पाँच मूलभूत आयामों की थी। सब कुछ इन्हीं में है, इन्हीं के कारण चल रहा है। पृथ्वी और जल निर्माता हैं, अग्नि और हवा ड्राइव-फ़ोर्स है और सब कुछ आकाश में स्थित है। विज्ञान से यहाँ कोई विरोधाभास नहीं है। केवल दृष्टिकोण का अन्तर है। आध्यात्मिक जगत में हम इन्हीं पाँच तत्वों का उपयोग करते हैं और पदार्थ जगत में 118 तत्वों का उपयोग करते हैं।"

राय साहब अलग ही रौ में बोले- "लेकिन बारिश हमारे सारे प्रोग्रामों का तो सत्यानाश कर ही देती है। अभी हमारे पास करने को कुछ नहीं है।"

"यह तो बारिश की गलती नहीं है राय साहब। शायद यह हमारे सोचने के ढंग पर निर्भर है। हम अपने कार्यक्रमों से, अपनी इच्छाओं से इतना ज़्यादा अटैच हो जाते हैं कि उनमें कोई बाधा आने पर हमें क्रोध आने लगता है। इससे कोई ख़ास मतलब नहीं होता है कि प्रोग्राम की अहमियत क्या है और इसमें बाधा डालने वाले की अहमियत क्या है। हम अपना पूर्वनिर्धारित कार्यक्रम ही करना चाहते हैं। अरे, बाधा आ गई तो उसका आनन्द उठाइए। कार्यक्रम आज नहीं तो कल पूरा हो ही जाएगा। जब ऐसे सोच कर चलेंगे तो कुछ भी सत्यानाश नहीं होगा।"

उस रात हम लोगों ने बारिश पर ही मेडिटेशन किया।

***

अध्याय 6
धमेख

मैं और शिवानन्द धमेख स्तूप के पास मौजूद थे।

आज कोई सरकारी काम नहीं था। किसी के निरीक्षण आदि का कोई प्रोग्राम नहीं था। आज हम नितान्त व्यक्तिगत काम से यहाँ थे। हमारे साथ अतुल जी की सन्स्था "अशोक" से वाह्य ऊर्जा को पकड़ने के एक संवेदी उपकरण के साथ एक विशेषज्ञ भी थे।

कल रात काफ़ी देर तक बारिश होने के कारण शेष कार्यक्रम स्थगित करने पड़े थे। अशोक सिंह के बहुत प्रयत्नों के बाद भी अतुल जी की मशीन, बिजली के अभाव में चल नहीं पायी थी क्योंकि आश्रम का जनरेटर पहले से ही ख़राब होकर रिपेयरिंग में गया हुआ था। अलबत्ता शिवानन्द ने अतुल जी से बात कर ली थी कि यदि उनके आश्रम में ऊर्जा को पकड़ने वाला कोई यन्त्र हो तो वह एक दिन के लिए उसका प्रयोग करना चाहता था। यन्त्र था। अतुल जी ने उसे चलाने और प्राप्त सिग्नलों का विश्लेषण करने के लिए उस यन्त्र के एक विशेषज्ञ, ज़ाकिर को भी हमारे पास भेज दिया था।

"क्या विचार है?" शिवानन्द कह रहा था- "हमें अपनी खोज कहाँ पर केन्द्रित करनी चाहिए?"

"मुझे लगता है कि स्तूप के आधार में ही सम्भावना है क्योंकि ऊपर का हिस्सा तो कई बार टूट चुका है और यहाँ से हटाया भी जा चुका है।"

"हमारी मशीन की क्षमता 50 मीटर तक है। चाहें तो हम ऊपर तक भी देख सकते हैं।" ज़ाकिर ने कहा।

"बेस से शुरू करते हैं। सैम्पल के तौर पर कहीं कहीं ऊपर भी देख लिया जाएगा।"

हमारे पास बड़े पहियों वाला जनरेटर था। उसे चलाया गया और ज़ाकिर ने ऊर्जा यन्त्र को उससे कनेक्ट किया। इस समय यन्त्र स्तूप के ठीक पूर्वी किनारे

पर था। हमें लगता था कि पवित्र मणि जैसी चीज़ को रखने के लिए पूर्व की दिशा सबसे अधिक उपयुक्त थी।

यन्त्र का पैनल धीरे-धीरे नीले रंग में चमकने लगा। उसे देखते हुए मैंने शिवानन्द से पूछा- "तुम्हें यह आइडिया कैसे आया कि मणि को इस यन्त्र से खोजा जा सकता है।"

"अँधेरे में चलाया हुआ तीर है। असल में अतुल जी ने पहले ही बताया था कि जो यन्त्र लेकर वे कल आए थे वह ऊर्जा प्रक्षेपक यन्त्र था। उसमें बहुत तरह की ऊर्जाएँ बाहर फेंकने की क्षमता थी। वे हम लोगों को ऊर्जा का कुछ अनुभव कराने वाले थे। इससे मुझे लगा कि यदि ऊर्जा को प्रक्षेपित करने वाला कोई यन्त्र काम कर रहा है तो ऊर्जा पकड़ने वाला भी कोई यन्त्र होना चाहिए। अतुल जी ने पूछने पर बताया कि उनका ऊर्जा ग्राहक यन्त्र और बहुत अधिक प्रभावी और संवेदनशील है।"

"और तुम्हें लगा कि मणि की ऊर्जा भी यह यन्त्र पकड़ लेगा। शिवानन्द! हमें क्या पता कि मणि की ऊर्जा किस रूप में है? जैसा कि हम जानते हैं यह मणि पंच तत्वों से संयुक्त है और बहुत-बहुत दिनों से बहुत ही उच्च ऊर्जा क्षेत्र में है। इस उच्च क्षेत्र से इसकी ऊर्जा को अलग से पहचानना असम्भव सा नहीं है क्या?"

"है तिवारी जी, है। मैंने पहले ही कहा कि यह अँधेरे का तीर है। शायद हज़ार साल तक उपेक्षित पड़े रहने पर उसका संयोग पंच तत्वों से छूट गया हो। उच्च ऊर्जा क्षेत्र स्वयं कमज़ोर हो गया हो। शायद......शायद अन्धे के हाथ बटेर लग जाए।"

बहुत तेज़ घर्रर्रर्र घर्रर की आवाज़ करते जनरेटर से लगी मशीन अपना काम कर रही थी। अभी तक तो उसके पैनल का रंग नीला ही था। ज़ाकिर धीरे-धीरे मशीन को उत्तर दिशा की ओर बढ़ा रहा था। हम उसके पास सरक आए और पैनल को ध्यान से किसी स्टूडेन्ट की तरह देखने लगे। हमें उसके बारे में कुछ भी पता नहीं था। कुछ पूछ कर हम ज़ाकिर का ध्यान भंग नहीं करना चाहते थे। पैनल के नीले चमकदार रंग में कभी-कभी लाल रंग का शेड आते-जाते दिख रहा था।

कुछ देर में ज़ाकिर ने ख़ुद ही हम लोगों को देखा। हमें पैनल को लगातार टकटकी बाँधे देखते हुए देख कर वह मुस्कराया- "इस पर जो कहीं कहीं लाल रंग का शेड दिख रहा है वह एनर्जी के छोटे-छोटे पैचों के कारण है।"

"छोटे पैच?" मेरी समझ में कुछ नहीं आया।

"मतलब बहुत कम ऊर्जा। इस मशीन का सेंसर बहुत ही सूक्ष्म ऊर्जा को भी पकड़ लेता है। जैसे हवा की ऊर्जा, ईंट पत्थरों से निकलने वाली ऊर्जा, छोटे-छोटे जीव जन्तुओं से निकलने वाली ऊर्जा वग़ैरह।"

"ओह। तो यही ऊर्जा लाल शेड की तरह दिख रही है। लेकिन जब यह अधिक ऊर्जा क्षेत्र में जाएगी तो.........?"

"पूरा पैनल लाल हो जाएगा और यहाँ पर एक मापन ग्राफ़ आ जाएगा जो उसकी तीव्रता को नाप सकेगा। एक वार्निंग टोन भी बजने लगती है।"

"अरे भैया। आप यहाँ।" इस आवाज़ से डिस्ट्रैक्ट होकर मैं पीछे मुड़ा तो चारू को अपनी ओर आते देखा।

"अरे चारू!" मेरे मुँह से भी उसी टोन में निकला- "तुम यहाँ क्या कर रहे हो?"

"चालीस लोगों का एक ग्रुप है, शायद थाइलैण्ड, कम्बोडिया, इण्डोनेशिया, लाओस जैसे एशियन देशों का है। यह लोग बौद्ध स्थलों का भ्रमण कर रहे हैं। कुशीनगर से यहाँ आए हैं। मेरी ड्यूटी इन लोगों के साथ लगी थी। अभी-अभी इन लोगों को यहाँ घुमा कर होटल भेजा है। आपको देखा तो इधर आ गया।"

"वाह भाई वाह। कहाँ-कहाँ से लोग हमारे देश के इन बौद्ध स्थलों को देखने आते हैं और हम इन जगहों की कदर ही नहीं कर पाते हैं।"

"भैया। आप लोगों को स्तूप के रिनोवेशन का काम मिला है क्या?" उसने उड़ती निगाह से शिवानन्द की ओर देखते हुए पूछा।

"नहीं जी। स्तूप के रिनोवेशन का काम तो पुरातत्व विभाग करता है। हम लोग तो बाहरी क्षेत्रों में सुन्दरीकरण का काम करते हैं।"

"यह जो मशीन लेकर स्तूप की नाप जोख कर रहे हैं, पुरातत्व विभाग के हैं क्या?"

उसी समय ज़ाकिर ने पीछे मुड़ कर देखा तो चारू आश्चर्य से बोला- "अरे ज़ाकिर। यहाँ कौन सी ऊर्जा की खान मिल गई है? स्तूप में कोई ख़ज़ाना वग़ैरह दबा हुआ है क्या?"

"खोज रहे हैं भैया चारू। मिल भी सकता है।"

चारू ने मजबूती से नकार में सिर हिलाते हुए कहा- "जहाँ तक मैं जानता हूँ इस स्तूप में तो कोई ख़ज़ाना होने से रहा। इतिहास देखें तो इस धर्म चक्र स्तूप में अलेक्ज़ैण्डर कनिंघम ने इसके हर कोने को और सेन्टर को बोर करा कर वहाँ शैफ्ट डलवा दिया था। जो कुछ भी मिला वह संग्रहालय में रखवा दिया गया। अब तो यहाँ कुछ मिलने की बात ही बेमानी है।"

"बहुत जानकारी है आपको यहाँ की?" अबके पहली बार शिवानन्द बोला।

"मेरा काम ही यही है। पार्ट-टाइम मैं यहाँ के विदेशी टूरिस्टों को अटेण्ड करता हूँ और आप जानते ही हैं कि यह विदेशी टूरिस्ट कितनी गहराई से सवाल पूछते हैं और सब कुछ जानना चाहते हैं।"

सच है। मुझे जापानी टीम के उस ख़तरनाक अंग्रेज़ी वाले जापानी की याद आ गई जो जानना तो बहुत कुछ चाहता था पर अंग्रेज़ी बाधा बन गई। चारू जैसा आदमी उसको मिल गया होता तो फेंकते बटोरते उसे जी भर स्तूप में ही घुमा डालता। फिर अचानक ही मेरे मन में विचार आया कि अगर चारू यहाँ की गहरी नॉलेज रखता है तो शायद मणि के बारे में भी उसने कुछ सुना हो।

मैंने पूछ ही लिया- "चारू। तुमने कभी मुक्तामणि का नाम सुना है क्या?" साथ ही मैं यह भी देख रहा था कि शिवानन्द इस बात से नाख़ुश लग रहा था। शायद वह नहीं चाहता था कि मणि की चर्चा चारू से की जाए। ख़ैर, अब तो तीर कमान से निकल ही गया था।

"हाँ। एक किंवदन्ती है। कथा चली आ रही है कि यहाँ सारनाथ में कहीं ऐसी मणि छिपी है जो जिस व्यक्ति के पास रहती है उसे दुनिया का सबसे शक्तिशाली आदमी बना देती है। वह जो चाहे कर सकता है। बड़े-बड़े लोग उसके क़दमों में झुक जाते हैं। वह अमर हो सकता है। रब्बिश, कूड़ा करकट विचार है यह। अब तो जमाना बदल गया है। यह मणि आपके पॉकेट में आ

भी जाए तो आप क्या कर लेंगे? अभी तो हर आदमी पॉकेट में ऐसी दस मणियाँ लेकर घूमता है भैया। असल बात यह है कि इस किंवदन्ती के बहाने लोगों को प्रचार मिल जाता है। लोग मणि खोजने आने लगते हैं और यहाँ की दुकानें चलने लगती हैं।"

शिवानन्द का चेहरा गुस्से से काला पड़ने लगा था।

उसने कहा- "बेहतर है अपना ज्ञान बघारने के बजाए आप यहाँ से जाइए।"

चारू ने उसे इग्नोर करते हुए मेरी तरफ़ देखा। मैं ख़ुद ही अवाक था। शिवानन्द से ऐसी उम्मीद मुझे बिलकुल नहीं थी। मैं कुछ कह नहीं पाया।

चारू ने शिवानन्द की पूरी तरह उपेक्षा करते हुए ज़ाकिर से कहा- "कहीं तुम मणि ही तो नहीं खोज रहे हो ज़ाकिर?"

शिवानन्द ने मुझसे कहा- "इसे यहाँ से हटाइए।"

"क्यों? ऐसा क्या हो गया है? तुम क्यों इतने सेन्टीमेन्टल हो गए हो? क्या कह दिया उसने? सभी को अपना विचार रखने का अधिकार है।" एक साँस में तमाम सवाल करते हुए मैंने अपना विरोध प्रकट किया।

"मैं नहीं चाहता कि हमारी खोज में कोई तीसरा आदमी शामिल हो।" शिवानन्द ने धीरे से मुझसे कहा।

"यह तुम कैसे कर सकते हो? यह पब्लिक प्लेस है। लोग आते-जाते रहेंगे। लोग कुतूहलवश रुक कर यह सब देख भी सकते हैं। हम कैसे लोगों को दूर रख सकते हैं? अभी चारू है। फिर कोई और होगा। फिर कोई और। मैं यहाँ के प्रोजेक्ट का हिस्सा हूँ। बहुत लोग मुझे पहचानते हैं। वे आ सकते हैं। मैं किसको-किसको मना करूँगा।" मैंने भी धीरे से ही कहा।

अभी मैं और शिवानन्द इस द्विविधा से निकलने की तरकीब सोच ही रहे थे कि टूँ टूँ की अजीबो-गरीब तेज़ आवाज़ आने लगी और ज़ाकिर की उत्तेजना से भरी आवाज़ आई- "इधर आइए सर। इधर कुछ है।"

शिवानन्द उधर भागा।

चारू ने मुझसे कहा- "मैं जा रहा हूँ भैया। कुछ ज़रूरी काम याद आ गया है। फिर मिलते हैं।"

मैं मुस्कराया- "समझ गया हूँ चारू। तुम बहुत समझदार हो गए हो।"

वह भी मेरी आँखों में देखते हुए मुस्कराया और मुड़ कर चला गया।

ज़ाकिर और शिवानन्द आपस में विचार विमर्श कर रहे थे- "कितनी शक्ति है इस ऊर्जा में?"

ज़ाकिर ने मशीन के पैनल पर देख कर बताया- "दो हज़ार जूल के आस पास है।"

"यह तो काफ़ी कम है।" शिवानन्द ने कहा- "मुझे तो लग रहा था कि यह मेगाजूल में होगा।"

"मेगाजूल में होता तो न यहाँ स्तूप होता और न ही सारनाथ। देख रहे हैं यह हलचल।"

पैनल पर कुछ और हलचल शुरू हो गई थी। ज़ाकिर बोला- "ढाई हज़ार, तीन हज़ार, फिर ढाई हज़ार, डेढ़ हज़ार....... यह क्या हो रहा है? ओह माइ गॉड, यह तो कोई जीव है। हिल डुल रहा है।"

"चूहा हो सकता है। चूहे ही यहाँ बिल बना सकते हैं।"

"नहीं। चूहे से तो काफ़ी बड़ा है। चूहे की एक्टीविटी तो पूरे टाइम कहीं नहीं दिखी।" उसने कुछ देर ध्यान से पैनल को देखा फिर आश्चर्य में बोला- "कहाँ गया? यहाँ तो कुछ भी नहीं है।"

मैं और शिवानन्द दोनों ही लोग सन्नाटे में आ गए। मेरा दिल पसलियों में धड़-धड़ बजने लगा। ख़ुद को डिस्ट्रैक्ट करने के लिए मैंने दूर आसमान की ओर देखा फिर शिवानन्द की ओर। वह अपेक्षाकृत इतमीनान में दिख रहा था। ज़ाकिर अपने मशीन की सेटिंग अलग-अलग कोण पर कर रहा था।

"मणि यहीं है।" शिवानन्द बोला।

ज़ाकिर की आवाज़ फिर आई। इस बार उसमें उत्तेजना नहीं थी। किसी बहुत भारी सस्पेंस की उम्मीद रहने और इसके खुलने पर बहुत ही दरिद्र सा रहस्य सामने आने पर जो हाल होता है वही ज़ाकिर का था- "यह साँप है सर। बड़ा सा साँप है। चल रहा है। इसीलिए स्क्रीन से ओझल भी हो जा रहा है।"

"इसका मतलब है स्तूप के नीचे चूहे हैं।"

"चूहों की एक्टीविटी कहीं दिखी नहीं सर। मैंने पहले भी बताया था।"

"भाई। साँप ख़ुद तो बिल बनाता नहीं है। चूहे सा किसी भूमि के नीचे रहने वाले जानवर द्वारा ही यह बड़ा बिल बनाया गया होगा जिसमें साँप रह रहा है और इतनी दूर तक चला भी जा रहा है कि स्क्रीन से ग़ायब हो जाए।"

"हो सकता है सर।" ज़ाकिर ने कहा।

"मणि यहीं है।" शिवानन्द मणि पर ही अटक गया था- "तुम्हारा वह बेवड़ा दोस्त चाहे जो बकवास करे पर मणि यहीं है।"

"बेवड़ा या जो कुछ भी है उस दोस्त की बात छोड़ो। यहाँ पर कोई बात यह तो साबित कर नहीं रही है शिवानन्द, कि मणि यहीं है। इतनी कम ऊर्जा का बाहर आना और वहाँ साँप होना...... तुम्हें यह नहीं लग रहा है कि वहाँ मणि नहीं है।"

"तिवारी जी। आदि काल से हम क्या सुनते आए हैं, कि मणि की रक्षा कौन करता है। मणि की रक्षा हमेशा साँप या नाग जो भी कहें, वही करता है। मणि यहीं है। साँप द्वारा रक्षित मणि यहीं है। हमारी मेहनत सफल है। हमने मणि को खोज लिया है तिवारी जी। हम अपने अभियान को पूरा करने के कगार पर हैं।"

"भाई। तुम बहुत ही एक्साइटेड हो। तुम सामान्य तर्क बुद्धि पर भी ध्यान नहीं दे रहे हो। अगर हमारी या अन्य कथाओं में साँप द्वारा मणि की रक्षा किए जाने की बात कहीं आई भी है तो वह केवल नागमणि की होती है। हर किसी मणि की रक्षा नाग नहीं करता है।"

"लेकिन बुद्ध की रक्षा नाग करता है। तुम्हें पता है कि जब बुद्ध गहरे ध्यान में थे तब जानलेवा बारिश से उनकी रक्षा मुचलिन्द नामक नागराज ने की थी। यह कम्बोडिया के एक बुद्ध मन्दिर में ख़ूबसूरत मूर्ति के रूप में अंकित है। नाग बौद्ध संस्कृति का अहम हिस्सा है। यह साँप या नाग जो भी है, बुद्ध के दाँत की रक्षा ज़रूर ही कर रहा है। मणि यहीं है। अपने उस दोस्त की बात से भ्रमित न हो।"

शिवानन्द द्वारा बार-बार चारू का ज़िक्र इस नेगेटिव तरीक़े से किया जाना मुझे इरीटेट कर रहा था। सामान्यतः मैंने शिवानन्द को इस तरह का ग़लत व्यवहार करते पहले कभी नहीं देखा था। पर ख़ुद पर संयम रखते हुए मैंने कहा- "चलो, एक बार मान ही लेते हैं कि मणि यहीं है। फिर क्या करना है?"

"करना क्या है? यह भी कोई पूछने की बात है? इतने दिनों से हम मणि की खोज में जान लगाए हुए हैं। कोई कोर कसर बाक़ी नहीं छोड़ी है। अब मालूम हो गया है कि मणि यहाँ है तो इसे निकालना है। अपने आश्रम ले चलना है।"

"कैसे शिवानन्द? कैसे निकालोगे? क्या प्लान रहेगा? हम स्तूप को खोद नहीं सकते हैं। यह भारत सरकार द्वारा संरक्षित धरोहर है। हम इतने बड़े साँप से पंगा ले नहीं सकते हैं।"

तब तक जनरेटर की घर्रर्रर घर्रर और अजीब सी दिखने वाली मशीन से आकर्षित होकर वहाँ लोगों की भीड़ जुटने लगी थी। लोग ज़ाकिर को घेर कर खड़े थे और उससे तरह तरह के सवाल पूछ रहे थे।

ज़ाकिर की मदद करने के इरादे से मैंने शिवानन्द की ओर देखा पर वह ज़ाकिर को छोड़ कर मेरा हाथ पकड़ कर एक पेड़ की आड़ में छिपी बेंच तक ले गया और मुझे खींच कर अपने पास बैठाते हुए बोला- "हम प्लान बना सकते हैं......."

"पहले तो तुम ज़ाकिर को यहाँ से हटाओ। पब्लिक उसे परेशान कर देगी।"

"अरे वह ख़ुद ही समझदार है। मैनेज कर लेगा। हमें तो अपना प्लान देखना है कि मणि........."

"अगर तुम्हारा काम हो गया है तो पहले ज़ाकिर की छुट्टी करो। या उसे भी यहीं बुला लो।"

"क्या ज़ाकिर-ज़ाकिर कर रहे हो? तुम्हें समझ नहीं आ रहा है कि हमारे पास ज़ाकिर से ज़्यादा ज़रूरी काम है।" वह चिल्लाया।

"नहीं। ज़ाकिर से ज़्यादा ज़रूरी काम हमारे पास इस समय कोई नहीं है।" मैं उसका हाथ झटक कर उठते हुए बोला।

ज़ाकिर को घेरे हुए लोगों में अब पुलिस के दो कान्स्टेबिल और वन विभाग का एक डिप्टी रेंजर भी दिखने लगा था। वे उसको धमका रहे थे और उसकी निगाह बेचैनी से हम लोगों को खोज रही थी। मुझे देखते ही उसकी जान में जान आ गई और उसने मेरी तरफ़ इशारा किया।

"अरे सर आप! यह आप के साथ आया है?" डिप्टी रेंजर ने एक तरफ़ होकर सैल्यूट देते हुए कहा।

“हाँ। क्या हो गया है? तुम लोग क्यों उसे परेशान कर रहे हो?”

“नहीं सर। हम तो बस यही पूछ रहे थे कि वह इस संरक्षित जगह पर इस अजीब सी मशीन के साथ क्या कर रहा है? आजकल आतंकवादियों का भी तो बहुत ख़तरा हो गया है। यह मशीन लेकर क्या कर रहा है सर?”

उसके सवाल के जवाब में मैंने कड़ी निगाह से उसे घूर कर देखा तो हड़बड़ा कर सैल्यूट मारते हुए वह दोनों कान्स्टेबिलों के साथ चला गया।

पीछे-पीछे आए शिवानन्द ने भीड़ छंटने के बाद स्तूप के उस स्पॉट पर परमानेन्ट मार्कर से निशान बनाया जहाँ साँप की ऊर्जा मिली थी। ज़ाकिर आगे के काम में जुट गया। मैं उसके साथ रहा। शिवानन्द बार-बार कोशिश कर रहा था कि मैं उसके साथ जाऊँ पर मैंने उसे पूरी तरह से इग्नोर किया। उसका आज का व्यवहार मुझे परेशान ही कर रहा था। यक़ीन नहीं हो रहा था कि यह वही शान्त और ज्ञान से भरपूर आश्रम वाला शिवानन्द है।

तभी मुझे वहाँ किशोर दिख गया। वह सारनाथ गेस्ट हाउस का चौकीदार था। आवाज़ देकर हाथ के इशारे से उसे मैंने बुलाया तो वह दौड़ता हुआ आया। मुझे लगा कि शिवानन्द का प्रलाप सुनने से अच्छा है कि मैं किशोर से ही कुछ बातें कर लूँ।

“किसी काम से जा रहे हो?”

“नहीं सर। वैसे ही। रेंजर साहब के लिए चाय लेने जा रहा था।”

“गेस्ट हाउस में कोई ठहरा है क्या?”

“नहीं सर। आज चारो सूट ख़ाली हैं। शाम को प्रयागराज के कमिश्नर साहब आने वाले हैं।”

बात को जारी रखने के लिए मैंने यों ही पूछा- “किशोर। यहाँ स्तूप के पास कभी बड़े से साँप को देखा है क्या?”

“मैंने तो नहीं देखा है सर, पर पापा जानते हैं। वे बताते हैं कि नाग देवता पूरे सारनाथ में घूमते हैं। कभी-कभी गेस्ट हाउस पर भी आते हैं।”

“बहुत बड़े साइज़ के हैं नाग देवता?”

“जी। बहुत बड़े। पापा बताते हैं कि पचीस-तीस फुट से तो ऊपर ही होंगे।

फण उठा कर खड़े होते हैं तो आदमी के सर से भी ऊपर तक जाते हैं। लोग सिर ऊपर उठा कर ही उनका फैला हुआ बड़ा फण देख पाते हैं। मेरे पिताजी उनको तक्षक कहते हैं। यहाँ सभी लोग उन्हें तक्षक ही कहते हैं।"

"बहुत डर लगता होगा उन्हें सामने देखकर?"

"नहीं साहब। लोग कहते हैं कि वे कल्याणकारी हैं।"

किशोर के पिता "सरयू" सारनाथ गेस्ट हाउस में बयालीस वर्षों तक चौकीदार थे। उनके पास भी कुछ दैवीय शक्तियाँ बताई जाती थीं जिनका प्रयोग उन्होंने हमेशा लोगों के कल्याण के लिए ही किया। तथाकथित बहुत बड़े-बड़े लोग जो सारनाथ में ठहरते थे, उन्हें अच्छी तरह जानते थे। मेरी जानकारी में देश के कम से कम दो प्रधानमन्त्री भी उन्हें अच्छी तरह जानते थे, जो कभी सारनाथ में ठहरे होंगे और वे सरयू की सेवा से प्रभावित होकर उनकी कोई भी इच्छा पूरी करने को तत्पर थे। लेकिन सरयू ने केवल सेवा करनी सीखी थी। उन्होंने बड़े से बड़े लोगों को अपनी कोई इच्छा पूरी करने का मौक़ा नहीं दिया।

"कैसे हैं तुम्हारे पिताजी? स्वास्थ्य ठीक रहता है? कहाँ हैं वे? मेरा उनसे मिलने का मन बहुत करता है।"

"यहीं हैं सर। आज कुछ काम से गेस्ट हाउस पर आए हैं।"

"गेस्ट हाउस पर! यहीं! अरे वाह!" आश्चर्य में मेरे मुँह से चीख़ जैसी निकली। मैं अभी चलता हूँ उनसे मिलने।"

एक निगाह मैंने ज़ाकिर पर डाली। उसने हाथ हिला कर काम ख़त्म होने का इशारा किया। किशोर उसकी मदद के लिए गया। जनरेटर बन्द करके मशीन को उससे अलग किया गया और दोनों को ज़ाकिर की वैन में रखवाया गया।

ज़ाकिर बोला- "कहीं कुछ और नहीं मिला। ऐसे ही डेढ़ दो हज़ार जूल के मूवमेंट मिले हैं पर वह जीव जन्तुओं के ही लगते हैं।" फिर थोड़ा रुक कर उसने पूछा- "यह मणि क्या है?"

मैं मुस्कराया और शिवानन्द की ओर इशारा करके बोला- "इन सज्जन के दिमाग की उपज है। असल में कुछ नहीं है।"

"मैं जाऊँ?"

"अगर जल्दी न हो तो मैं चाय पर इनवाइट करता हूँ। असल में मैं तुम्हें

एक ऐसे आदमी से मिलवाना चाहता हूँ जिससे मिलना अपने आप में एक दिव्य अनुभव है।"

"ज़रूर ही सर। मैं उनसे मिलने के बाद ही जाऊँगा।"

मैं, ज़ाकिर, किशोर और शिवानन्द के साथ गेस्ट हाउस के सिटिंग रूम में पहुँचा। सुनते ही सरयू सीधा सिटिंग रुम में आ गया। खड़े होकर मैंने उसका स्वागत किया तो वह सकुचाया- "क्या साहब! अब यह सब करेंगे। मैं तो आपका वही सरजू हूँ। आपका सेवक।"

"अब कौन सेवक और कौन साहब सरयू? अब तो मैं तुम्हारा शिष्य हूँ। बड़े दिनों की इच्छा थी कि हम लोग बैठ कर इतमीनान से कुछ इधर-उधर की बातें करें।"

"आप तो बिलकुल भी नहीं बदले। दस-बारह साल पहले जब मैंने आपको देखा था, बिलकुल वैसे ही लग रहे हैं।"

"यह सब मित्र लोगों का आशीर्वाद और स्नेह होता है सरयू। यह जल्दी बूढ़ा नहीं होने देता और सही राह पर रखता है।"

"सच है साहब। आप लोगों की ही कृपा पाकर मैं भी इस उम्र में सुखी और सन्तुष्ट हूँ। किशोर आप लोगों की छत्रछाया में है ही। बाक़ी परिवार भी अपनी जगह सुखी है। अब और क्या चाहिए।"

किशोर सधे ढंग से मेज पर मिठाई, नमकीन और पानी रख रहा था। शिवानन्द पानी पीने लगा था।

मैंने सरयू से पूछा- "आज तो मैं तुमसे मिलने के साथ-साथ तक्षक के बारे में पूछने भी आया हूँ। तुमने उसका नाम तक्षक क्यों रखा था।"

"क्योंकि वह तक्षक ही है। मैंने उसका नाम नहीं रखा था। उसे पहचाना भर था।"

सरयू की यह सरल ढंग से कही गई बात मेरे दिलो-दिमाग़ पर बम की तरह फटी। मुझे लगा कि मैं कहीं बहुत ऊँचाई से बिना किसी सहारे के नीचे गिर रहा हूँ। अपने आश्चर्य को सम्भालते-सम्भालते भी मेरी आँखें फटी सी रह गईं। जितने इतमीनान से सरयू यह कह रहा था उतने इतमीनान से किसी भी जानकार के लिए यह सूचना हज़म करना सम्भव नहीं था ख़ास कर तब जब कि यह बात

सरयू कह रहा हो। मैंने शिवानन्द की ओर देखा। वह पानी पीना बीच में ही रोक कर आँखें फाड़े सरयू को एकटक देख रहा था। अविश्वास हम दोनों ही लोगों के भाव में दिख रहा था।

"तुम्हारा... मतलब है वह तक्षक.....वह पौराणिक तक्षक......... वह जिसने राजा परीक्षित को डसा था। वह तक्षक.... यहाँ..." मैंने हकलाते हुए कहा।

"हाँ। सरकार। वही।" सरयू ने हाथ जोड़ कर माथे से लगाते हुए कहा।

"तुम सच कह रहे हो सरयू? तुम्हें कैसे पता लगा? हज़ारों साल बाद भी वह ज़िन्दा है? यहाँ आ गया? क्या वह यहीं रहता है? वह क़िस्से-कहानी की चीज़ न होकर सच में है?" मैं ख़ुद ही नहीं समझ पा रहा था कि मैं क्या पूछ रहा हूँ और मेरी आवाज़ कहाँ से आ रही है।

इतने सारे खौलते हुए सवालों का जवाब सरयू ने बड़ी ही ठण्डी आवाज़ में दिया- "हाँ साहब। वही है। हज़ारों साल पुराना। उसने ख़ुद ही बताया है।"

"किसी और को यह मालूम नहीं है?"

"नहीं। आज से पहले कभी किसी ने मुझसे पूछा ही नहीं। बहुत बड़े नाग की यहाँ पर उपस्थिति के बारे में तो यहाँ वाले सभी जानते हैं पर वह कौन है इसकी जिज्ञासा तो कभी किसी ने नहीं की। इसका नाम तक्षक सभी ने वैसे ही स्वीकार कर लिया था मानों मैंने इसकी विशालता को देख कर इसका नाम पौराणिक सर्प के नाम पर रख दिया हो।"

शिवानन्द अचकचाया सा बैठा था। ज़ाकिर ने कहा- "यह सब क्या बातें हो रही हैं? मेरे तो सिर के ऊपर से जा रही हैं। मुझे भी थोड़ा डिटेल में बताया जाए।"

"हाँ ज़ाकिर।" मैंने अपने चकराते सिर को सम्भालते हुए कहा- "हम लोग उसी साँप के बारे में बात कर रहे हैं जिसकी ऊर्जा तुमने अपनी मशीन से स्तूप के अन्दर से आते हुए पकड़ी है।"

"हाँ। ऊर्जा से लग तो रहा था कि यह साँप हमारे अभी तक जाने गए बड़े से बड़े साँपों से भी बड़ा है, लेकिन उस बड़े साँप में इतना आश्चर्यजनक क्या है जो सभी लोग अवाक हो गए हैं? राजा परीक्षित कौन हैं जिनकी बात हो रही है?"

"यह बहुत पुरानी कहानी है ज़ाकिर। इतनी पुरानी कि हम भी अभी तक

तय नहीं कर सके हैं कि यह कितनी पुरानी है। यह हुई भी या नहीं?"

"मुझे बताइए।"

मैंने कुछ सोचते हुए कहा- "हिन्दू माइथोलॉजी में हज़ारों साल पहले महाभारत का युद्ध हुआ था। उसके बारे में कभी सुना है क्या?"

"हाँ। अर्जुन आदि पाण्डवों और कौरवों के बीच जिसमें पाण्डव जीत गए थे।"

"वाह भाई वाह। तुमने मेरा काम आसान कर दिया।" मैंने कहा- "अब मैं बिना किसी अनावश्यक डिटेल में गए तुमको संक्षेप में बहुत ही दिलचस्प कहानी सुनाता हूँ। पाण्डवों के जाने के बाद अर्जुन का पोता परीक्षित राजा हुआ। वह काफ़ी सीधा-सादा और धर्मात्मा राजा था। एक बार जब वह शिकार पर जंगल गया था तो दिन भर भटकते दौड़ते और अपने साथियों से अलग हो जाने के बाद वह काफ़ी थक गया था और उसे भूख प्यास भी बहुत तेज़ लगी थी। काफ़ी देर इधर-उधर खोजने के बाद उसे एक ऋषि का आश्रम दिखा जहाँ शमीक नाम के एक ऋषि ध्यानमग्न बैठे थे। उसने ऋषि से पानी माँगा पर ध्यानमग्न होने के कारण ऋषि ने सुना ही नहीं। कुछ देर यों ही करने के बाद उसे बहुत क्रोध आया और गुस्से में उसने वहीं मरा पड़ा एक साँप अपने धनुष से उठा कर ऋषि के गले में डाल दिया और चला गया। ठीक है यहाँ तक?"

"हाँ हाँ। पहले आप कहानी तो पूरी कर लीजिए। तब अगर कुछ पूछना होगा तो पूछ लूँगा।"

"ऋषि तो ध्यान में बैठे थे लेकिन जब उनका पुत्र श्रृंगी वहाँ पहुँचा तो उसने यह देखा। अपने पिता के साथ यह हुआ देख कर उसे बहुत क्रोध आया और उसने राजा को श्राप दे दिया कि आज के सातवें दिन राजा तक्षक साँप के काटने से मर जाएगा।"

"तक्षक साँप ही क्यों?"

"क्यों कि तक्षक साँपों का राजा था और उस समय दुनिया का सबसे विषैला साँप था।"

"राजा को पता चला तो श्राप को स्वीकार करते हुए उसने अपने पुत्र जनमेजय को राजा बना दिया और अपनी मृत्यु का इन्तजार करने स्वयं चुपचाप

गंगा नदी के किनारे जा कर बैठ गया। चूँकि राजा वास्तव में धर्मात्मा था और किसी मतिभ्रम के कारण ग़लती कर बैठा था अतः अन्तिम समय में उसके साथ रहने के लिए उस समय के सभी प्रसिद्ध ऋषि भी वहाँ आकर राजा के साथ रहने लगे और एक कथाकार शुकदेव ऋषि भी वहाँ आ गए। सभी के इस सम्मेलन से "श्रीमद्भागवत महापुराण" नाम के धर्मग्रन्थ की रचना हुई जो आज भी हिन्दुओं का एक पूज्य ग्रन्थ है। सात दिन बाद तक्षक ने राजा को काटा और राजा की मृत्यु हो गई।" कह कर मैंने ज़ाकिर की ओर देखा।

ज़ाकिर ने कुछ सोचते हुए कहा- "कहानी तो अच्छी है। ख़ास तौर पर तब और दिलचस्प हो जाती है जब इसके एक मुख्य पात्र की ऊर्जा को मैंने ख़ुद ही स्तूप के अन्दर महसूस किया है। लेकिन मुझे लगता है कि आपने इसे बहुत ही शॉर्ट कर दिया है। मेरे पास टाइम है। हम सभी के पास टाइम है तो इसे क़ायदे से समझना और अच्छा लगेगा।"

"सही कह रहे हो ज़ाकिर। मैंने जल्दी की है। शायद इसीलिए जल्दी की है कि इस तरह की लम्बी कहानियाँ लोगों को उबा ही देती हैं। लेकिन सवालों का रास्ता तो खुला ही है और किसी कहानी को समझने के लिए सवाल सबसे अच्छे होते हैं।"

"ठीक है सर। मेरे कई सवाल हैं। पहला तो यह कि धर्मात्मा होते हुए भी राजा ने शमीक ऋषि के साथ ऐसा क्यों किया?"

"पौराणिक कहानियों में आया है कि इसी समय द्वापर युग ख़त्म होकर कलियुग आ रहा था। कलयुग ने राजा से अपने रहने की जगह माँगी। राजा ने कलयुग को आदेश दिया कि वह जनसाधारण के प्रयोग की चीज़ों में जाकर जनसाधारण को परेशान न करे और स्वर्ण, मदिरा, जुआ आदि जैसी चीज़ों में ही रहे। लेकिन राजा यह भूल गया था कि उसका मुकुट भी सोने का था। इस मिथ के अनुसार कलयुग ने राजा से यह ग़लत काम कराया। लेकिन मुझे व्यक्तिगत तौर पर यह कथा ठीक नहीं जमती। शायद राजा बहुत थका और प्यासा था जिसकी वजह से वह चिड़चिड़ा हो गया था। अपने बेसिक स्वभाव के विपरीत जाकर उसने ऋषि को कोई चोट नहीं पहुँचाई। वहाँ पड़ा हुआ मरा साँप देखकर उसने अपनी उपेक्षा का बदला लिया और उसे ऋषि के गले में डाल

दिया। यह इस बात से भी सिद्ध होता है कि श्राप के बारे में जानने के बाद राजा ने ऋषि और उसके पुत्र के ख़िलाफ़ कुछ नहीं किया और श्राप के अनुसार चुपचाप अपनी मृत्यु को स्वीकार कर लिया।"

"दूसरा सवाल यह है कि ऋषि के पुत्र ने पिता के गले में मरा साँप जैसी मामूली घटना पर राजा जैसे धर्मात्मा को इतना भयानक श्राप क्यों दिया?"

"होते हैं। कुछ पुत्र ऐसे ही उग्र होते हैं। पिता की ज़रा भी बेइज़्ज़ती बर्दाश्त नहीं कर पाते।"

"क्या यह श्राप लौटाए नहीं जा सकते?"

"नहीं। जितना हम लोगों को पुरातन साहित्य का ज्ञान है, श्राप को लौटाना आसान नहीं था, असम्भव सा ही था। कभी-कभी उसे सॉफ्ट बनाने के लिए कुछ कठिन रास्ते निकाले जाते थे पर सामान्यतः इसे लौटा पाना सम्भव नहीं था। लोग ऋषियों से इसीलिए डरते भी थे।"

तभी किशोर चाय लेकर आ गया और सभी के पास छोटी मेज़ रख कर चाय सर्व करने लगा। थोड़ा टाइम हम लोगों ने चाय और स्नैक्स पर ध्यान देकर निकाला।

शिवानन्द ने चाय का पहला घूँट भरते हुए सरयू से पूछा- "क्या आपने कभी तक्षक के पास कोई मणि देखी?"

***

अध्याय 7
श्राप

सरयू ने बड़ी असमंजस और न समझ में आने वाली निगाह से शिवानन्द को देखा, फिर मेरी तरफ़ देखा- "मणि क्या? मैं समझा नहीं।"

"मणि का मतलब मणि, जो नागों के पास होती है।"

"नहीं।"

"देखा नहीं या बताना नहीं चाहते?"

सरयू कुछ नहीं बोला और दूसरी तरफ़ देखने लगा।

शिवानन्द ने अपना सिर हिलाते हुए रहस्यमय नज़र से उसे देखा और अपनी चाय में व्यस्त हो गया।

ज़ाकिर ने कुछ सोचते हुए मुझसे पूछा- "सर। इसके बारे में कोई आइडिया है क्या, कि यह श्राप पूरे कैसे होते थे? मेरा मतलब है.......जैसे एक ऋषि या उसका लड़का कह देता है कि आज के सातवें दिन राजा को साँप काट लेगा जिससे वह मर जाएगा। अब मुश्किल यह लगती है कि साँप को कैसे पता चलेगा कि उसे सातवें दिन राजा को काटना है? राजा कहीं छिप जाए तो साँप उसे काटने के लिए कैसे खोजेगा? राजा के पास साँप का इलाज करने वाले अच्छे डॉक्टर हों तो राजा कैसे मरेगा? यह भी हो सकता है कि राजा ऋषि और उसके लड़के को पहले ही ख़त्म करा दे तो क्या फिर भी साँप की राजा को काटने की मजबूरी होगी?"

मैंने उसे देखते हुए कहा- "ज़ाकिर यह तो एक सरल सी कहानी है जिसमें उठने वाले प्रश्न भी सरल हैं। लेकिन हर जगह श्राप इतने सरल नहीं होते हैं। कई श्राप ऐसे हैं कि उन्हें पूरा होने में कई-कई जन्म लग जाते हैं। वहाँ यह सवाल और अधिक पेचीदे हो जाते हैं कि प्रकृति इन्हें कैसे पूरा कराती है। श्राप देने वाला समाप्त हो गया रहता है पर श्राप चलते रहते हैं।"

"यह सब बड़ा ही रहस्यमय लगता है।" किशोर मेरे आगे काजुओं की प्लेट बढ़ाते हुए बोला- "ऋषियों की परम शक्ति दिखाता है।"

मैंने प्लेट से कुछ काजू उठाते हुए कहा- "सवाल और भी उठते हैं। हम तो अभी तक कर्म और कर्मफल की धारणा पर जीवन को खड़ा करते रहे हैं। जीवन का मतलब ही कार्मिक एकाउण्ट है। कुछ चुकाने और कुछ लेने के लिए ही जीवन है। यह सब ख़त्म तो "मोक्ष" है। फिर जीवन नहीं है। हिन्दू धर्म में उपनिषद, गीता आदि के अलावा बुद्ध, महावीर जैसे धर्मात्मा क्या कहते हैं? कर्म है। कर्म ही जीवन है। कर्म निर्जरा ही मोक्ष है। कर्म से निर्लिप्त हो जाओ तो परम मोक्ष। लेकिन यह श्राप क्या करता है? आपकी सारी धारणाओं के ऊपर, आपकी किसी एक छोटी सी ग़लती पर सारे कार्मिक लेखा को समाप्त करके, आपको एक नए जंजाल में डाल देता है। कैसे हो सकता है यह?"

शिवानन्द ने भी बहस में हिस्सा लेते हुए कहा- "हम अभी तक यह समझते रहे हैं कि ऋषियों की कठिन लाइफ़ स्टाइल और उनकी साधना, तपस्या से उनकी संकल्प शक्ति इतनी मज़बूत हो जाती है कि पूरे संकल्प से वे जो भी कह देते हैं वह पूरा हो जाता है। प्रकृति उसे पूरा कर देती है। संकल्प शक्ति को तो हम आज भी मान्यता देते हैं।"

"सही है शिवानन्द। पर संकल्प शक्ति से कौन से काम पूरे होते हमने देखे हैं। अधिकतर भलाई के काम। हमारा कोई प्रियजन स्वस्थ हो जाए, बच्चे का जीवन सुखी हो, जिससे हम प्रेम करते हैं वह हमें मिल जाए वग़ैरह। संकल्प शक्ति से हमने यह तो कभी नहीं होते देखा है कि हमारा दुश्मन मर जाए, जिसको हम नहीं पसन्द करते हैं उसके पूरे परिवार का विनाश हो जाए या जलजला आ जाय।"

"फिर कर्म का विचार अपनी जगह है ही। अभी तो जब कोई डकैत या ख़ूनी हमें जान से मारने की धमकी देता है तो हम उसकी खिल्ली उड़ाते हुए कहा करते हैं कि क्या तुम भगवान हो गए हो? लोगों का जीना मरना तुम्हारे हाथ हो गया है? हम परम सत्ता पर भरोसा करते हैं जिसे बोलचाल की भाषा में "भगवान" कह लेते हैं। कहीं गहरे में हमारी धारणा यही तो है कि हम प्रकृति की उस परम सत्ता में भरोसा रखते हैं जिसकी वजह से हमारा जीवन है। उस सत्ता के इन्टरफियर किए बिना जीवन का और कुछ नहीं हो सकता। कोई किलर या श्राप इसे ख़त्म नहीं कर सकता।" शिवानन्द बोला।

मैंने कहा- "मैं अपनी पौराणिक कथाओं में इस "श्राप" के कन्सेप्ट को कभी ठीक से समझ नहीं पाया। हर कहानी में ही कहीं न कहीं से श्राप घुसा रहता है जिसका कोई सिर पैर नहीं दिखता। क्यों सरयू तुम्हें क्या लगता है?"

"मैं क्या बताऊँ साहब, मुझे तो यही लगता रहा कि ग़लती करने वाले को सज़ा के तौर पर श्राप दिया जाता था। लेकिन आप लोगों की इतनी बातें सुनने के बाद तो मैं भी कन्फ़्यूज़ हो गया हूँ।"

काफ़ी देर से मेरा मन इस इलाक़े की मशहूर मिठाई "बालूशाही" पर अटका हुआ था जिसे कुछ तो संकोचवश और कुछ भाषण देने की रौ में मैं उठा नहीं पा रहा था। मुझे लगा कि अब जल्दी ही प्लेटें हटा दी जाएँगी इसलिए भाषण का विचार छोड़ कर मैं ख़ुद ही उठ कर प्लेट के पास गया और बालूशाही उठा कर लौटा। शिवानन्द और ज़ाकिर मुस्करा रहे थे पर सरयू ने उठ कर दोनो लोगों के आगे से प्लेट घुमाते हुए वो पूरी प्लेट मेरे आगे रख दी और मैंने भी सारा संकोच छोड़ कर एक के बाद एक उन्हें ख़त्म करना शुरू कर दिया।

"थोड़ा पानी भी पी लीजिए सर।" ज़ाकिर हँसते हुए बोला।

"पानी तो इन्हें ख़त्म करने बाद ही पियूँगा ज़ाकिर।"

"हमें नहीं पता था कि आपको इतनी भूख लग गई है।"

"भूख की बात ही नहीं है। यह तो पसन्द की बात है।"

मेरे पानी पीने तक कोई कुछ नहीं बोला। सरयू ने किशोर को कॉफ़ी बना कर लाने के लिए भेज दिया।

मैंने इतमीनान से सबको देखा और बोला- "इस उलझे हुए मसले पर मुझे अन्तिम रूप से एक ही बात सच लगती है।"

"क्या?"

"कि यह सब सच नहीं है।"

"वाह। बालूशाही ने तो कमाल कर दिया है।" शिवानन्द बोला- "किसी समस्या का इससे अच्छा कोई समाधान हो ही नहीं सकता कि वह समस्या वास्तव में है ही नहीं। अरे भाई, हमारे पौराणिक गाथओं में सैकड़ों क्या हज़ारों कहानियाँ भरी पड़ी हैं जो श्राप पर ही आधारित हैं। क्या सब झूठ हैं?"

"हाँ।" मैंने इतमीनान से कहा- "कहानियाँ तो उनके घटित होने के बाद ही लिखी गईं। कल्पना करें कि राजा परीक्षित को अपनी मृत्यु का पूर्वाभास हो गया हो और उन्होंने गंगा के किनारे सभी विद्वान ऋषियों की संगति में एक सुखद मृत्यु स्वीकार की हो। हो सकता है कि उनकी तयशुदा मृत्यु का बहाना साँप का काटना ही बन गया हो। आख़िर मृत्यु के लिए कोई न कोई बहाना तो चाहिए। अब कहानीकार किसी अच्छे भले राजा की यही कहानी लिख देता तो उसकी एस.आर.पी का क्या होता?"

"एस.आर.पी? यह क्या है सर? बालूशाही का असर।"

"अरे टेलीविजन शो के टी.आर.पी की तर्ज़ पर "स्टोरी रेटिंग प्वाइन्ट" ज़ाकिर। बालूशाही ने दिमाग की बत्ती जला दी है। दिमाग़ में दनादन आइडियों की बरसात हो रही है।"

"और क्या आइडिया आया है सर?"

"हमारे कहानीकार महामुनि वेदव्यास जी ने कहानी को रोचक बनाने के लिए द्वापर और कलियुग के ट्रान्ज़िशन को इसमें जोड़ कर कलियुग का प्रभाव दिखाने के लिए श्राप का तड़का लगा दिया। चूँकि श्राप का कन्सेप्ट पहले से ही चलन में था अतः कहानी हिट हुई। इस बात के समर्थन में यह तथ्य है कि इस घटना के अलावा फिर कहीं ऋषि शमीक और श्रृंगी का ज़िक्र नहीं मिलता है। जब भी आप रिसर्च के लिए इन्हें तलाश करेंगे तो राम के समय के एक श्रृंगी ऋषि का ही ज़िक्र मिलेगा और कुछ भी नहीं।"

"वाह।" शिवानन्द व्यंगपूर्ण ढंग से बोला- "और राजा परीक्षित को अचानक मृत्यु का पूर्वाभास कैसे हो गया होगा?"

"अक्सर लोगों को होता है। आज भी बहुत से लोगों को हो जाता है। राजा परीक्षित के लिए तो यह बहुत ही स्वाभाविक था। वह तो अश्वत्थामा के चलाए विषबाण से अपनी माँ उत्तरा के गर्भ में ही मर गए थे। उन्हें तो कृष्ण ने पाण्डवों का वंश बचाने के लिए सीमित समय के लिए पुनर्जीवित किया था। समय आते-आते उनको आभास आ जाना क्या कठिन था?"

"और हमारी कहानी का मुख्य पात्र तक्षक? उसका क्या?"

"बालूशाही बता रही है कि इस बात की पूरी-पूरी सम्भावना है कि तक्षक

ने ही राजा परीक्षित को काटा हो। आख़िर तक्षक की पाण्डवों से पुरानी दुश्मनी थी। जब अर्जुन ने खाण्डव वन जलाया था तो तक्षक की पत्नी को भी मार दिया था। तक्षक कहीं बाहर गया हुआ था इसलिए बच गया। बाद में उसके पुत्र अश्वसेना ने महाभारत के युद्ध में अर्जुन के ख़िलाफ़ कर्ण की सहायता की और अर्जुन को मारने की भी कोशिश की पर वह अर्जुन के हाथों मारा गया। इसी दुश्मनी को आगे बढ़ाते हुए तक्षक ने असहाय परीक्षित को काटा।"

"फिर क्या हुआ?" ज़ाकिर को फिर कहानी का मज़ा आने लगा था।

"फिर परीक्षित के पुत्र राजा जनमेजय ने अपने पिता का बदला लेने के लिए सर्प जाति को ही पृथ्वी से समाप्त करने का अभियान चलाया और लाखों साँपों को मरवा दिया। तक्षक जान बचाने के लिए भाग कर इन्द्र के पास छिप गया। लेकिन राजा जनमेजय ने तक्षक को समाप्त करने के लिए इन्द्र को भी समाप्त करने का अभियान छेड़ दिया तो इन्द्र ने तक्षक को अपनी शरण से भगा दिया। राजा जनमेजय ने उसे पकड़ लिया और उसे ख़त्म करने ही जा रहे थे कि ऋषि आस्तीक ने, जो नागराज वासुकी की बहन के पुत्र थे, अपनी माता के आदेश पर वहाँ पहुँच कर उसे बचा लिया। इसके बाद तक्षक का कोई ज़िक्र कहीं नहीं मिलता है।"

"सरयू की कृपा से यहाँ तो पूरा का पूरा तक्षक ही मिल गया।"

"हाँ। यहाँ तो मिला।"

"सर। आपकी बालूशाही ने तो पौराणिक इतिहास के पन्नों से खींच कर पूरी कथा निकाल ली पर अब वर्तमान की बारी है। जिस साँप का ज़िक्र सरयू कर रहे हैं, वह तक्षक ही है यह कैसे तय होगा? क्या सरयू को पारसेलटंग का ज्ञान है?"

"यह क्या होता है?" शिवानन्द चौंक कर बोला।

"लगता है आपने हैरीपॉटर नहीं पढ़ा है। साँपों से बात करने की भाषा है।" ज़ाकिर हँसते हुए बोला।

मैं सरयू की तरफ़ मुख़ातिब हुआ- "बताओ सरयू। क्या तुम्हें साँपों की बात समझ में आती है? तुम कह रहे थे कि उसने ख़ुद ही बताया कि वह तक्षक है।"

"हाँ साहब। बचपन से ही साँपों के बीच रहते हम गाँव वाले उनकी बॉडी

लैंग्वेज तो समझते ही हैं। हम जानते हैं कि कब वह शान्त है, कब उग्र है, कब भूखा है या कब बेचैन है। जब मैं अठारह साल का था तब मुझे तत्कालीन "मद्रास स्नेक पार्क" में नौकरी मिल गई थी। वहाँ रह कर मैंने साँपों के सिर पर ध्यान लगाना सीखा। कई साल के अभ्यास के बाद इतना हो गया कि मैं साँपों पर ध्यान लगा कर यह समझ पाता था कि वह साँप कहाँ से लाया गया है। धीरे-धीरे बडे साँपों की कुछ बातें समझ में आने लगीं। बहुत छोटे साँपों की बात अभी भी नहीं समझ पाता।"

"यहाँ तक्षक से कैसे बात हुई?"

"उसे कई बार मैंने पार्क में सरकते देखा था पर वह इतना तेज़ था कि एक झलक भर मिल पाती थी। मैं उसके बहुत बड़े आकार से प्रभावित था। उसके लिए दूध रखता था और उसका ध्यान भी करता था। धीरे-धीरे उसने दूध स्वीकार करना शुरू कर दिया। एक दिन सीधा वह मेरे सामने आकर खड़ा हो गया। मैं डरा तो बहुत पर उसके सौम्य से दिखने वाले बहुत ही चैड़े फण पर ध्यान केन्द्रित करने की कोशिश करता रहा। काफ़ी देर बाद सफलता मिली। उसका नाम मेरे दिमाग़ में बजने लगा और पौराणिक कथा आँखों के आगे घूम गई। तब से हम लोग उसकी पूजा करने लगे और रात में वह भी निश्चिन्त और निर्भय इधर-उधर घूमने लगा।

"बड़ा सवाल यह है कि वह यहाँ क्यों रह रहा है? यह जगह तो पुरातन खण्डव वन जहाँ आजकल दिल्ली, हस्तिनापुर वग़ैरह है, उससे तो बहुत दूर है। उसका इलाक़ा तो है नहीं?" शिवानन्द उलझन में था।

"एक बार बालूशाही और मँगाई जाए तो इस सवाल का भी जवाब आ जाएगा।" ज़ाकिर चुटकी लेने से बाज़ नहीं आने वाला था।

"अबके बालूशाही से काम नहीं चलने वाला। गोपाल की रसमलाई मँगानी पड़ेगी।" मैंने टिट फ़ॉर टैट किया।

रसमलाई तो नहीं आई पर किशोर की कॉफ़ी आ गई। ज़बरदस्त कॉफ़ी की ख़ुश्बू ने सभी का मन जीत लिया। वाह किशोर, वाह किशोर के कोरस के साथ सभी ने कॉफ़ी ग्रहण की और सिप मारना शुरू किया।

"मैंने अपनी कहानी आगे बढ़ाई- "मुझे लगता है कि ऋषि आस्तीक ही तक्षक के यहाँ आने और रहने का कारण हैं।"

"वो कैसे साहब?" अबके सरयू ने पूछा।

"ऋषि के जन्म व पालन पोषण की कथा से ऐसा ही लगता है। यह महर्षि जगत्कारु के पुत्र थे। यह जगत्कारु बेसिकली ऋषि ही थे और अपने पितरों के तर्पण हेतु उनके कहने पर एक पुत्र पैदा करने के लिए ही उन्होंने नागराज वासुकी की बहन मनसा से शादी की थी। पुत्र गर्भ में आ गया तो वे जबरदस्ती का लड़ाई झगड़ा करके पत्नी को छोड़ कर चले गए। उनके जाने के बाद पत्नी अपने भाई नाग वासुकी की सलाह पर कैलाश पर्वत पर अपनी मुँहबोली बहन-शिव जी की पुत्री अशोक सुन्दरी यानी होने वाले बच्चे की मौसी या सीधे कहें तो होने वाले बच्चे के नाना शिव जी के पास चली गईं जिससे बच्चे का पालन पोषण उत्तम ढंग से हो सके। बच्चा वहीं पैदा हुआ और शिव परिवार के साथ पला बढ़ा। उसका नाम आस्तीक वहीं रखा गया। शिव से उसने मृत्युन्जय मन्त्र की दीक्षा ली।"

मैंने चुप होकर कॉफ़ी का सिप मारा और लोगों की ओर देखा। कोई बोर होता नहीं दिखा क्योंकि तक्षक के यहाँ होने की सनसनी बोरियत को पास आने ही नहीं दे रही थी। मैं अच्छी तरह जानता था कि अगर ऐसा नहीं होता तो इसकी चौथाई पौराणिक कहानी सुनने के लिए भी कोई यहाँ रुकने वाला नहीं था।

बिना किसी के टोके बोले मैंने कहानी आगे बढ़ाई- "आप को क्या लगता है। तक्षक के साथ ही इन्द्र की भी ऐसी-तैसी का प्लान करने वाला राजा जनमेजय कोई कमज़ोर राजा था जो एक मामूली से ऋषि के कहने पर अपने पिता के हत्यारे तक्षक को छोड़ देता। बिलकुल भी नहीं। वह तो उस ऋषि के अन्दर का शिव तत्व था जिसकी उपेक्षा कम से कम इस संसार में तो कोई नहीं कर सकता। राजा ने ऋषि आस्तीक की नहीं बल्कि शिव की बात मान ली। तक्षक को छोड़ दिया और नागों को पृथ्वी से समाप्त करने का अभियान भी ख़त्म कर दिया। आप जानते ही होंगे कि इसी दिन को हम नागपंचमी का त्योहार मनाते हैं।"

"शिव साँपों को क्यों बचाना चाहते थे सर?"

"अरे भाई, साँप तो शिव जी के शरीर का अंग हैं, उनकी माला और आर्नामेंट हैं। शिव के पास ही साँपों ने काल यानी समय का प्रतीक रूप ग्रहण

किया है। शिव कैसे चाहेंगे कि साँपों का आस्तित्व समाप्त हो जाए।"

"पर इस बात का तक्षक के यहाँ आने से क्या सम्बन्ध है?"

"जब शिव से ही उसके प्राणों की रक्षा हुई तो वह और कहाँ जाता?"

"हे भगवान।" सबसे पहले समझने वाला सरयू था- "काशी या वाराणसी जो भी कहें, शिव जी की नगरी है। तक्षक अपने प्राणदाता शिव की शरण छोड़ने को तैयार नहीं है। शिव ऊर्जा में रहना चाहता है और...." थोड़ा रुक कर सरयू बोला- "उसी में लीन होना चाहता है।"

कुछ देर के लिए हम सभी एकदम शान्त रह गए।

"उसने कुछ ऐसा संकेत दिया क्या।" मैंने पूछा।

सरयू ने केवल स्वीकारात्मक ढंग से सिर हिलाया और दरवाज़े की ओर देखने लगा।

"कब?"

"उसे पता नहीं। मुझे भी पता नहीं था। मेरी समझ में तो उसकी बात अभी आई है। आज सवेरे उसने मुझे बुलाया था और कुछ मदद माँगी थी। वो कह रहा था कि अब जाकर उसे उसके पाप से मुक्ति मिली है। उसे एक बोरी बाबा के धाम पर चढ़ी हुई भस्म चाहिए। मैं कुछ समझ नहीं पाया था पर अभी याद आ रहा है कि उसे कुछ खाने, ठीक से खड़े हो पाने और साँस लेने में दिक़्क़त हो रही थी।"

"किस पाप से मुक्ति मिली है?"

"मुझे नहीं पता। उसने कुछ भी नहीं बताया। मैंने पूछने की कोशिश की थी पर वह शान्त रहा। इस बारे में कुछ नहीं बोला।" सरयू बहुत भावुक हो रहा था।

"मेरी जानकारी में तो उसने अपने जीवन में केवल एक ही पाप किया था, राजा परीक्षित को काटने का।" मैंने कहा।

"इसमें उसका इतना बड़ा पाप कैसे हो गया जिसकी सज़ा वह हज़ारों वर्षों तक झेलता रहा। अगर श्राप का मामला सच है तो उसकी कोई ग़लती नहीं है, अगर उसने बदला लेने की नीयत से काटा तो भी क्या? आख़िर उसकी पत्नी और बेटे को मार दिया गया था।"

"काटने की बात इतनी गम्भीर नहीं है जितना यह कि उसने कैसे काटा। पहले तो उसने सर्प के विष का इलाज जानने वाले काश्यप को धन देकर राजा के पास पहुँचने नहीं दिया। फिर छल से फूल में एक कीड़े का रूप धारण करके राजा के पास पहुँचा। राजा निरस्त्र और असहाय था। वह काटे जाने का विरोध भी नहीं कर रहा था। उसने अपनी मृत्यु स्वीकार कर रखी थी। इस पर भी उसके गले से लिपट कर उसे कसते हुए, तड़पाते हुए बार-बार काट कर अपने भयानक ज़हर की आग राजा के शरीर में बार-बार पहुँचाते हुए उसे अति निर्दयता से मारना पाप हो गया। भारी पाप हो गया। उसने ऐसे व्यक्ति के साथ भयानक बदला लेने का यह काम किया जिसने उसके परिवार के साथ कुछ नहीं किया था। जो उसे कोई हानि पहुँचाने की नीयत शुरू से ही नहीं रखता था। अगर ऐसा बदला ही लेना था तो अर्जुन से लेना था, न कि परीक्षित से।" मैंने कहा- "दूसरे अपने इस कृत्य से इसने पूरे सर्प जाति को विनाश के कगार पर ढकेल दिया।"

"तो क्या शिव ने उसे क्षमा नहीं किया था।"

"किया था। पर ऐसे मामले प्रकृति के आधारभूत नियमों से तय होते हैं। सज़ा वहीं से आती है और अपने नियमों के अन्तर्गत आती है। शिव के बारे में यह सच है कि वे भावी को मिटाने की सामर्थ्य रखते हैं पर ऐसा बहुत अपवाद स्वरूप ही होता है। उन्होंने तक्षक की मदद की। अपनी ऊर्जा में उसको शरण देकर उसकी पीड़ा कम की और अब उसकी मुक्ति में भी मदद कर रहे हैं। तभी तो उसने भस्म माँगी है।"

"अब मैं समझा। क्यों उसने भस्म के लिए मुझसे कहा।" सरयू बोला

"उसे भरोसा है कि तुम उसकी मदद करोगे?" शिवानन्द ने पूछा।

"भरोसा है तभी तो मुझे बुलवाया।"

"तुम उसकी मदद करोगे?"

"क्यों नहीं। ज़रूर ही करूँगा।"

"एक पापी की मदद करने का तुम्हें क्या फ़ायदा होगा?"

सरयू ने शिवानन्द को घूरते हुए कहा- "हर काम फ़ायदे, नुक़सान, पाप, पुण्य पर नहीं किए जाते साहब। कुछ काम दिल की आवाज़ पर भी किए जाते हैं।"

"बाबा विश्वनाथ के यहाँ से भस्म लाने चलना है?" मैंने पूछा

"मँगवा लिया है साहब।"

"उसे कैसे पहुँचाओगे?"

"रात बारह बजे मूलगंध कुटीर पर रख देना है। इसीलिए मैं रुका हूँ।"

मैं उठ कर खड़ा हो गया। आज का दिन मेरे जीवन के यादगार दिनों में एक था। मणि खोजने के लिए यहाँ आए हम लोगों को न केवल एक बहुत बड़े सर्प का आभास हुआ बल्कि उसकी ऐसी हैरत-अंगेज़ सच्चाई सामने आई जिसने हम सभी को हिला कर रख दिया। दूसरे शब्दों में कहा जाए तो तथाकथित कलियुग के प्रारम्भ से प्रारम्भ हुई इस कहानी का अन्त यहाँ हमारी धरती पर हम लोगों के बीच होने जा रहा था।

ज़ाकिर ने कहा- "सर, बाक़ी चाहे जो हो, पर अलग खड़े होकर निष्पक्ष भाव से देखने पर यह लगता है कि अगर श्राप की बात सच मानी जाए तो असली शापित तो यह साँप तक्षक ही हुआ। भले ही इसको दिए गए श्राप की चर्चा कहीं नहीं है।"

"यह किसी एक्साइटिंग स्टोरी में फ़िट नहीं बैठा होगा।"

"क्या यह एकदम सच है सर, कि श्राप का कनसेप्ट केवल प्लाट डिवाइस के ही रूप में है। सच्चाई नहीं है।"

"हाँ ज़ाकिर। केवल प्लाट डिवाइस ही है। लेकिन कहीं कहीं इसका उपयोग कहानी में बहुत अच्छा संदेश देने में भी हो जाता है।"

"ऐसे भी मामले हैं क्या?" ज़ाकिर ने उठते हुए पूछा।

"हाँ। कुछ हैं। खड़े-खड़े मैं तुम्हें एक और श्राप की कहानी बताता हूँ। भगवान विष्णु के दो द्वारपाल जय और विजय थे। एक बार चार मुनि जिन्हें शॉर्ट में सनकादि मुनि कहा जाता था अचानक विष्णु से मिलने पहुँच गए। ज़ाहिर है द्वारपालों ने ईमानदारी से अपनी ड्यूटी करते हुए उन्हें रोका। इस पर इन ऋषियों ने द्वारपालों को श्राप दे दिया कि वे पृथ्वी पर जन्म लेकर वहीं रहें। स्वर्गलोक में उन जैसों की ज़रूरत नहीं है। बाद में बीच-बचाव के प्रयास शुरू हुए। चूँकि श्राप को ख़त्म नहीं किया जा सकता इसलिए उसके मॉडीफ़िकेशन की बात चली। विष्णु ने इन्हें दो ऑप्शन दिए। एक विष्णु भक्त होकर यह सात-जन्मों तक

पृथ्वी पर रहें या विष्णु के दुश्मन होकर तीन जन्मों तक पृथ्वी पर रहें। चूँकि वे ज़्यादा देर तक विष्णु से दूर नहीं रहना चाहते थे इसलिए उन्होंने दुश्मन होकर रहना चुना। फ़ाइनली वे तीनों जन्मों में विष्णु के अवतारों के हाथों मारे जाकर विष्णु के पास वापस स्वर्गलोक आ गए।"

"बढ़िया कहानी। इसमें मेसेज क्या है?"

"समझो। इसका मतलब इस धरती पर, जिसे मृत्युलोक भी कहते हैं, दोस्ती दुश्मनी कुछ नहीं होती है। यह केवल बड़े फ़लक पर चलने वाले खेल का हिस्सा हैं। आप किसी के हाथों मारे जा रहे हैं तब भी आप नहीं जानते कि मारने वाला आपका दुश्मन ही है। वह अगली दुनिया का परम मित्र भी हो सकता है।"

"ग़जब है सर। मेरी समझ में तो यह सब फ़िलॉसफ़ी अभी नहीं आती है। शायद कभी आ जाए। चलता हूँ।"

ज़ाकिर अपनी वैन लेकर चला गया। मैं और शिवानन्द बाहर लॉन में आ गए।"

"जय विजय की कोई ऐसी कहानी सच में है क्या?"

"क्या पता? मुझे तो नहीं लगता। लेकिन यह बातें कहानियों में ट्विस्ट लाकर उन्हें रोचक बनाने का काम तो करती ही हैं।"

"यही दोनों एक जन्म में रावण और कुम्भकर्ण बने थे? बाक़ी के दो जन्मों में क्या थे?"

"एक में हिरण्यकश्यप और हिरण्याक्ष, दूसरे में शिशुपाल और पता नहीं क्या.....सब याद रखना भी कहाँ सम्भव है।"

"तब भी बहुत ही तेज़ याददाश्त है आपकी तिवारी जी। लगता है आपको पौराणिक इतिहास में काफ़ी रुचि रही है।"

"नहीं भाई। मेरी पीढ़ी में इन बातों की जानकारियाँ क़रीब-क़रीब सभी को होती थीं। आज के जितना प्रेशर और भागदौड़ थी नहीं। रात में बड़े बुज़ुर्ग बच्चों को यही कहानियाँ सुनाते थे। अब तो यह सब छूट ही गया है। इनकी आज की कल्चर में कोई प्रासंगिकता या उपयोगिता भी तो नहीं रह गई है।"

"अपने पौराणिक बेस को जानना तो पड़ेगा ही। इतनी पुरानी संस्कृति है हमारी। इसमें से कूड़ा-कचड़ा छाँट दिया जाए तो अद्वितीय होगी।"

अचानक चौंक कर मैंने अपने बाएँ देखा। मुझे लगा कोई छाया बड़ी तेज़ी से मौलश्री के वृक्ष के नीचे से गुज़र गई। आगे बढ़ कर इधर-उधर देखने की कोशिश की पर कुछ भी नज़र नहीं आया।

"आपको क्या लगता है? सरयू की तक्षक वाली कहानी सच्ची है या सेनसेशन पैदा करने के लिए गढ़ी हुई है।"

"मैं सरयू को क़रीब पन्द्रह साल से जानता हूँ। सीधा, सपाट आदमी है। हाँकने, फेंकने की आदत तो इसके अन्दर कभी नहीं देखी गई। कहानियों में ट्विस्ट डालने की बात की कल्पना सरयू से तो नहीं की जा सकती क्योंकि इससे सरयू का कोई फ़ायदा नहीं है। यह कई बार बड़ी-बड़ी लालचों से मुँह मोड़ चुका है।"

अचानक फिर मुझे लगा कि कोई छाया सी मेरे आगे से रेंग गई। ध्यान से देखने पर वहाँ कुछ भी नहीं दिखा। मैं कुछ परेशान सा होने लगा। क्या मुझे हैल्यूसिनेशन हो रहे थे। क्या सरयू की यह कहानी मेरे दिलो-दिमाग़ पर इस क़दर चढ़ गई थी।

मेरे चौंकने को शिवानन्द ने भी नोटिस करते हुए पूछा- "क्या हुआ?"

"कुछ नहीं। मुझे लगा कि कोई छाया इधर से गुज़री।"

"मुझे तो कुछ नहीं दिखा।" शिवानन्द ने भी वहाँ फ़ोकस करते हुए कहा। फिर उसने मेरे कन्धे को छूकर कहा- "तिवारी जी। क्या हम सरयू की मदद लेकर तक्षक से मणि नहीं प्राप्त कर सकते? आख़िर हालात ने जो करवट लिए हैं उसमें यह मणि उसके किसी काम की नहीं होगी।"

"तुम बात कर लो उससे?"

"मेरी बात वो क्यों सुनेगा? आप से उसका पुराना परिचय है। आपकी बात वह टाल नहीं पाएगा।"

"शिवानन्द।" मैंने सीधे उसकी आँखों में देखते हुए कहा- "मैं महसूस कर रहा हूँ कि इस मणि की बात जबसे सामने आई है, तुम्हारे व्यवहार और एटीट्यूड में बहुत फ़र्क़ दिखने लगा है। कभी-कभी मुझे लगता है कि तुम वो पहले वाले शिवानन्द हो ही नहीं। क्या कर दिया है इस मणि ने? क्या है इसमें जिसने तुम्हें इतना बदल कर रख दिया है?"

वह चुप रहा।

मैंने आगे कहा- "जहाँ तक गुरुजी ने बताया है, इस मणि की शक्तियाँ समाज की सुरक्षा और समृद्धि से जुड़ी हुई हैं। इसे केवल वही आदमी अपने पास रख सकता है जिसमें बुद्ध तत्व हो। हर किसी के लिए यह नहीं है। तभी तो उरुवेला में सुजाता के बाद कोई इसे अपने पास नहीं रख पाया और इसे सारनाथ भेजना पड़ा। सच है या नहीं?"

"सच है।" उसने बुझी सी आवाज़ में कहा।

"और यह भी सच है कि हम केवल जिज्ञासावश ही उसकी खोज कर रहे हैं और हम नहीं जानते कि उसे पंचतत्वों के कवच से मुक्त करके उसकी शक्तियाँ कैसे जगा सकते हैं? अगर जगा भी लें तो उन शक्तियों का करेंगे क्या?"

शिवानन्द चुप रहा।

मैंने उसे घूर कर देखा- "बोलो शिवानन्द। क्या गुरुजी ने ग़लत कहा था?

वह थोड़ी देर और चुप रहा फिर बोला- "नहीं। लेकिन इन सब सवालों की ज़रूरत क्या है? हम गुरुभाई हैं। क्या हमें एक दूसरे की मदद नहीं करनी चाहिए।"

"बिलकुल करनी चाहिए। लेकिन कहाँ? जहाँ हम उन विषयों पर काम कर रहे हों जो गुरुकुल के हित में हों। तुम मुझे यही समझा दो कि मणि मिल जाने से हमारे आश्रम का या हमारे समाज का हित कैसे होगा? और कौन इस योग्य है जो इस मणि को अपने पास रख सकेगा?"

"यह क्या सवाल है? मणि का मतलब सुरक्षा और समृद्धि। हमारे आश्रम की सुरक्षा और समृद्धि। क्या यह आश्रम का हित नहीं है?"

"और आत्मिक उन्नति? उसका क्या? तुम्हें क्या लगता है कि हम जैसे लोग आश्रम से सुरक्षा और समृद्धि के लिए जुड़े हैं? बिलकुल भी नहीं। हम लोग आत्मिक उन्नति चाहते हैं। जब बुद्ध ने स्वयं संघ की आत्मिक उन्नति के लिए, इसे मिले हुए होने पर भी निकाल फेंका तो हम इसे खोज कर क्यों आश्रम में रखेंगे?"

उसे कोई जवाब नहीं सूझा तो वह रोश भरे स्वर में बोला- "आप इस मणि को प्राप्त करने के इच्छुक हैं या नहीं?"

"बिलकुल नहीं।" मैंने स्पष्ट कहा- "अभी तक जो भी करता रहा हूँ वह

एक मित्र की, तुम्हारी मदद भर करता रहा हूँ। मैं स्वयं मणि में बिलकुल भी इन्टरेस्टेड नहीं हूँ।"

"अब मित्र की मदद नहीं करना चाहते?"

"अगर इस काम के लिए मुझे दूसरों को इसमें शामिल करना हो तो नहीं। अगर मुझे अपने व्यक्तिगत प्रभाव का इस्तेमाल करने की ज़रूरत होती है तो मैं इसका उद्देश्य जाने बग़ैर नहीं कर सकता। सीधे शब्दों में कहना हो तो सरयू या किसी और से अगर मुझे कुछ कराना है तो यह मेरी व्यक्तिगत ज़िम्मेदारी हो जाती है और बिना पूरी बात जाने मैं इसे नहीं करूँगा।"

कुछ देर हम दोनों एक दूसरे को घूरते रहे। फिर उसने उपेक्षापूर्वक कहा- "ठीक है। मत करो। मैं सरयू से ख़ुद बात कर लूँगा।" कहते हुए वह गेट से निकल कर मौलश्री कुंज में चला गया।

शिवानन्द के इस अजीबो-ग़रीब व्यवहार के बारे में सोचते हुए मैं वहाँ रखी लॉन चेयर पर बैठ कर यह जानने की कोशिश करता रहा कि शिवानन्द के इस व्यवहार की वजह क्या हो सकती है। कुछ भी समझ में नहीं आया। कुछ और जानकारियाँ लेने के चक्कर में मैंने सरयू को आवाज़ दी।

"बस दो मिनट में आया साहब।" उसकी आवाज़ आई।

ख़ुद को इस तनाव से मुक्त करने के लिए मैं लॉन में बैठ कर धीरे-धीरे आसमान में उगते तारों को देखता रहा। ज़माने से देखता आ रहा हूँ कि शाम को सबसे पहले दिखने वाला तारा शुक्र, होता है। दिखता तो तारे की तरह है पर विद्वान लोग कहते हैं कि यह ग्रह है। सवेरे सूर्योदय के पहले आने वाली उषा की लालिमा तक भी यही दिखता है। मुझे बचपन से ही पता नहीं क्यों तारे देखने का बडा़ शौक़ रहा है। यह बहुत ही अच्छे लगते हैं। अगर आप शहर की चकाचौंध से दूर किसी निर्जन स्थान में हों तो यह एक-एक करके पूरा आसमान भरते हुए दिखते हैं। इनका टिमटिमाना दैवीय अनुभव की झलक देता है।

पेड़ों का रंग शाम के धुँधलके में धीरे-धीरे काला पड़ता जा रहा था। मौसम में हल्की ठण्डक थी। हवा एकदम बन्द थी। दूर सीढ़ियों के पास से सरयू आता दिख रहा था। मेरे देखते-देखते सरयू के आगे कुछ काला सा धुआँ उठा और सरयू मुझे दिखना बन्द हो गया। इस समय यहाँ धुआँ कहाँ से आ सकता है,

सोचते हुए मैं घबरा कर सरयू की ओर बढ़ा तभी शिवानन्द की दिल दहलाने वाली ज़ोरदार चीख़ की आवाज़ आई।

"क्या हुआ?" घबराहट में बड़ी खोखली सी आवाज़ मेरे मुँह से निकली और मैं मौलश्री की ओर भागा। शिवानन्द बेंच पर अधगिरी अवस्था में पड़ा था और उसका शरीर बुरी तरह काँप रहा था। उसके मुँह से बड़ी अनर्गल सी आवाज़ें निकल रही थीं।

घबरा कर मैं ज़ोर-ज़ोर से आवाज़ें देते हुए उसे हिलाने की कोशिश करने लगा। कुछ ही देर में बहुत से लोग वहाँ इकट्ठा हो गए। मेरी निगाहें सरयू को खोज रही थीं। ऐसी परिस्थितियों का उसे बहुत तजुर्बा था। पर वह था कहाँ? मैंने उसे सीढ़ियों के पीछे से आते देखा था पर वह कहाँ रह गया? वह रहस्यमय काला धुआँ सा उसके आगे उठा था और वह मुझे दिखना बन्द हो गया था।

किसी ने ज़ोर से कहा- "इन्हें तुरन्त अस्पताल ले चला जाए।"

भगवान का शुक्र था कि टूरिस्ट प्लेस होने की वजह से हॉस्पिटल पास में था। उसे तत्काल आई.सी.यू में ले जाया गया। मैं और लोगों के साथ बैठा किंकर्तव्यविमूढ़ स्थिति में कुछ सोच पाने की स्थिति में ही नहीं था। यह क्या हो रहा था। शिवानन्द को किसी तरह की किसी बीमारी वग़ैरह का कोई इतिहास नहीं था। क्या उसको साँप ने काट लिया था। साँप के नाम पर तो इस समय तक्षक ही दिमाग़ में गूँज रहा था। मुझे भी दो-तीन बार हिलती-डुलती काली छाया का आभास हुआ था। क्या था यह सब? दो मिनट में आता हूँ कह कर सरयू कहाँ ग़ायब हो गया जो अभी तक नहीं आया। उसे इस घटना का पता तो ज़रूर ही चल गया होगा। क्या वो काला धुआँ सा तक्षक था? क्या तक्षक ने ही शिवानन्द को डरा दिया? उसके काटने की तो कल्पना से भी झुरझुरी आ जाती थी।

***

अध्याय 8
छाया जगत

"वे कह रहे हैं कि मरीज़ की हर सम्भव जाँच कर ली गई है। सारे पैथॉलोजिकल टेस्ट, स्कैन्स वग़ैरह कहीं कोई समस्या नहीं दिखा रहे हैं। लेकिन ऊपर से जो लक्षण दिख रहे हैं वे ज़हरीले साँप के काटे जाने पर आते हैं।" मैंने बताया।

"एण्टी वेनम दिया गया होगा?"

"कैसे? शरीर में ज़हर है ही नहीं। बाहर से देखने पर कहीं भी साँप के काटे जाने का निशान नहीं है जिससे पता चले कि किस साँप ने काटा है। कौन सा एण्टीवेनम दें यही तय करना मुश्किल था। लक्षणों के हिसाब से और हम लोगों के अन्दाज़ा लगाने पर कि यह नागराज हो सकता है, डॉक्टरों ने नाग का एण्टीवेनम लगाने की तैयारी की पर टेस्ट में ज़हर का कोई भी ट्रेस न मिलने पर पहले तो इसे रोक दिया गया फिर इमरजेन्सी समझ में आने पर रात में किसी समय इसे कन्ट्रोल्ड ट्रायल डोज़ के रूप में दिया गया लेकिन एण्टीवेनम का एडवर्स रिएक्शन हो गया। अब उस एण्टीवेनम से हुए एनाफ़ाइलेक्टिक रिएक्शन का इलाज हो रहा है।

"क्या हाल है अभी?" गुरुजी की आवाज़ अस्थिर थी।

"अभी लाइफ़ सपोर्ट सिस्टम पर है। मेडिकल कॉलेज के और अन्य अस्पतालों के एक्सपर्ट लगातार देख रहे हैं। हम लोगों के रिक्वेस्ट और एडवान्स पेमेन्ट पर विदेशी डॉक्टरों से भी ऑनलाइन कन्सल्टेशन हो रहा है पर किसी को कुछ समझ में नहीं आ रहा है।"

अधिकतर साथी शिवानन्द वाले अस्पताल में ही थे। गुरुजी भी रात में ही अस्पताल आ गए थे। सवेरे मैं और जसवन्त गुरुजी के साथ आश्रम जा रहे थे। हमे आशा थी कि शायद इस विकट सी समस्या का हल आश्रम के माध्यम से ही मिले। आश्रम पहुँच कर वहाँ के स्टाफ की मदद से गुरुजी को सम्भालने का प्रयास शुरू कर दिया गया जो इस घटना से सदमे की सी स्थिति में थे।

जब वे थोड़ा सम्भलने के बाद नहाने धोने गए तो मैं और जसवन्त ध्यान कक्ष में आ गए और बहती हुई गंगा माँ के सानिध्य में शिवानन्द की सलामती की प्रार्थना करने लगे।

काफ़ी देर बाद जसवन्त ने इस बोझिल सी चुप्पी को तोड़ते हुए पूछा- "आपको ज़रा सा भी किसी ऐसी बात या घटना का ध्यान है जो शिवानन्द की इस हालत की तरफ़ इशारा करती हो, तिवारी जी।"

मैंने भी दिमाग़ पर और ज़ोर डालते हुए कहा- "जसवन्त। मैंने सारे दिन का पूरे का पूरा घटनाक्रम, सब कुछ जो वहाँ हुआ था, बहुत डिटेल में सभी के सामने बता दिया था। यहाँ तक कि शिवानन्द से मणि के बाबत जो प्रश्न मैंने उठाए थे, उन्हें भी साफ़-साफ़ सब के सामने रख दिया था जिस पर बिगड़ कर वह मेरे पास से उठ कर घटनास्थल पर चला गया था। फिर भी मैं बहुत ध्यान से एक-एक बारीक चीज़ों के बारे में सोच रहा हूँ जो पूरे दिन हम लोगों के बीच घटित हुईं। कुछ भी ख़ास नहीं याद आ रहा है।"

"अतुल जी भी रात में ख़बर होने पर अस्पताल आए थे। देखें वे क्या करते हैं?"

"उनका कोई संदेश अभी तक तो आया नहीं।"

"कुछ तो वे ज़रूर ही कर रहे होंगे।" फिर मैंने चौंक कर कहा- "याद आया। कल की बातों का एक पहलू तो छूटा ही हुआ है। जब से शिवानन्द को यह आभास हुआ कि मणि यहीं स्तूप में है वो एकदम से बदल सा गया। पहले मणि को लेकर वह मेरे एक दोस्त से नाराज़ हो गया था फिर उसने ज़ाकिर की भी उपेक्षा कर दी थी। मैं ज़ाकिर की मदद को गया तो मुझसे भी नाराज़ था। वह चाहता था कि सब छोड़ कर हम मणि निकालने का प्लान तुरन्त बनाएँ।"

"मेरी भी समझ में कभी नहीं आया कि वह मणि को लेकर इतना ऑब्सेस्ड क्यों था? मेरी भी निगाह में मणि का हम लोगों के लिए कोई मतलब नहीं था।"

"तक्षक के क़िस्सों के बीच-बीच में वह मणि की ही बात बार-बार उठाता रहा और शाम को तो अड़ ही गया कि मैं सरयू से बात करके तक्षक से मणि निकलवाने की कोशिश करूँ।"

तभी वहाँ गुरुजी आ गए। शायद उन्हें भी अकेले चैन नहीं पड़ रहा था।

अपनी कुर्सी पर बैठते हुए उन्होंने हम लोगों को चिन्ता से भरी निगाह से देखा और बोले- “अतुल जी आ रहे हैं। उन्हें हम लोगों ने पूरी बातें डिटेल में बता ही दी हैं।”

“हाँ गुरुजी। रात अस्पताल में ही बता दिया था। वे शिवानन्द के पास आई.सी.यू में भी गए थे और वहाँ आधे घण्टे के क़रीब रहे भी थे।”

“वाह। तब तो उन्होंने कुछ न कुछ देख भी ज़रूर लिया होगा। अतुल जी की क्षमताओं पर मुझे बहुत भरोसा है। शिवानन्द के सूक्ष्म शरीर तक पहुँचने की कोशिश तो मैंने भी की थी लेकिन सूक्ष्म शरीर उपलब्ध ही नहीं था। उसके प्रति मोह के कारण मैं ज़्यादा देर ख़ुद को केन्द्रित नहीं कर पाया, कुछ नहीं जान पाया।” गुरुजी दूर आसमान की ओर देखने लगे।

उनका ध्यान बटाने के लिए मैंने कहा- “गुरुजी एक बार आपने बताया था कि शिवानन्द ने मुक्तामणि को पाने का प्रयास किया था पर मणि ने उसे स्वीकार नहीं किया।”

“ओह हाँ।”

“क्या हुआ था गुरुजी? ऐसा क्या हो गया था जो हम लोगों की निगाह में सर्वसमर्थ शिवानन्द को मणि ने अस्वीकार कर दिया था? कैसे गुरुजी?”

“अब इन बातों का क्या मतलब रह गया है?”

“गुरुजी। अभी ही तो इन बातों की ज़रूरत है। सच कहूँ तो अभी तक हम लोग मणि की कहानी को एक कहानी के रूप में ही ले रहे थे। किसी को भी मणि प्राप्त करने में कोई रुचि नहीं थी। पर शिवानन्द के साथ घटी इस घटना से एक बात तो साफ़ ज़ाहिर है कि मणि का कुछ तो रोल इसमें है ज़रूर।”

गुरुजी ने मेरी ओर देखा और उस समय को याद करते हुए कहा- “हाँ। अपने ध्यान में अश्वजित से मिलने के बाद शिवानन्द मणि में बहुत रुचि लेने लगा था। हम लोग पहले की ही तरह बारी-बारी से ध्यान में उसे खोजने लगे थे। अब हमारी खोज का बिन्दु सारनाथ और धमेख स्तूप ही रह गया था।”

“गुरुजी। क्या आपके और शिवानन्द के इस मणि को खोजने और उसे प्राप्त करने के सतत प्रयासों के पीछे केवल जिज्ञासा की शान्ति की ही बात थी।”

“हाँ। उस समय तक तो यही थी जब तक ध्यानावस्था में शिवानन्द

की दुबारा मुलाक़ात अश्वजित और उसके चार साथियों से नहीं हुई थी। यह पाँचों वही लोग थे जिन्हें बुद्ध का पहला उपदेश प्राप्त हुआ था। इनमें से एक "महानाम" ने बताया कि अश्वजित शिवानन्द से यानी कि हमारी इस दुनिया से मणि की एकमात्र शेष वास्तविक शक्ति को इसलिए छिपा ले गया कि इस दुनिया में, जो कि भगवान बुद्ध की कर्मस्थली थी, अगर मणि प्रकट हो जाती है तो बुद्ध की इधर-उधर देश विदेश में बिखरी समस्त ऊर्जा को स्वयं में समाहित करके इस दुनिया को परम शक्तिशाली बना देगी और तब बाक़ी के आयामों पर यहाँ से नियन्त्रण किया जा सकता था।"

मैं और जसवन्त दोनों ही पूरी तरह कन्फ़्यूज़ हो गए। जसवन्त ने ही पूछा- "और कौन सी दुनियाएँ या आयाम हैं गुरुजी जिन पर नियन्त्रण की बात है?"

"बहुत सी हैं। अभी हमें सबके बारे में पता भी नहीं है। लेकिन यह दिखता है कि हम बहुआयामी दुनिया में रहते हैं। जब हम परम ध्यान की अवस्था में होते हैं तब अपने सूक्ष्म शरीर के साथ हम एक दूसरी ही दुनिया में होते हैं। देवों और प्रेतों की दुनिया के बारे में सुना ही है। एक वह दुनिया है जहाँ हमें राह दिखाने वाले हमारे अपने तरंग शरीर होते हैं। हमारी दुनिया के पैरेलल और शायद सबसे क़रीब एक छाया जगत है। यह सब तो उनका ज़िक्र है जो कुछ-कुछ बिन्दुओं पर हमारी इस दुनिया से जुड़े हैं और कभी-कभी हमें उनका अनुभव हो जाता है। वे आयाम हममें से कुछ अभ्यासियों को दिख जाते हैं। बहुत से ऐसे भी आयाम हो सकते हैं जिनके बारे में हम अभी जानते नहीं हैं।"

"और यह दुनियाएँ कहाँ हैं गुरुजी?" आश्चर्य के सागर में ग़ोते खाते हुए मैंने पूछा।

"हैं तो सब यहीं। हमारे अगल-बग़ल, ऊपर नीचे, भीतर बाहर, कहीं भी। बस डाइमेन्शन अलग है। इसलिए सीधे दिखती नहीं हैं। ऑप्टिकल इल्यूज़न की तरह छिपी होती हैं। आप इन्हें खोज लीजिए और आराम से इनमें आइए-जाइए। यह कुछ सुदूर ग्रहों और तारों पर या अलग आकाश गंगाओं में भी हो सकती हैं। पर एक बात तो बहुत स्पष्ट है कि इनमें भी आने-जाने में समय कोई बाधा नहीं है। समय और दूरी जिसे हम अपनी इस दुनिया में महसूस करते हैं, वे हर जगह नहीं हैं।"

हम लोग और अधिक कनफ्यूज हो गए। अविश्वास के साथ मैंने बात को अपनी मूल दिशा में आगे बढ़ाने के लिए कहा- "जी गुरुजी। फिर शिवानन्द ने क्या किया?"

"चूँकि बुद्ध अपनी साधना के चरम स्तर पर इन सभी आयामों में आने जाने में समर्थ थे अतः उनके शरीर का एक हिस्सा होने के कारण मणि में भी यह सामर्थ्य थी। ज़ाहिर है जिसके पास भी यह मणि होगी वह भी समर्थ हो जाएगा।"

"जी गुरुजी।" जसवन्त बिना कुछ समझे बोला।

"मणि की इस शक्ति में कोई भी इन्टरेस्टेड नहीं था क्योंकि प्रथम तो लोगों को इन दुनियाओं या आयामों पर विश्वास ही नहीं था।" कहते-कहते गुरुजी ने हम लोगों की ओर देखा मानो वे हमारे मन की बात समझ रहे हों और आगे बोले- "दूसरे स्वाभाविक तौर पर एक सामान्य व्यक्ति इस दुनिया के लिए ही पावर चाहता है, शक्ति के रूप में, धन के रूप में या किसी भी ऐसे रूप में जिसका प्रयोग इस दुनिया में ही हो सके क्योंकि वह इस दुनिया के अलावा और कोई दुनिया नहीं जानता। लेकिन शिवानन्द जैसे व्यक्ति इस सामर्थ्य का महत्व समझते थे। ऊपर से जब महानाम ने यह बताया कि मणि देवताओं द्वारा डाली गई सुरक्षा और समृद्धि की क्षमता उच्च ऊर्जा क्षेत्र में लम्बे समय से होने तथा अनुपयोग के कारण समय के साथ खो चुकी थी और पराशक्तियों के प्रभाव में शीघ्र ही ख़ुद नष्ट होने के कगार पर आ गई थी। अगर इसे बचाना था तो जल्दी से जल्दी इसे प्रकट करके इसे उपयोग में लाना ही एकमात्र उपाय था। शिवानन्द को लगा कि यह जल्दी ही प्राप्त की जानी चाहिए। ख़ास तौर पर तब, जब कि यह यहीं हमारे नज़दीक ही मौजूद थी।"

"ओह। अब मैं समझा कि वह मणि प्राप्त करने की इतनी जल्दी में क्यों था?"

"और वह मणि की तलाश करते गहरे ध्यान में अपने सूक्ष्म शरीर के साथ पूरे क्षेत्र में घूमने लगा। ज़ाहिर है कि उसका पहला लक्ष्य स्तूप ही...."

तभी बहुत जल्दी में वहाँ अतुल जी ने प्रवेश किया। हम गुरुजी की कथा में इतना खोए हुए थे कि उनके आने की आहट तक नहीं मिली।

"तिवारी जी, आप एक काम तुरन्त कर दीजिए।" उनकी आवाज़ में बहुत

अर्जेन्सी झलक रही थी- "मेरे एक मित्र अभी हॉस्पिटल पहुँच रहे हैं। वह शिवानन्द पर कुछ मन्त्र ऊर्जा का प्रयोग करना चाहते हैं। आप हॉस्पिटल प्रशासन से व्यवस्था करा दीजिए कि उन्हें यह प्रयोग करने दिया जाए।"

"जी अतुल जी अभी तुरन्त करता हूँ।" मैंने मोबाइल निकालते हुए कहा।

"अगर सम्भव हो तो उसे आई.सी.यू से हटा कर किसी प्राइवेट कमरे में इस प्रयोग तक शिफ्ट कर सकें तो अच्छा होगा। मेरा अन्दाज़ है दो ढाई घण्टे में काम हो जाएगा।"

"मैं यह करवाता हूँ। और कुछ अतुल जी?" मैंने पूछा।

"वहाँ पर अपने लोगों में से कौन भरोसेमन्द है?"

"सभी लोग भरोसेमन्द से कहीं बढ़ कर हैं। आप काम बताइए।"

"मेरे मित्र को वहाँ जो भी ज़रूरत हो उसे आँख बन्द करके पूरा किया जाना है, चाहे वह कितनी ही अजीबो-ग़रीब लगे।"

"मैं अशोक सिंह को बोल देता हूँ। अतुल जी, वहाँ पर लोग आपके मित्र को कैसे पहचानेंगे? मेरा मतलब है, उनका कोई हुलिया वग़ैरह... या नाम।"

"उनका नाम नागान्तक है। साँवले रंग के गठे हुए मध्यम कद के आदमी है। मैंने उनसे कहा है कि आई.सी.यू में भर्ती शिवानन्द के साथियों से सम्पर्क कर लें।"

"ठीक है अतुल जी।"

लगभग पन्द्रह बीस मिनट में सारी व्यवस्था हो जाने पर मैंने अतुल जी की ओर प्रश्नसूचक निगाह से देखा- "शिवानन्द को हुआ क्या है अतुल जी?"

"मुझे अपने मित्र नागान्तक की लोकेशन लेने और उन्हें यहाँ तक लाने में देर लगी, लेकिन मेरा इन पर अटूट भरोसा है। यही हैं जो कुछ कर सकते हैं।"

"क्या कर सकते हैं अतुल जी?"

"शिवानन्द को वापस ला सकते हैं।"

"मैं कुछ समझा नहीं?" इस बार गुरुजी ने कहा।

अतुल जी ने हाथ जोड़ते हुए कहा- "गुरुजी। कल रात ही मुझे लगा कि शिवानन्द छाया जगत के किसी पौराणिक साँप का शिकार हो गया है।"

मेरे दिलो-दिमाग़ में कहीं न कहीं यह सम्भावना कुलमुला रही थी पर उसकी पुष्टि होते ही मैं एकदम सन्नाटे में आ गया। शरीर में झुरझुरी सी होने लगी। कई बार मुझे भी वह काली छाया दिखी थी। क्या वह छाया तक्षक ही था। क्या असली निशाना मैं ही था। मैं ही बहुत बढ़-चढ़ कर अपना पौराणिक ज्ञान बघार रहा था। तक्षक के विरुद्ध भी बोला था। उसके समाप्त होने की बात, शिव जी पर चढ़ी हुई भस्म की माँग सच थी या झूठ? क्या सरयू को धोखा हुआ था? बहुत से अनुत्तरित सवाल थे जो मुझे डरा रहे थे और मैं मन ही मन शिवानन्द के लिए दुआ भी माँग रहा था।

अचानक मुझे सरयू के सामने उठता हुआ वह काला सा बादल याद आया जिसके पीछे आता हुआ सरयू छिप गया था। उसका क्या हुआ? शिवानन्द के साथ हुई दुर्घटना के बाद मैं सरयू को भूल ही गया था। इतनी बड़ी घटना हो जाने के बाद भी वह रात तक अस्पताल नहीं आया था। यह तो सरयू की प्रकृति नहीं थी। मुझे सरयू की बहुत चिन्ता होने लगी। सारी बातें यही इंगित कर रही थीं कि उसके साथ भी कोई दुर्घटना हो गई है। बैठे-बैठे ही मैंने अशोक सिंह को व्हाटसएप किया कि किसी को भेज कर सरयू के बारे में पता कर लें।

जसवन्त ने चौंक कर आश्चर्य से पूछा- "पौराणिक साँप? आप को कैसे पता लगा अतुल जी? शिवानन्द होश में आया था क्या? वह कुछ बोला था क्या?"

"भाई! एक बार पहले भी मैं आप लोगों को समझा चुका हूँ कि बाहर के सिग्नल पकड़ कर कैसे ज्ञानेन्द्रियाँ, तन्त्रिकाएँ और मस्तिष्क मिल कर बाहर की सूचनाएँ अन्दर तक पहुँचाते हैं।" अतुल जी ने हँसते हुए कहा- "इसका रिवर्स भी सही है। मस्तिष्क अपने अन्दर एकत्र सूचनाओं को इन्हीं माध्यमों से बाहर भेजता है। अगर शिवानन्द होश में होता तो मस्तिष्क में अंकित इन सूचनाओं को बोल कर बताता यानी अपने वाक्यंत्र का उपयोग करता और हम अपने श्रवण यन्त्र का प्रयोग करके उसकी बात अपने मस्तिष्क में पहुँचाते। सामान्य आदमी के लिए सूचना के आदान प्रदान का यही माध्यम है लेकिन साधक लोग अपने अभ्यास से सूचना को मस्तिष्क में भी पढ़ सकते हैं। ठीक है या और समझाऊँ?"

"बिलकुल ठीक है अतुल जी।" जसवन्त जल्दी से बोला। इस समय हममें से कोई भी ज़्यादा ज्ञान लेने की स्थिति और मूड में नहीं था।

अतुल जी आगे बोले- "वह साँप उसके पास, कहाँ से, कैसे और क्यों पहुँचा, यह जानने के लिए मैंने उसके दिमाग़ को पढ़ने की कोशिश की पर वहाँ कुछ मिला नहीं। साँप से काटे जाने के बाद मस्तिष्क ब्लैंक हो गया है।

"हे भगवान। होश में आने के बाद उसका दिमाग काम तो करेगा न?" मैंने घबरा कर पूछा।

"साँप काटने के पहले तक तो एकदम ठीक है। बाद का कह नहीं सकते।" हम सभी के चेहरों को घबराहट से काला पड़ता देखते हुए वे जल्दी से बोले- "इतना घबराने की बात नहीं है। ज़्यादा से ज़्यादा यही होगा कि उसे साँप काटने और होश में आने के बीच की घटना याद नहीं रह जाएगी। बाक़ी ठीक रहेगा। हो सकता है ऐसा न भी हो। उसकी मानसिक क्षमताओं पर निर्भर करेगा।"

"नागान्तक क्या करेंगे? कौन से मन्त्र की ऊर्जा का प्रयोग करेंगे?"

"ऐसी दुरुह स्थिति से निबटने का हम लोगों के पास एक ही उपाय है। अथर्ववेद से उत्पन्न गरुड़ उपनिषद का अध्याय पाँच और उसके 25 मन्त्र। केवल यही पौराणिक या दैविक नागों के विष को समाप्त कर सकते हैं। कम ही लोग इसका अभ्यास करते हैं क्योंकि अब ऐसी घटनाएँ आम नहीं रह गई हैं। नागान्तक जन्म से ही गरुड़ के भक्त हैं। उनसे ही यह विद्या अभी जीवित है।"

"नागान्तक द्वारा यह मन्त्र पढ़ने से शिवानन्द ठीक हो जाएगा?" मुझे बहुत ही आश्चर्य हुआ।

"हाँ। मन्त्र की ऊर्जा जगाने और उस ध्वनि ऊर्जा से सही जगह पर चोट करने से असाध्य रोग व रहस्यमय बीमारियाँ ठीक होते देखी गई हैं। यह भी बता दूँ कि मन्त्र को सिद्ध करने का अर्थ यही होता है। यह जानना कि इसका सही उच्चारण कैसे है या दूसरी तरह कहें कि इसके उच्चारण से सही आवृत्ति की ध्वनि ऊर्जा कैसे प्रकट की जा सकती है, यह किन चीज़ों से मैग्नीफ़ाई होकर और असरकारी हो सकता है और अन्त में इसके आफ़्टर-इफ़ेक्टस और साइड-इफ़ेक्टस को कैसे ख़त्म किया जाएगा।"

"इसके भी साइड-इफ़ेक्ट होते हैं?"

"हाँ। इसीलिए तो केवल जानकार लोग ही इस विद्या का प्रयोग सही ढंग से कर पाते हैं। अधकचरे ज्ञान वाले इसके प्रभाव को बिगाड़ देते हैं और इस समय अधकचरे ज्ञान वालों की ही भरमार है। लोग शॉर्टकट से सीखते हैं और शॉर्टकट का ही इस्तेमाल करते हैं। शॉर्टकट प्रभावी नहीं होता। इसीलिए इस विधा पर अब लोगों को उतना भरोसा नहीं रह गया है।"

अशोक सिंह का मेसेज आया। नागान्तक रूम नम्बर 201 में शिफ़्ट किए गए शिवानन्द के साथ थे। उन्होंने जैसे-जैसे कहा, सारी व्यवस्थाएँ हो गई हैं। सरयू का कोई पता नहीं चला है। उसका लड़का किशोर भी कल से बहुत परेशान है। वह गाँव भी नहीं पहुँचा है।

मेरे दिमाग़ में सनसनाहट होने लगी। सरयू के किसी ख़राब अंजाम की आशंका से मन घबराने लगा। शिवानन्द तो सामने था। उसके लिए सारा इन्तज़ाम तुरन्त हो गया पर सरयू का क्या? वह भी इन्हीं ख़तरों से गुज़रा था। वह तथाकथित तक्षक से संवाद करने वाला इकलौता आदमी था। क्या गुस्से में तक्षक ने उसे भी अपनी चपेट में ले लिया।

मैंने सनसनाते दिमाग से ही कहा- "गुरुजी। अतुल जी। शिवानन्द की सारी व्यवस्था कर दी गई है। वह रूम नम्बर 201 में नागान्तक के साथ है। एक ख़राब सूचना भी है। कल दिन भर हम लोगों के साथ रहे सारनाथ के पुराने चौकीदार सरयू अभी तक लापता हैं। मुझे डर है उनके साथ भी शिवानन्द जैसी कोई दुर्घटना न हो गई हो। मैं तुरन्त वहाँ जा रहा हूँ।"

मेरा हाहाकारी चेहरा देख कर दोनो ही लोग उठ कर खड़े हो गए। जसवन्त भी हक्का-बक्का रह गया।

"जाइए। तुरन्त जाइए।" गुरुजी ने मेरे पीठ फेरते ही जसवन्त से कहा- "साथ जाइए जसवन्त जी। गाड़ी आप ही चलाइएगा। तिवारी जी अचानक से बहुत परेशान हो गए हैं।"

जसवन्त मेरे पीछे-पीछे आया। मुझे राहत ही लगी। अपराधबोध जैसी स्थिति में मुझे कुछ सूझ नहीं रहा था। हाथ पैर अशक्त से लग रहे थे। ऐसा कैसे हो गया कि मैं सरयू को एकदम ही भूल गया।

तूफ़ानी रफ़्तार से हम सारनाथ पहुँचे। किशोर, गेट पर ही अनाथों जैसा

खड़ा था। उसके आँसू जैसे थम ही नहीं रहे थे। उसके साथ और भी कई स्टाफ़ खड़े थे।

"मुझे पहले क्यों नहीं बताया किशोर?"

"कभी ऐसा हुआ ही नहीं था।" वह हिचकियों के बीच बोला- "पापा मुझसे कहीं बहुत ज़्यादा सारनाथ के बारे में जानते थे। हर जगह उनके परिचित भी थे। बहुत दिनों बाद आते थे तो सभी लोगों से मिलने-जुलने के लिए घूमते-फिरते रहते थे। लेकिन कल जब वे रात के खाने पर भी नहीं आए तो मुझे लगा कि आज कुछ बहुत गड़बड़ हो रहा है।"

"खाने पर भी नहीं आए?" मैं सनाका खा रहा था।

"पूरी रात नहीं आए साहब। मैंने घर भी फ़ोन करके पूछ लिया। वहाँ भी नहीं पहुचे हैं। यहाँ हम लोगों ने हर जगह खोज लिया। हर रिश्तेदारी और परिचितों से पूछताछ कर ली। वो कहाँ जा सकते हैं साहब?" किशोर फिर रोने लगा।

"कहाँ जा सकते हैं?" जसवन्त भी परेशान हो रहा था। बहुत ज़माने से सारनाथ से जुड़ा होने के कारण उसे भी सरयू से बहुत लगाव था।

"मौलश्री कुंज में अन्दर तक देखा क्या?" बहुत लरज़ते दिल से मैंने पूछा।

"हाँ साहब। यहीं नहीं, हर जगह झाड़ी-झाड़ी, हर दीवार, हर सम्भव जगह देख लिए है।"

हताशा में मैं वहीं रखी कुर्सी पर बैठ गया। कुछ देर ख़ुद को फ़ोकस करने की कोशिश करता रहा। अशोक सिंह का मेसेज आया। नागान्तक मुझसे मिलना चाहते थे।

एक नज़र किशोर के लुटे पिटे चेहरे की ओर देखते हुए उठ कर मैंने उसके कन्धे पर हाथ रखा और पारम्परिक सांत्वना वाले शब्द बोलते हुए और फिर जसवन्त की ओर देख कर मैंने बताया कि नागान्तक से मिल कर मैं अभी तुरन्त आ रहा हूँ।

बुझे मन से मौलश्री कुंज, सारनाथ का गेट और घनी हेज पार करते हुए जब मैं अस्पताल पहुँचा तो अशोक सिंह मुझे गेट पर ही मिल गए। उनकी सदाबहार मुस्कराहट आज ग़ायब थी।

"कुछ अन्दाज़ लगा सरयू का।" पहली बार मैंने उनकी सचमुच की सन्जीदा आवाज़ सुनी।

"नहीं अशोक सिंह। कुछ समझ में ही नहीं आ रहा है।" मैंने उनकी आँखों में देखते हुए कहा।

बिना अपनी नज़रें हटाए बहुत ही विश्वास भरे स्वर में वह बोले- "वह ठीक-ठाक मिल जाएगा। उसका कुछ नहीं होने वाला है। यक़ीन रखिए।"

कभी-कभी जब आप बहुत ही परेशान होते हैं तो सांत्वना के कुछ शब्द कितना जादुई असर करते हैं, यह मैंने आज महसूस किया।

नागान्तक मुझे शिवानन्द के कमरे के बाहर ही मिल गए। दिखने में ठीक वैसे ही जैसा अतुल जी ने बताया था। केवल एक फ़र्क़ था। वे बहुत ही दया और करुणा से भरपूर नज़र आते थे। उनसे मिल कर ऐसा लगा ही नहीं कि हम पहली बार मिल रहे हैं। बिना किसी औपचारिकता के उन्होंने खड़े खड़े ही मुझसे पूछा- "तिवारी जी, बस एक बात पूछना चाहता हूँ। यह कैसे तय हुआ कि वह तक्षक है?"

"मैं नहीं जानता। कल के पहले हमें साँप या नाग का कोई विचार तक नहीं था। अतुल जी के यहाँ से ऊर्जाग्राही यन्त्र को लेकर ज़ाकिर जब स्तूप के पास काम कर रहा था तब उसे अन्दर से कुछ ऊर्जा का एहसास हुआ। उसने अन्दाज़ा लगाया कि यह कोई साँप हो सकता है। यों ही उत्सुकतावश जब मैंने सारनाथ के चौकीदार से पूछा तो उसने पुष्टि की कि यहाँ पर एक बड़ा साँप देखा जाता है और उसके पापा ने उसे तक्षक नाम दिया है...........।"

"नाम दिया है?"

"हाँ। चाँस की बात थी कि उसके पापा सरयू, सारनाथ में 42 वर्षों तक रहे चौकीदार, कल यहीं थे। मैंने उनसे पूछा तो उन्होंने बताया कि उन्हें साँपों की बातें समझने का कुछ अभ्यास है और यहाँ दिखने वाले बड़े साँप ने उन्हें ख़ुद बताया है कि वह तक्षक है।"

"अच्छा।" बिना किसी हैरानी के उन्होंने आगे पूछा- "इस सिलसिले में और कोई विशेष बात सरयू ने बताई क्या?"

"नहीं। कोई बहुत विशेष बात......।" अचानक मुझे याद आया- "हाँ।

सरयू कह रहा था कि उस साँप ने शिव जी पर चढ़ी हुई एक बोरा भस्म माँगी है।"

नागान्तक चौंके। हैरानी में उनके मुँह से निकला- "शिव जी पर चढ़ी हुई भस्म? साँप को चाहिए थी? तिवारी जी, मुझे सरयू से बात करनी है।"

"यही तो भारी मुश्किल हो गई है। वह कल से ही लापता है। हम लोग उसे खोज रहे हैं। डर रहे हैं कि कहीं उसका अन्जाम भी शिवानन्द वाला ही न हुआ हो।" कहते कहते मेरा गला भर आया।

"सरयू...........सारनाथ का चौकीदार.......साँपों की भाषा समझने वाला.....लापता है....कहाँ गया है....." नागान्तक वहीं ज़मीन पर बैठ गए। उनकी आँखें बन्द थीं। हम सभी लोग साँस रोके चुपचाप खड़े अपने अपने कलेजों की धाड़-धाड़ सुनते रहे।

पता नहीं कितना समय इसी तरह बीत गया जब नागान्तक ने धीरे से अपनी आँखें खोलीं। कुछ देर इधर-उधर देखा फिर धीरे-धीरे खड़े हो सीधे मेरी ओर मुख़ातिब हुए- "सब ठीक है। कुछ नुक़सान नहीं हुआ। बड़े बाबा की मेहर है। साथी लोग इतने खतरों से बाहर निकल आए, सब उसी की मेहर है तिवारी जी।"

"क्या हुआ है नागान्तक जी? सरयू का क्या है?"

"वह सुरक्षित है। बाल-बाल बच गया है।"

"क्या हुआ है?" मेरी सुई इसी पर अटकी हुई थी।

"तिवारी जी। मैं इस सारे प्रकरण को एक व्यवस्थित रूप देकर आप को बताता हूँ। अब मुझे, अभी मिली नई जानकारियों के आधार पर शिवानन्द पर भी थोड़े प्रयोग करने हैं। आधे घण्टे में मैं वहीं सारनाथ आ जाऊँ क्या?"

"आपका बहुत बहुत स्वागत है सारनाथ में। आप अशोक सिंह के साथ आ जाइए। इनका देखा हुआ है सब कुछ। लेकिन नागान्तक जी आपने कहा सब ठीक है। सरयू कहाँ है?"

"सरयू ठीक है। सारनाथ में ही है पर इस क्षेत्र से पूरी तरह परिचित न होने के कारण सही लोकेशन का अन्दाज़ा मुझे नहीं लग पाया। शायद वहाँ कोई मन्दिर है। इसे तो आप को ही खोजना होगा। थोड़ा जल्दी ही खोज लें तो अच्छा है। कहीं भी असुरक्षित पड़े रहना अच्छा तो नहीं है। जब तक आप उसे खोजिए तब तक मैं आता हूँ।" कहते हुए नागान्तक कमरे के भीतर चले गए।

सारनाथ में जसवन्त ने लोगों को सम्भाल रखा था। उसने उन्हें यह भी बताया था कि इस समय बहुत बड़े-बड़े सिद्ध लोग भी यहाँ आ चुके हैं और वे जल्दी ही सरयू को खोज निकालेंगे। उन्हीं में एक सिद्ध से मिलने मैं गया हुआ हूँ। यही कारण था कि मेरे पहुँचते ही लोगों की आस मेरे चेहरे पर टंग गई।

"सरयू ठीक है।" मैंने घोषणा की- "नागान्तक जी ने कहा है तो शक सुबहे की कोई बात ही नहीं है। लेकिन वह कहाँ है, यह अन्दाज़ा हमें अपने आप सोच समझ कर लगाना है। सरयू यहीं सारनाथ में ही है।"

मैंने किशोर की ओर देखा।

वह ख़ुद ही बहुत बेचैन था। असहायता से उसने चारों ओर, और फिर मेरी तरफ़ देखा।

"किशोर। अच्छे से याद करके बताओ कि कल सरयू ने क्या क्या किया था?"

"साहब। सारा दिन तो यहीं आप लोगों के साथ बैठे थे। इसके पहले...... हाँ, उन्होंने फ़ॉरेस्टर साहब से शिव जी पर चढ़ाई हुई भस्म की बोरी मँगाई थी।"

मेरे दिमाग़ में बगूला सा छूटा। उसने भस्म मँगवाई थी तक्षक के लिए। तक्षक की मुक्ति के लिए। यह भस्म वो तक्षक तक कैसे पहुँचाने वाला था? उसने कुछ बताया तो था। क्या कहा था उसने?

अचानक मैं खड़ा हो गया- "चलो। जल्दी चलो। मूलगंध कुटीर।"

मैं मूलगंध कुटीर की ओर तेज़ी से भागा। मेरे पीछे पीछे सभी लोग बिना कुछ समझे भागते आए। मन्दिर में द्वार के पास के भारी घण्टे को पार करते हुए भगवान बुद्ध की विभिन्न लीलाओं के भीति चित्रों से होते हुए हम सभी की नज़र बेचैनी से सारनाथ के एक और स्तंभ सरयू को खोज रही थी। महाबोधि सोसाइटी ने भी सरयू को लगभग दस वर्ष पहले सारनाथ की सुरक्षा में उसके योगदान के लिए उसे सम्मानित किया था। आज वह शख़्स महाबोधि सोसाइटी द्वारा ही पुनर्जीवित किए गए इस मन्दिर में गुम हो गया था। हम सभी बहुत ही एहतियात और बारीकी से हर सम्भावित जगह पर उसे तलाश करने लगे।

कहते हैं कि ख़ून को ख़ून ही पुकारता है। सबसे पहले किशोर की ही नज़र शाक्यमुनि बुद्ध की स्वर्ण प्रतिमा वाले संगमरमर के स्टेज के नीचे बग़ल में खम्बे से

पीठ लगा कर बैठे, शून्य में एकटक घूरते, सरयू पर पड़ी। हम सभी भागते हुए उसके पास पहुँचे। उसने किसी को नहीं पहचाना और शून्य में ही देखता रहा।

किशोर उसके पैरों को पकड़ कर पुकार रहा था- "पापा। पापा। इधर देखिए।"

पर सरयू पत्थर की तरह जड़ था।

मैंने बहुत धीरे से उसके कन्धे पर हाथ रखा। दूसरे हाथ से उसकी नब्ज़ टटोली। गले को छुआ और नाक के नीचे हाथ ले जाकर साँस को महसूस करने की कोशिश की। वह ज़िन्दा था।

मैंने अशोक सिंह को फ़ोन किया और सरयू के लिए हॉस्पिटल में व्यवस्था करके रखने को कहा जिससे हमारे पहुँचने तक उसके लिए मेडिकल केयर एडवांस में तैयार रखा जा सके। फिर हम लोगों ने सरयू को उठाया। जसवन्त गाड़ी लेने के लिए दौड़ गया था। आस-पास इकट्ठा भीड़ को समझाते, हटाते हम लोग मूलगंध कुटीर से बाहर आए।

तभी अशोक सिह का फ़ोन आया कि सरयू को वहीं गेस्ट हाउस पर ही रखा जाए। नागान्तक वहीं आ रहे हैं। गाड़ी में लाद कर गेस्ट हाउस में उतारने तक सरयू वैसे ही रहा लेकिन उसका अकड़ा हुआ सा शरीर अब कुछ आराम में लगने लगा था।

सारनाथ परिसर में आते हुए नागान्तक रिलैक्स और प्रसन्न लग रहे थे। बैठते हुए उन्होंने एक नज़र हम सब पर डाली और पूछ पूछ कर सबका संक्षिप्त परिचय भी प्राप्त किया।

फिर वे मुझसे बोले- "तिवारी जी। मैंने यहाँ आते हुए बाहर सर्पगंधा की झाड़ियाँ देखी हैं। अद्भुत लगा। यहाँ यह पौधा बहुतायत में है। कुछ पौधे अगर जड़ सहित उखाड़ कर मँगवा देते तो मेरा काम कुछ आसान हो जाता।"

"ज़रूर। ज़रूर।" मैंने कहा फिर स्टाफ़ को सर्पगन्धा के पौधे लाने के लिए भेज दिया।

अशोक सिंह की क्यूरिऑसिटी हमेशा जागृत रहती थी। तुरन्त ही उन्होंने पूछ लिया- "इससे क्या करेंगे गुरुजी?"

नागान्तक मुस्कराते हुए बोले- "साँप भगाऊँगा सिंह साहब।"

"यहाँ साँप कहाँ हैं?"

"लीजिए। सारा खेल ही साँपों का है। उधर शिवानन्द और इधर सरयू। दोनों ही लोग साँपों को ही तो झेल रहे हैं।"

"क्या सच में सर्पगन्धा साँपों को भगा सकती है नागान्तक जी?"

"हाँ। शुरू में तो ऐसा ही था। बाद में म्यूटेशन द्वारा कुछ साँपों ने इसके प्रति प्रतिरोधक क्षमता प्राप्त कर ली और यह उतनी प्रभावी नहीं रह गई। फिर भी अधिकतर साँप इससे बच कर ही चलते हैं।"

"तब आप इससे साँप को कैसे भगा सकते हैं?" अशोक सिंह बोले।

"मैं तो जिस साँप के लिए इसका प्रयोग करने जा रहा हूँ वह इस म्यूटेशन के बहुत पहले का साँप है।"

"क्या सच में ही यह तक्षक है?"

"हाँ।" कहते हुए नागान्तक पौधे लेकर आए स्टाफ को समझाने लगे कि इसे गर्म तवे पर रख कर कैसे सुखाना है। फिर थोड़े कोयले जला कर सरयू के पास रखना है।

उनकी बात ख़त्म होने पर जब स्टाफ़ काम में लग गया तो मैंने बहुत द्विविधा में पूछा- "अगर तक्षक ने ही काटा था तो ऐसा क्यों हो गया था कि शिवानन्द के शरीर में कहीं विष नहीं था और शरीर पर काटे का कोई निशान नहीं था?"

"यही नहीं तिवारी जी, सरयू में भी ऐसा कुछ नहीं मिलेगा।" नागान्तक ने हम सब की ओर गौर से देखा फिर बोले- "क्योंकि तक्षक छाया जगत का था।"

"छाया जगत।" मैं सोच ही रहा था कि पहले इसका ज़िक्र कब सुना था कि अशोक सिंह ने बात आगे बढ़ा दी- "यह कौन सा जगत आ गया गुरुजी?"

नागान्तक गम्भीर स्वर में बोले- "मैं जो बातें आपसे कहने जा रहा हूँ उन पर जनसाधारण कोई विश्वास नहीं रखता है। पर आप लोग अध्यात्म के अभ्यासी हैं जो आत्मोन्नति के लिए अपनी इस दुनिया से अलग हट कर भी सोच सकते हैं। इसलिए आप से इस स्तर का सच कह भी सकता हूँ।"

"आप कहिए गुरुजी। हमें पूरा भरोसा है क्योंकि हमें कुछ ऐसे परालौकिक

अनुभव हैं जो सबको नहीं होते हैं। हमें पूरा भरोसा है।"

"ठीक है। आपको अन्दाज़ा होगा ही कि हम एक बहुआयामी दुनिया में रहते हैं। दुनिया इतनी ही नहीं है जितनी हमें दिखती है। इसका फैलाव कई अलग-अलग डाइमेंशन्स में भी है जो हमें सामान्यतया नहीं दिखते। इसीलिए यह बहुआयामी है।"

अचानक ही मुझे याद आ गया कि बहुआयामी दुनिया का ज़िक्र करते हुए गुरुजी ने आज ही आश्रम में देवलोक, प्रेतलोक आदि के साथ छाया जगत का भी ज़िक्र किया था पर उस समय हम लोग अन्य चिन्ताओं में होने के कारण इस पर ज़्यादा ध्यान नहीं दे सके थे।

नागान्तक आगे बता रहे थे- "छाया जगत का आयाम हमारे सबसे क़रीब है। सामान्य व्यक्ति भी कभी-कभी उसे महसूस करता है। इसीलिए बड़े बुज़ुर्ग कहा करते थे कि मरे हुए लोगों की या भूत प्रेतों की बातें रात में न करो क्योंकि वे आ सकते हैं। यह एक उदाहरण है। ज़्यादा बात कर लीजिए तो भूत आ भी जाता है और कभी-कभी पकड़ भी लेता है क्योंकि वह आपके विचारों में घर बना लेता है।"

हम लोग चुपचाप साँस रोके सुन रहे थे।

"कहाँ से आता है यह सब? यह दो लोकों के बीच के एक ट्रान्ज़िशन लोक से आता है। यही लोक छाया जगत कहा जाता है। देवलोक या प्रेतलोक से सीधे हमारी दुनिया में संचरण इतना आसान नहीं है जितना छायालोक से है। तुरन्त ही रिएक्शन आ जाता है।"

"ऐसा क्यों है गुरुजी?" अशोक सिंह ने पूछा।

"क्योंकि यह ठीक हमारे मन से जुड़ा हुआ है। हमारा मन ही है। मन इतना शक्तिवान है कि वह जो भी ऊर्जा पकड़ता है, लगे हाथ कहता चलूँ कि विचार भी एक ऊर्जा ही है, उसको पकड़ ही लेता है। सोचिए तो ख़ुद ही दिखने लगेगा। आप गाड़ी चला रहे हैं। आपको किसी पंडित द्वारा राहुकाल, दिशाशूल आदि से डराने पर या किसी और वजह से मन में पक्का हो जाए कि आज तो एक्सीडेन्ट होना है तो एक्सीडेन्ट हो ही जाएगा। आपको लगा कि मैं असफल हो जाऊँगा तो आप असफल हो ही जाते हैं। आपके मन को विश्वास हो जाए कि मुझे

कोरोना होकर रहेगा तो हो जाएगा। लेकिन इसका उल्टा भी उतना ही सच है। आपको भरोसा हो, कि नहीं होगा तो आपको नहीं होगा। हमारा मन और फिर इसके साथ जुड़ा शरीर छाया जगत से बहुत प्रभावित होते हैं।"

"पर हम तो सुनते आए थे कि मन के हारे हार है, मन के जीते जीत। फिर मन की इस दुनिया में छाया जगत का क्या रोल है?"

"थोड़ा कठिन है समझना सिंह साहब, पर कोशिश किया जाए तो समझ में आ भी सकता है दोनों का फ़र्क़। समझिए कि मन एक ग्राहक यन्त्र है जो हर तरह की ऊर्जा पकड़ने में सक्षम है। हमारे चारो ओर बहुत सी ब्रह्माण्डीय और स्थानीय ऊर्जा मौजूद है। पेड़ पौधों की, आकाश की, हमारे शुभेच्छुओं की, हमारे दुश्मनों की, विचारों की और भी हज़ारों तरह की ऊर्जाएँ हैं। हमारा मन इनमें से क्या पकड़ेगा यह हमारा छाया जगत तय करता है। सही पकड़ आ गई तो मन की जीत है वरना....." नागान्तक ने हम लोगों के चेहरों पर शून्य देखते हुए अपनी बात वहीं रोक दी।

स्टाफ़ सर्पगन्धा तैयार करके ले आया। नागान्तक ने सरयू के पास ही जलते हुए कोयले की अंगीठी रख कर उस पर भुनी हुई सर्पगन्धा रखी और उसका उठता हुआ धुआँ देखते रहे। कुछ देर में इस बूटी की गन्ध हम सबको महसूस होने लगी। नागान्तक ने सरयू के माथे के बीचो-बीच अपनी तर्जनी उँगली रख कर होठो ही होठों में कुछ मन्त्र पढ़ना शुरू किया। एक दो मिनट के बाद उस मन्त्र की आवाज़ हमें किसी शक्तिशाली पक्षी के पंखों की फड़फड़ाहट जैसी सुनाई पड़ने लगी। हम लोग एक दूसरे की ओर चुपचाप देखते रहे।

कुछ ही देर में वे हम लोगों की ओर देख कर मुस्कराते हुए बोले- "मैं बातों को ठीक ढंग से समझा नहीं पाता। समझाने के लिए ही तो गुरुओं की ज़रूरत पड़ती है। ज्ञान तो बहुतों के पास होता है लेकिन जो इस ज्ञान को आगे बढ़ा सके वही गुरु होता है। सबके पास समझाने की क्षमता नहीं होती।"

"ऐसी बात बिलकुल भी नहीं है नागान्तक जी। हम काफ़ी कुछ समझ रहे हैं पर हमारी आदत है कि जो भी एक बार समझ में आ जाता है वह हमारे जीवन का हिस्सा हो जाता है। इसीलिए हम बात को हर एँगिल से देखने की कोशिश करते हैं।"

"तब तो बहुत ही अच्छी बात है। लेकिन तिवारी जी, जैसे-जैसे बातें बारीक से बारीक होती चली जाती हैं वैसे ही वैसे उन्हें बुद्धि विवेक से समझना मुश्किल होता जाता है। एक सीमा ऐसी भी आती है जब वे अनर्गल लगने लगती हैं और उनको समझ पाना असम्भव हो जाता है।"

"तब क्या करना होता है?"

"अनुभव। अनुभव करना है। अनुभव के ऊपर कुछ भी नहीं है।"

"अनुभव कैसे होगा गुरुजी।"

"बस एक ही मार्ग है। अभ्यास, अभ्यास और अभ्यास। गुरु झलक दिखा सकते हैं पर आपको अपने से देखना है तो अभ्यास के सिवा कोई और मार्ग नहीं है।"

"यहाँ फिर संशय उठता है। मान्यता है कि गुरु कृपा के बिना कुछ नहीं हो सकता। बलिहारी गुरु आपने, जिन गोविन्द दियो बताय।"

"आध्यात्मिक यात्रा के लिए यह आंशिक सच हो सकता है क्योंकि गुरु इसमें आपकी रुचि जगा सकता है। आपको परालौकिक जगत पर पूरा विश्वास नहीं रहता है लेकिन अपनी परम्पराओं से चली आ रही धारणा के प्रकाश में आप यह जानना भी चाहते हैं कि आध्यात्मिक दुनिया सच है या नहीं तो गुरु आपको इसके प्रमाण से साक्षात्कार कराते हुए आपकी इस दिशा में रुचि जगाने के लिए अपको उसकी एक झलक दिखा सकता है जिसके बारे में आप कुछ नहीं जानते थे। जैसे एक बाप अपने बच्चे को कन्धे तक उठा कर दीवार के पार की दुनिया दिखा देता है। फिर आपको नशा सा हो जाता है और आप अभ्यास के मार्ग पर निकल पड़ते हैं। आप इस दीवार के पार जाने की कोशिश करने लगते हैं। इस मार्ग पर लगे रहने पर आपको धीरे-धीरे वे अनुभूतियाँ होने लगती हैं जो सामान्य व्यक्तियों को नहीं होती हैं इसलिए वे इन पर भरोसा भी नहीं करते हैं। अगर आपको यह भरोसा चाहिए कि यह सब सचमुच हो रहा है और मैं सही राह पर हूँ तो आश्रम की और गुरु की ज़रूरत पड़ती है। आपका अपना भरोसा और अभ्यास एक दिन आपको पूर्णता के नज़दीक ला देता है। आप आत्मनिर्भर हो जाते हैं। फिर आपके लिए चयन के मार्ग खुलने लगते हैं। आप चुन सकते हैं जनकल्याण, गुरु होना, अपना और अधिक विकास या फिर और आगे जाने का मार्ग।"

"यही है अध्यात्म का मार्ग?" अशोक सिंह अभिभूत होते हुए बोले।

"यह मार्ग केवल अध्यात्म का ही नहीं है। सारी विद्याओं के लिए यही मार्ग है सिंह साहब। मान लीजिए आप डॉक्टर होना चाहते हैं। क्या करेंगे? डॉक्टरी की पढ़ाई। इस पढ़ाई को अपनी मेहनत और अभ्यास से आगे और आगे ले जाते हुए धीरे-धीरे आप एक दक्ष डॉक्टर हो जाएँगे। अब आप जनकल्याण यानी प्रैक्टिस का मार्ग चुन सकते हैं, किसी मेडिकल कॉलेज में पढ़ा सकते हैं, आप आगे और पढ़ सकते हैं या शोध कार्य में लग कर नई दवाओं या सर्जरी की तकनीकों को खोज सकते हैं।"

"वाह गुरुजी। यह तो एकदम नई दृष्टि है। इसका अर्थ तो यह हुआ कि चाहे सांसारिक विद्या हो चाहे आध्यात्मिक, सभी एक ही हैं।"

"हाँ सिंह साहब। एक ही हैं। अगर आप इसमें अपना सम्पूर्ण प्राण लगा देते हैं तो एक ही मन्ज़िल पर ले जाने वाली भी हैं। आप ख़ुद ही देखिए साहित्य, संगीत, नृत्य, पेण्टिंग, विज्ञान वग़ैरह किसी भी विधा में जो भी अपना सर्वस्व लगा देता है वह भी वहीं पहुँचता है जहाँ हम आश्रम वाले अपना सर्वस्व लगाने के बाद पहुँचते हैं। गुरुदेव रविन्द्रनाथ ठाकुर, पंडित रविशंकर, वॅान गौग या आइन्सटीन जैसे लोग भी किसी से कम आध्यात्मिक नहीं हैं।"

"और यह साधू सन्त लोग क्या हैं गुरुजी?"

नागान्तक हँसते हुए बोले- "अगर आप डॉक्टर हैं सिंह साहब तो यह लोग झोला छाप डॉक्टर हैं।"

नागान्तक की तर्कपूर्ण बातें और उनका व्यक्तित्व हमें प्रभावित करने लगे थे। भले ही अभी वे विनम्रता में अपने आपको गुरु पद के बहुत पीछे बता रहे थे पर हमें उनमें भावी गुरु दिखाई दे रहा था। अशोक सिंह तो शुरू से ही उन्हें गुरुजी कह ही रहे थे।

मेरे मन में दूसरी ही आवाज़ उठ रही थी। अगर झोला छाप डॉक्टर होते हैं तो झोला छाप गुरु भी तो हो सकते हैं। मुझे चारू की बात याद आई कि अधिकतर आश्रम हिप्नोसिस द्वारा लूट के केन्द्र होते हैं।

मैंने नागान्तक से पूछा- "क्या हिप्नोसिस, मेरा मतलब है सम्मोहन विद्या द्वारा भी दूसरी दुनिया की झलक दिखाई जा सकती है?"

नागान्तक मेरे गम्भीर सन्देह पर उसी तरह मुस्कराए जैसा ऐसे प्रश्नों पर गुरुजी मुस्कराते थे- "हो सकता है। आजकल तो कुछ भी हो सकता है। सम्मोहन विद्या जानने वाला तो इस दिशा का अभ्यासी होता है। वह और अच्छे ढंग से दिखा सकता है।"

"तब फिर...तो हम.......हम कैसे अन्तर करेंगे?"

"अन्तर करने की ज़रूरत ही क्या है तिवारी जी? आपको एक प्रमाण सा, या कहें तो प्रेरणा के लिए एक झलक दिखती है। थोड़ा और गहरे जाकर देखें तो यह झलक कहीं बाहर नहीं बल्कि आपके अपने भीतर से ही आती है। प्रेरणा आप सच्चे गुरु द्वारा दिखाई गई झलक से ले सकते हैं या हिप्नोसिस वाले से। फिर आप अपने अभ्यास में लग जाते हैं जो असली चीज़ है। इसी से उपलब्धि है। झलक का महत्व उतना नहीं है।"

"लेकिन छद्म गुरु सम्मोहन का प्रयोग अपने निजी हितों के लिए भी तो करते हैं। कई बार देखा गया है कि ऐसे लोग शिष्यों की सारी सम्पत्ति आश्रम के नाम करवा लेते हैं। उन्हें अपने वश में रख कर उनसे अपराध भी करवाते हैं। जब उनका सब कुछ समाप्त हो जाता है तो उन्हें हिप्नोसिस से मुक्त करके छोड़ देते हैं। ऐसे बेचारे शिष्य न तो घर के ही रह जाते हैं और न ही घाट के।"

इस बार नागान्तक खिलखिला कर हँसे- "आपने अपना उत्तर ख़ुद ही दे दिया है।"

सरयू के कराहने की आवाज़ आई। हम लोग उसकी ओर आकर्षित हो गए। उसकी आँखें अब सामान्य रूप से हिलने-डुलने लगी थीं और वह बारी-बारी से हम सभी की ओर देख रहा था। नागान्तक ने किशोर से एक गिलास दूध लाने को कहा।

"दूध?" सदा के क्यूरियस अशोक सिंह ने इस पर भी आश्चर्य जताया।

"दूध हर तरह के ज़हर की काट है।"

"लेकिन दूध तो साँप को भी पिलाया जाता है।"

"हाँ। इस प्रार्थना के साथ कि साँप देवता दूध पीकर अपने विष से मुक्ति पाओ और हमारा कल्याण करो।" नागान्तक मुस्कराते हुए बोले।

हम लोगों का ध्यान सरयू पर ही था जो कमज़ोरी के बावजूद भी हक्का-

बक्का सा सभी को देखता हुआ स्थिति को समझने की कोशिश कर रहा था। अगले दस पन्द्रह मिनटों में सरयू पूरी तरह चैतन्य हो गया, सभी को पहचानने लगा, और एक बार धीरे-धीरे बाहर तक टहल कर अन्दर आ गया। नागान्तक का यह जादू सा काम देख कर हम सभी अभिभूत थे। अगर यह सब आँखों से न देखा होता तो इस पर कतई विश्वास नहीं होने वाला था।

"इसे क्या हो गया था नागान्तक जी?"

"सरयू से ही पूछते हैं।"

सरयू ने ख़ुद ही मेरी ओर देखते हुए पूछा- "मुझे क्या हो गया था साहब? मैं तो आप लोगों के साथ बैठा था। आप लोग उठे तो मैं भी कुछ काम से अन्दर चला गया। कुछ देर में मुझे साहब की आवाज़ सुनाई दी जो मुझे बुला रहे थे। मैंने भी आवाज़ लगाई कि बस दो मिनट में आता हूँ। उसके बाद मुझे कुछ याद नहीं...... यहाँ होश आया है। मुझे क्या हो गया था साहब?"

"सरयू तुम्हें तक्षक की याद है। उसने शिव भगवान पर चढ़ी हुई भस्म मँगवाई थी, याद है।"

"हाँ साहब। वो मैंने फ़ॉरेस्टर साहब से मँगवा भी ली थी। अन्दर कमरे में रखी है।"

"वो भस्म कहीं नहीं है पापा। मैंने सारी जगह खोज डाली है।"

"नहीं है?" वह आश्चर्य से बोला- "कहाँ गई? कौन ले गया होगा? मैं तक्षक को क्या दूँगा?" उसने आज के लिए ही कहा था।"

"सरयू।" मैंने बड़ी ही कोमलता से कहा- "यह कल की बात थी। तुम कल शाम से ग़ायब हो गए थे। बहुत खोजने पर आज मूलगंध कुटीर में लगभग बेहोशी की हालत में मिले हो। नागान्तक जी ने तुम्हारा इलाज किया है। मेरे साथी शिवानन्द की भी यही हालत है। वह तो कल ही अस्पताल में गम्भीर हालत में भर्ती किए गए थे। क्या तुम्हें कुछ याद है कि तक्षक तुम्हारे पास आया या तुम उसके पास गए?"

सरयू काफ़ी देर अपने दिमाग़ पर ज़ोर देता रहा पर उसे कुछ नहीं याद आया। असहाय से उसने मेरी तरफ़ देखा।

"कुछ भी नहीं याद आ रहा है सरयू?" मैंने उसे उत्साहित करने की कोशिश

की- "कोई धुंधली याद या सपने जैसा कुछ..... तुम्हारे साथ क्या हुआ?"

"कुछ भी नहीं याद है साहब।" वह परेशान सा बोला।

मैंने नागान्तक की ओर देखा। उन्होंने सरयू से कहा- "बिलकुल मत घबराओ। बिलकुल मत परेशान हो। कोई बात नहीं है। बाद में याद आ सकता है। अभी अपने स्वास्थ्य पर ध्यान दो। जाओ, तुमने कल से कुछ नहीं खाया है इसलिए कमज़ोरी आ रही है। कुछ खा कर आराम करो। परेशान तो बिलकुल मत हो। हम लोग हैं न।"

सरयू हम लोगों को हाथ जोड़ते हुए चला गया।

मैंने पूछा- "हमें कैसे पता चलेगा कि क्या हुआ?"

"अभी तो मुश्किल है तिवारी जी। मुझे अन्दाज़ा था कि ऐसा हो सकता है। काफ़ी चाँस है कि शिवानन्द के मामले में भी ऐसा ही हो। अभी तो यह रहस्य ही रहेगा। लेकिन कभी न कभी खुलेगा तो ज़रूर।"

"आप अपनी मानसिक शक्तियों से पता नहीं लगा सकते?"

"नहीं। मेरी मानसिक क्षमता भौतिक जगत तक सीमित है। स्पेस में कुछ दूर तक और समय में कुछ पीछे तक देख सकता हूँ। यह घटनाएँ छाया जगत की हैं। छाया जगत में तो शायद ही किसी की घुसपैठ हो सके क्योंकि यह व्यक्ति के अपने मन में ही चलती हैं। वह व्यक्ति ही कुछ बता सकता है कि उसके साथ क्या हुआ। अन्यथा तो कोई उपाय और नहीं दिखता।"

"एक उपाय है।" जसवन्त धीरे से बोला- "मुक्तामणि। यह अन्य आयामों के साथ छाया जगत में भी ले जा सकती है। गुरुजी ने आज ही बताया था।"

***

अध्याय 9
द्विविधा

शिवानन्द की तबीयत मे भी तेज़ी से सुधार हो रहा था। मूल समस्या तो समाप्त थी पर आई.सी.यू जनित समस्याओं के लिए अभी उसे कुछ देर और ऑब्ज़र्वेशन में रखा जा रहा था। पूरा अस्पताल हैरान था, देश और विदेश के वे सभी डॉक्टर हैरान थे जो इस अति रहस्यमय बीमारी के इलाज से जोड़े गए थे। इस अस्पताल के हेड सहित बहुत से एक्सपर्ट डॉक्टर भी, नागान्तक से मिलना चाह रहे थे पर हम लोग चुपचाप नागान्तक को पूरे वाराणसी की सैर करा रहे थे। गंगा के विभिन्न घाटों के साथ-साथ गंगा में नाव की सैर करते और बाबा विश्वनाथ के पूरे राज्य में फैले विभिन्न मन्दिरों को देखकर वह अभिभूत थे। वास्तव में यह क्षेत्र ऐसा ही है कि ऊपर से देखने में भले ही कुछ ख़ास नज़र न आता हो पर जो मन की निगाह रखता है उसके लिए तो यह दुनिया के सर्वाधिक एक्साइटिंग जगहों में एक है। नागान्तक का दो दिनों का साथ मेरे सोच-विचार को एक अलग ही दिशा देने वाला साबित हुआ।

अगले दिन शिवानन्द अस्पताल से मुक्त हुआ और जैसा कि अनुमान था उसे भी मौलश्री कुंज के पास जाकर बैठने के बाद की कोई भी घटना याद नहीं थी। वह थोड़ा कुछ मुझसे अपने व्यवहार के लिए शर्मिन्दा था पर मैंने सब कुछ सामान्य ही रखने की कोशिश की। वह आश्रम में ही एक कक्ष में रहता था इसलिए हम लोग उसे आश्रम ले गए। गुरुजी उसका इन्तज़ार बेसब्री से कर रहे थे। हम लोग उन्हीं के कक्ष में पहले गए।

"क्या हो गया था तुमको बेटा?" चरण स्पर्श को झुके शिवानन्द को उन्होंने बाहों में समेटते हुए कहा।

"कुछ पता नहीं गुरुजी।" शिवानन्द ने भरी आँखों से कहा- "मेरे साथ आज तक कभी ऐसा नहीं हुआ था। कुछ याद ही नहीं। कैसे हो सकता है यह मेरे साथ? मैं इतना कमज़ोर कैसे हो गया?"

"यहाँ बैठो, मेरे पास। मैं कोशिश करता हूँ।"

गुरुजी ने उसका हाथ पकड़ा और ध्यान में हो गए। वे होठों ही होठों में कुछ बुदबुदा भी रहे थे। हम सभी लोग बडी आशा भरी नज़र से उन्हें देख रहे थे पर शिवानन्द बेचैन था। वह स्वयं को केन्द्रित नहीं कर पा रहा था। कुछ देर बाद गुरुजी ने आँख खोल कर शिवानन्द को देखा और उसके सर पर हाथ रखा- "इतनी आग, इतनी ऊष्मा कहाँ से लाए शिवानन्द?"

"कुछ भी याद नहीं। कुछ पता नहीं गुरुजी। मैं क्या करूँ?"

"अभी कुछ नहीं। इन्तज़ार करते हैं। समय के मलहम का इन्तज़ार करते हैं। तभी कुछ पता लग पाएगा। अभी आराम करो।"

अपने कक्ष में आराम करने के हम लोगों के अनुरोध को स्वीकार न करते हुए शिवानन्द हम लोगों के साथ ही गंगा के किनारे आकर बैठा। गंगा का प्रवाह ख़ूब बढ़ा हुआ था। बहाव तेज़ था। हम लोग उसकी आवाज़ साफ़ सुन रहे थे जो धीरे-धीरे मेस्मराइज़ करती जाती है। पानी की आवाज़। गंगा की आवाज़। लहरों के साथ अठखेलियाँ करती हवा की आवाज़। पेड़ों से होकर बहती हवा की आवाज़।

"क्या हुआ है यह सब?" शिवानन्द बुदबुदा रहा था।

"देखो शिवानन्द।" मैंने स्पष्ट और थोड़ा कड़ी आवाज़ में कहा- "जो हो गया वह तो हो गया। अब तो हम इसे सम्भालने की कोशिश करते हैं।"

"हम क्या सम्भालेंगे? अगर नागान्तक न मिल जाते, अगर अतुल जी को इनके बारे में मालूम न होता या वे इनसे सम्पर्क न कर पाते तो हम लोग क्या सम्भालते?" उसने निराश स्वर में कहा।

"ऐसा हुआ तो नहीं न शिवानन्द? लोग मिल गए। स्थिति सम्भल गई। अब सम्भावनाओं को लेकर क्या रोना?"

"मैं शॉक्ड हूँ। ज़ोरों का झटका खा गया हूँ। जब मेरे साथ ऐसा हो सकता है तो सामान्य जन का क्या होगा?"

"तुम कौन से बहुत स्पेशल हो भाई? मैं कौन सा स्पेशल हूँ। हम सभी सामान्य जन ही हैं। आत्मिक उन्नति के लिए अभ्यास करने वाले हम लोग ख़ुद को स्पेशल श्रेणी में कैसे डाल सकते हैं? ठीक है निरन्तर अभ्यास से हमारी कुछ मानसिक शक्तियाँ बढ़ जाती हैं पर हम हैं तो सामान्य जन ही।" मैंने हँसते हुए

कहा- “यह अलग बात है कि मणि जैसी किसी अलौकिक शक्ति से तुम अपनी शक्तियाँ बहुत अधिक बढ़ा लो लेकिन तब तुम्हारे दुश्मन भी उसी लेविल के होंगे, उतनी ही नेगेटिव शक्तियों वाले। क्या सुपरमैन का कोई दुश्मन नहीं है?”

जसवन्त ने भी हँसते हुए ही कहा- “जोकर, सुपरमैन की शक्तियों के भी क़ाबू के बाहर।”

इस बार शिवानन्द के होठों पर भी मुस्कराहट की हल्की सी रेखा दिखी। वह मेरी ओर देख कर बोला- “मणि को लेकर मैं अपने व्यवहार पर शर्मिन्दा हूँ तिवारी जी।”

“वो सब भूल जाओ। तुम तो मानसिक शक्तियों में हम सभी लोगों से कहीं बहुत आगे हो। इस मणि ने तुम्हें इतना कमज़ोर क्यों बना दिया है? चाहे वह जनकल्याण के लिए हो चाहे अपने लिए, पर इस काल्पनिक मणि के प्रति तुम्हारी आसक्ति इस हद तक क्यों बढ़ी हुई है?”

“यही मणि ने भी कहा था।” शिवानन्द सिर झुकाए हुए धीरे से बोला।

“मणि ने कहा था? मणि बात भी करती है?” मारे आश्चर्य के मेरा मुँह खुला का खुला रह गया। सभी लोग आश्चर्य से शिवानन्द को देखने लगे।

उसने कहा- “हाँ। मैं ध्यान में अपने सूक्ष्म शरीर के साथ मणि तक पहुँच गया था। मैंने उससे प्रार्थना की। उससे प्रकट होने की याचना की। जनकल्याण के लिए उससे प्रकट होने का अनुरोध किया। सूक्ष्म शरीर में इससे ज़्यादा कुछ किया भी नहीं जा सकता था पर उसने इन्कार कर दिया। कहा कि मैं आसक्त हूँ। निर्लिप्त नहीं हूँ।”

“ओह भगवान, तेरे खेल निराले। तुमने देखा, मणि कैसी थी?”

“मैंने कोशिश की। हम आस्तित्व मात्र थे। भौतिक जगत जैसा कोई रूप नहीं था। मणि के इतने निकट पहुँच कर भी उसे प्राप्त न कर पाने की कुंठा सहन करना मेरे लिए बहुत दुखदाई था इसलिए मैंने उससे याचना की कि वह मुझे उपाय बता दे जिससे मैं उसे प्राप्त कर सकूँ।”

“बताया उसने?” मेरे मुँह से निकला।

“उसने कहा कि भौतिक जगत में मैं उसे खोज लूँ तो उसके विरोध की सम्भावना ख़त्म हो जाएगी।”

"मैं उससे पूछना चाहता था कि भौतिक जगत में मैं उसे कहाँ खोजूँ पर सम्पर्क समाप्त हो गया। मैंने इधर-उधर उसे तलाश करने की कोशिश की। एक दिशा में उसके होने का आभास होने पर मैंने अपना निर्धारित मार्ग छोड़ दिया और उधर ही बढ़ गया। यह मेरी भारी ग़लती थी। उस आयाम में अपना तयशुदा मार्ग छोड़ना ख़तरनाक है। आप भटक गए तो वापस आना असम्भव हो जाता है। इस दुनिया के लिए आप मर जाते हैं। मैं भटक ही गया।"

हम लोग चुपचाप यह फ़ैन्टेसी जैसी लगने वाली कहानी सुन रहे थे। हम जानते थे कि यह एकदम फ़ैन्टेसी ही नहीं है। ऐसा हो सकता है। बहुत बार ध्यानावस्था में गए लोग फिर लौट नहीं पाते हैं। बहुत कठिन है डगर पनघट की।

शिवानन्द स्वयं में ही गुम कहता रहा- "मैं अपना रास्ता खोजने के लिए हाथ पाँव मार रहा था पर रास्ता कहीं नहीं था। मणि की ओर से संकेत आने भी बन्द हो गए थे। इधर से उधर असहाय घूमते हुए मैंने जान लिया कि यह मेरा, मेरी अपनी दुनिया में अन्त था पर अन्तिम प्रयास के रूप में गुरुजी को याद करने लगा। गुरुजी की कृपा थी या मेरी क़िस्मत थी, मैं कुछ रक्षकों के हाथ चढ़ गया।" वह चुप हो गया।

"रक्षक?" मेरे मुँह से निकला- "यह क्या होते हैं?"

"मुझे भी नहीं पता था। उन लोगों से बातचीत में पता लगा कि यहाँ किसी बड़ी आत्मा का आगमन होने वाला था और उसी की तैयारी में लोग एकत्र थे। मैं अवांछित था इसलिए तुरन्त वहाँ से बाहर निकलने का आदेश हुआ। डरते-डरते मैंने बताया कि मैं भटक कर यहाँ आ गया हूँ और उनसे अपनी दुनिया में जाने का रास्ता पूछा। रास्ता उन्हें भी नहीं पता था। रास्ते की जानकारी के लिए वे मुझे किसी बड़ी आत्मा के पास ले गए जिसे वे लोग "आनन्द" कह रहे थे। आनन्द एक विलक्षण आत्मा थे। उनके भीतर लगातार एक दीपक जलता नज़र आ रहा था। सच कहता हूँ उन्हें देखने मात्र से ब्रम्ह ऊर्जा की अनुभूति हो रही थी। मन यही कह रहा था कि अब वापस जाने का कोई अर्थ नहीं है। इन्हीं के चरणों में अपने आस्तित्व को समर्पित कर देने से बड़ा सुख और कुछ भी नहीं है।"

हम लोग चुपचाप एक दूसरे को देखते रहे। शिवानन्द आँसुओं से भर गया था। ख़ुद को सम्भालने में उसे कुछ समय लगा।

"आनन्द के पूछने पर मैंने बताया कि मैं मणि के लिए यहाँ आया था और उसी की तलाश में भटक गया हूँ। मणि की बात पर वहाँ किसी ने ध्यान ही नहीं दिया। कुछ देर में आनन्द ने कहा कि वे मुझे वापस तो भेज देंगे पर मैं जिस मार्ग से आया था उससे ही वापस न जाने पर नए मार्ग के अच्छे या बुरे प्रभाव मुझ पर पड़ सकते थे। वापस पहुँचने के बाद मैं स्वयं में कुछ परिवर्तन महसूस कर सकता था।"

"कैसा परिवर्तन?"

"मुझे नहीं पता था। उन्हें भी नहीं पता था। मैंने तो वहीं रहने की इच्छा प्रकट की पर उन्होंने बताया कि इस समय सम्भव नहीं होगा क्योंकि वे लोग एक बहुत बड़ी आत्मा के लिए वहाँ पवित्र ऊर्जा क्षेत्र बना रहे थे जिसमें मैं अवांछित था।"

"फिर?"

"फिर उन्होंने मुझे नए मार्ग से वापस भेज दिया।"

"ओह।" मैंने पूछा- "वापस आने के बाद तुम्हें अपने भीतर कुछ परिवर्तन महसूस हुआ क्या?"

"मुझे ऐसे तो कुछ नहीं लगा। लेकिन मेरे साथ अजीबो-ग़रीब घटना तो घट ही गई। हो सकता है यही कुछ हुआ हो।

"वापस आने के साथ ही तुम फिर से इस भौतिक दुनिया में मणि की तलाश में लग गए? अगर तुम उसे खोज लो तो वह तुम्हारी हो जाएगी। यहाँ उसे तुम्हारी आसक्ति या निर्लिप्तता से कुछ लेना देना नहीं रहेगा? मैंने सीधे शिवानन्द की आँखों में देखा- "अगर मणि में सुरक्षा या समृद्धि प्रदान करने की शक्ति है, या वह तुम्हें दूसरे आयामों में ले जाने की शक्ति रखती है तो भी शिवानन्द, तुम्हें उस मणि से क्या? जहाँ तक मैं जानता हूँ दूसरे आयामों में तुम बिना अभ्यास के नहीं जा सकते वरना यही हाल होगा जो "आनन्द" के आयाम में हुआ। मैं फिर पूछता हूँ कि तुम्हें मणि से क्या? क्यों उसके पीछे जान देने पर आमादा हो? हममें से किसी को मणि की कोई उपयोगिता समझ में नहीं आती।"

"क्या मणि में इन सब के अलावा कोई और विशेष शक्ति है?" जसवन्त ने पूछा।

"नहीं।" शिवानन्द बोला- "मैं शायद मणि के चैलेंज से अभिभूत हो गया था। शायद मैं इस बात को बर्दाश्त नहीं कर पा रहा था कि कोई शक्ति मुझे इन्कार कर सकती है। शायद मैं ख़ुद को सिद्ध करना चाहता था कि मैं उन आरोपों के योग्य नहीं हूँ जो मणि ने मुझ पर लगाए हैं।"

हम सभी लोग काफ़ी देर चुप रह कर गंगा का प्रवाह देखते रहे। मुझे तो विश्वास ही नहीं हो रहा था कि हम लोगों में सर्वश्रेष्ठ साधक माना जाने वाला शिवानन्द अभी इन कमज़ोर मानवीय भावनाओं से मुक्त नहीं था। जब आप साधना की इस राह पर आ गए तो क्या चैलेंज और क्या ख़ुद को सिद्ध करना? किसके सामने सिद्ध करना है। आप सीधे आस्तित्व से मुख़ातिब हैं तो यह सब छोटी-मोटी चीज़ें तो होती ही नहीं हैं।

***

शाम बहुत ही ख़ूबसूरत थी। मेरे सामने और चारू के पीछे का आसमान लाल था और हल्की-हल्की ठण्डी हवा चल रही थी। लाल आसमान की परछाई गंगा में पड़ने के कारण इसकी गहराई और सुन्दरता बढ़ गई थी। गंगा का दूसरा पाट और उसके पीछे चमकती रेत आपको अपनी ओर खींचती सी लगती है। आज गंगा की ख़ूबसूरती का अलग ही आलम था जो आश्रम की सात्विक सुन्दरता से अलग तो था पर कहीं से कम नहीं था। दशाश्वमेध घाट के निकट यह एक रेस्तराँ था जहाँ चारू मुझे एक तरह से ज़बरदस्ती ही खींच लाया था। आने के बाद लगा कि मेरा यह बदमाश भाई कभी-कभी अच्छा काम भी कर जाता है। यह जगह कुछ इतनी ही सुन्दर थी और यहाँ की शिवबूटी युक्त मशहूर ठण्डई और केसर लस्सी ने इसे और भी ख़ूबसूरत बना दिया था।

पिछले दो-तीन दिनों से मैं अजीबो-ग़रीब परिस्थितियाँ झेलते-झेलते थक सा गया था। पता नहीं किस इलहाम से चारू मेरे पास ऐसे मौक़ों पर ज़रूर ही पहुँच जाता था। वह मेरी साधना का दूसरा छोर था। ज़ाहिर है इस दूसरे छोर को लिए बिना साधना के पथ पर चलना अधूरा था।

पहले कोर्स में बनारसी पापड़ी और ठण्डई के साथ चारू, हम लोगों की स्तूप के पास हुई मुलाक़ात के बाद की सनसनीख़ेज़ घटनाओं की पूरी कहानी हज़म कर गया। उस दिन के बारे में ज़ाकिर ने भी उसे कुछ उड़ती-पड़ती

कहानियाँ बताई थीं जिनके चक्कर में वह और अधिक ही, मुझसे मिलने की फ़िराक़ में था। सारी कहानी ख़त्म होने के बाद उसने लस्सी अपनी ओर सरकाते हुए पूछा- "भैया लस्सी के साथ क्या चलेगा?"

"मेरे लिए तो कुछ नहीं। तुम अपने लिए मँगा लो।"

"क्या मँगा लूँ भैया?"

"मेरे ख़याल से तो करारी लाल कचौरियाँ ठीक रहेंगी।"

"जय हो भैया की। कुछ फूटे तो। इससे अच्छा और क्या होगा?" कह कर वह कचौरियों का ऑर्डर देने लगा।

"चारू। मैंने इतनी लम्बी-चौड़ी रोमांचक कहानी सुनाई और तुम इस पर कुछ कमेंट मारने के बजाय लस्सी और कचौरियों में उलझे हो। तुम तो अच्छे भले ज़लज़ले को मिट्टी में दबाए दे रहे हो। मुझे तो लग रहा था कि यह सब जान कर आश्चर्य से तुम्हारी आँखें फटी रह जाएँगी और तुम भी पराशक्तियों पर भरोसा करने लगोगे।"

"आप नाराज़ होने लगेंगे भैया। इसीलिए मैं कुछ बोल नहीं रहा हूँ। इन कहानियों में मुझे तो पराशक्तियाँ कहीं नज़र ही नहीं आईं।" कह कर वह लस्सी सिप करने लगा।

"नज़र नहीं आईं? क्या बोल रहे हो? ज़रा उस अस्पताल के डॉक्टरों से बात कर लो जो आई.सी.यू में शिवानन्द को सम्भालने की कोशिश में दिन रात जुटे थे। सरयू के बेटे से बात कर लो जो पूरी रात अपने पिता की तलाश में सो नहीं पाया। और इन लोगों की क्या रहस्यमय हालत थी यह तो मैंने तुम्हें बता ही दिया।"

"यह सारी बातें अपनी जगह ठीक हैं भैया। मन के खेल भी बहुत निराले होते हैं।" कहते-कहते उसने वेटर को आवाज़ देकर चम्मच लाने को कहा। असल में बनारसी लस्सी अक्सर इतनी गाढ़ी होती है कि उसे पीने के साथ-साथ खाना भी पड़ता है।

फिर वह मेरी ओर मुख़ातिब हुआ- "सरयू की बात अभी छोड़ते हैं। अभी तो बड़ी मछली शिवानन्द की बात करते हैं भैया। आप उसे कब से जानते हैं?"

"यही कोई दो-तीन महीने से। क्यों?"

"आपको उसके बारे में क्या पता है?"

"उसके बारे में........उसके बारे में...यही कि वह आश्रम में गुरुजी का सबसे पुराना शिष्य है। एम.एससी, पीएच.डी है। पल्सेटिंग क्वान्टम पर रिसर्च कर रहा है और उसका आध्यात्मिक ज्ञान बहुत बढ़ा चढ़ा है। आश्रम की चर्चाओं में वह इन्हें दिशा देने का भी काम करता है। हम सब उसे बहुत मानते हैं और उसका सम्मान भी करते हैं।" मैंने एक ही साँस में अपनी बात पूरी कर दी।

"बिलकुल सही। यह सब तो वो बातें हैं जो उसने स्वयं बताई हैं या फिर आपको आश्रम के अन्य लोगों से मालूम हुआ होगा। दो-तीन महीने उसके साथ रह कर आप उसके बारे में क्या सोचते हैं?"

"सच कहूँ तो मैं तो उसका पूरा भरोसा और सम्मान करता था....." कुछ रुक कर मैंने कहा- "जब तक कि मणि की बात सामने नहीं आई थी।"

"मणि की बात आने पर उसके व्यवहार में आपको क्या क्या परिवर्तन नज़र आया?" उसने गर्म कचौरी से गर्म हुए मुँह को ठण्डा करने के लिए जल्दी से लस्सी का लम्बा घूँट लगाया और कचौरियों की प्लेट मेरी ओर बढ़ा दी।

"शायद वह ज़्यादा रिज़र्व हो गया था। हम लोगों की उपेक्षा करने लगा था। अपने सामान्य व्यवहार के विरुद्ध वह ज़्यादा एग्रेसिव सा हो गया था। तुमने तो ख़ुद ही स्तूप के पास उसका एबनॉर्मल सा व्यवहार देखा है। सारनाथ में भी जब मैंने उससे मणि की सच्चाई पूछी तो मुझसे बिगड़ कर मौलश्री कुंज में चला गया जहाँ वह घटना घटी।"

"अब ज़रा सोच कर बताइए भैया कि उसका असली स्वभाव क्या है? आश्रम वाला या मणि वाला।"

मैं कुछ बोलने जा ही रहा था कि चारू ने रोकते हुए कहा- "इतनी जल्दी नहीं भैया। सोचने में कम से कम दो कचौरी खाने भर का तो वक़्त लीजिए। कचैरियाँ वाक़ई बहुत अच्छी हैं। मैं तो सोच रहा हूँ कि बच्चों के लिए भी तीन प्लेट पैक करा कर लेता चलूँ।

"तीन प्लेट? दो बच्चों के लिए?"

"अरे भगवान। भाभी जी को छोड़ देंगे क्या? अपनी तरफ़ रिवाज है कि

भाभियों को भी बच्चों में ही शामिल कर लिया जाता है। अलग से उनका नाम नहीं लिया जाता।"

"और तुम्हारे तरफ़ बड़े भाई से पिटने का रिवाज भी तो है।" मैंने हँसते हुए उस पर झापड़ ताना।

उसी समय वहाँ से एक प्लेन के गुज़रने की आवाज़ आने लगी और पता नहीं क्यों बच्चे बड़े सभी सर उठा कर प्लेन को देखने लगे।

मैंने उसके दिए गए टाइम से कहीं ज़्यादा ही देर तक सोच कर कहा- "मैं कह नहीं सकता कि कौन सा स्वभाव असली है। हो सकता है उस दिन ध्यान में मणि के अस्वीकार के बाद जब "दीपक वाले आनन्द" ने उसे दूसरे मार्ग से वापस भेजा तो उसके दिमाग़ पर कुछ उल्टा प्रभाव पड़ कर ऐसा हो गया हो। आनन्द ने यह इशारा भी किया था। इसके पहले तो उसका आचरण ऐसा कभी नहीं था।"

"अगर ऐसा है भैया तो हमें यह तो मालूम ही नहीं है कि इस दूसरे मार्ग से आने पर पड़ने वाला प्रभाव टेम्परेरी है या परमानेन्ट? यह जानने के लिए हमें अनिश्चितकालीन इन्तज़ार करना पड़ेगा। लेकिन मुझे तो नहीं लगता कि इतने हाई-फ़ाई ध्यान, सूक्ष्म शरीर, आत्माओं से मुलाक़ात, मणि की अस्वीकृति आदि के बाद स्वभाव का परिवर्तन इतने छोटे लेविल पर होगा जो हमारे लिए बहुत ही नॉर्मल सा है।"

"बात तो तुम्हारी ठीक लगती है। पर क्या कर सकते हैं? कैसे जान सकते हैं कि वास्तविकता क्या है?"

"शिवानन्द का इलाज करके।" चारू की यह बात तोप के गोले से कम नहीं थी। मुझे धक्का लगा। शिवानन्द का इलाज? किसलिए? क्या हो गया था उसे?

मेरे मुँह से खोखली सी आवाज़ निकली- "इलाज तो उसका हुआ ही है अभी-अभी। आई.सी.यू में। और कौन से इलाज की बात है?"

चारू ने आराम से लस्सी का पूरा सिप लेकर उसे ख़त्म किया फिर चम्मच से कुल्हड़ की तलहटी में स्वादिष्ट मलाई की सम्भावनाएँ खोजने के बाद उसे मेज पर रखा और मुँह चलाते बोला- "मानसिक इलाज भैया।"

मेरी अविश्वास भरी फटी-फटी आँखों को देखते हुए वह घबरा कर बोला-

“नाराज़ होने से पहले मेरी पूरी बात सुन लीजिए। साइकियाट्री में एक बीमारी होती है जिसे ग्रैण्डियोज डिल्यूज़नल डिसऑर्डर कहते हैं। इसकी मुख्य पहचान यह है कि पीड़ित व्यक्ति अपने ख़ुद के महत्व को बहुत बढ़ा-चढ़ा कर आँकता है। उन्हें लगता है कि उनके ज्ञान, टैलेण्ट या शक्ति के आगे और कोई भी नहीं है। इसके लिए वह अपना एक बिलीफ़ सिस्टम तैयार करता है और कल्पना में कुछ भी ऐसा मान लेता है जो उसके लिए एकदम सच होता है। वह ख़ुद को बुद्ध भी मान सकता हैं। अगर कभी उसके इस विश्वास को कहीं बाहर से ठेस पहुँचती है तो उसे चिड़चिड़ाहट होती है। उसे अपने कुछ अवास्तविक से विचार एकदम सच्चे लगते हैं और वह उन विचारों को औरों से सही साबित करने के लिए कुछ भी करने को तैयार रहते हैं।”

मैं सचमुच उस स्थिति में था जिसे लोग आश्चर्य में मुँह बाए रह जाना कहते हैं। शिवानन्द साइकोसिस का मरीज़ हो सकता है? मेरे जीवन की सारी मान्यताएँ भरभरा कर गिरी जा रही थीं। शिवानन्द पागल है या फिर यह चारू पागल है जो उसके लिए बायस्ड लग रहा है। आख़िर स्तूप के पास शिवानन्द ने उसका अपमान तो किया ही था। कहीं यह अनजाने ही उसका बदला तो नहीं निकाल रहा था।

चारू ने मेरे चेहरे की ओर देखते हुए कहा- “मेंरे मन में शिवानन्द के प्रति ज़रा भी दुर्भावना नहीं है। मैं केवल तथ्यों की ओर आपका ध्यान ले जा रहा हूँ। आप सुन लीजिए फिर समय के साथ किसी निर्णय पर पहुँचिएगा। हो सकता है मेरी थियरी ग़लत निकले। लेकिन यह इन घटनाओं का एक अलग पहलू है।”

मैंने धीरे-धीरे अँधेरे की ओर गहराती शाम को देखा और कहा- “हाँ चारू, बताओ, मैं सुन रहा हूँ।”

चारू ने भी आसमान की ओर देखते हुए कहा- “जब शिवानन्द ने गुरुजी से मणि की कथा सुनी और इसके बारे में अधिक जानकारी के लिए उनके साथ ध्यान में जाने लगा तब उसे सूझा कि मणि उसको बहुत अधिक महत्व मिलने का ज़रिया बन सकती थी। उसने अश्वजित की कहानी गढ़ी। फिर मणि प्राप्त करने का विचार आप सबके सामने रखा। गुरुजी से उसने मणि की अलग आयामों में ले जाने वाली शक्ति की चर्चा की और मणि द्वारा ख़ुद को अस्वीकार करने

की कहानी बनाई, फिर भी उसकी तलाश में ज़ाकिर की मदद लेने का नाटक किया। लेकिन यह कहानी बनाने और इसे पाने के प्रयासों से उसे मणि के प्रति ऑब्सेशन हो गया। गहरे मेडिटेशन की अवस्था में अगर आप इस तरह की कहानियाँ गढ़ने की कोशिश करते हैं तो एक समय आता है जब यह आपको सच लगने लगती हैं। यह एक तरह की मरीचिका बन जाती है जो नहीं होते हुए भी दौड़ाते-दौड़ाते आपकी जान ले लेती है।"

"इसका मतलब है कि मणि का कोई आस्तित्व नहीं है। यह केवल शिवानन्द की कल्पना मात्र है। हैल्यूसिनेशन है।"

"भैया। हैल्यूसिनेशन नहीं बल्कि डिल्यूज़न। हैल्यूसिनेशन एक तरह का "फ़ाल्स सेंसरी परसेप्शन" है जबकि डिल्यूज़न एक "फ़ाल्स बिलीफ़" है, एक ऐसा विश्वास जो आपके लिए पक्का है पर वास्तव में नहीं है।"

"ठीक है भाई। इतनी बारीकी में जाने का क्या मतलब है? अपनी कहानी में तो लाइन यह है कि शिवानन्द को डिल्यूज़न था कि मणि है। उसे पक्का विश्वास था कि मणि है जबकि मणि वास्तव में नहीं है। अपने विश्वास की वजह से ही वह तक्षक से मणि प्राप्त करने के लिए हम सब पर दबाव बना रहा था।" मैंने सोचते हुए कहा- "लेकिन मौलश्री के नीचे उसका चिल्लाना और बहुत गम्भीर हालत में अस्पताल में जीवन मृत्यु के बीच संघर्ष और डॉक्टरों का कहना कि उसमें साँप काटे जाने के लक्षण तो थे पर ज़हर नहीं था, यह सब क्या था।"

चारू काफ़ी देर तक सोचता रहा। फिर उसने निर्णायक भाव से सर उठाया और मेरी तरफ़ देख कर धीरे से पर दृढ़ आवाज़ में बोला- "आपको नहीं लगता कि अब हमें कुल्हड़ वाली मसाला चाय की ज़रूरत आ गई है? डबल-साइज़।"

उसके चेहरे के भाव देख कर मेरा हँसी रोकना मुश्किल हो गया। चाय का तो ऑर्डर हो ही गया।

"चलिए भैया हम कल्पना करते हैं कि हम सारनाथ की बैठक में पौराणिक क़िस्सों की चर्चा में हैं जिसमें एक पौराणिक साँप की बार-बार चर्चा आती है और एक व्यक्ति यह दावा कर रहा है कि वह पौराणिक साँप काफ़ी समय से यहीं मौजूद है। दावे की और अधिक पुष्टि के लिए वह यह भी बताता है कि उस साँप ने उससे भभूत मँगवाई है। वहाँ मौजूद लगभग सभी के लिए उस साँप का आस्तित्व लगभग प्रमाणित हो जाता है।"

“तुम सरयू को भी लपेट रहे हो। अरे वह बहुत पुराना, सीधा और सरल आदमी है। वह क्यों झूठ बोलेगा?” मैंने टोका।

“भैया आप कहानी तो सुनिए। वो क्या......क्या कहते हैं कि जान लेने वालों को जान देने का भी अन्दाज़ आना चाहिए। इसी तरह कहानी सुनाने वालों को कहानी सुनने का भी अन्दाज़ आना ज़रूरी है।”

“मुझे लगता है कि आज तुम्हारा पिटना बहुत ही ज़रूरी है।”

“जब कहानी सुन कर आप मेरी पीठ ठोंकेंगे तो पिटाई अपने आप ही हो जाएगी।”

“आगे चलो।” कहते हुए मैंने वेटर को भाप छोड़ती ख़ुश्बूदार चाय के दो बड़े कुल्हड़ लाते हुए देखा।

“ठीक है।” चारू ने चाय की ख़ुश्बू लेते हुए कहा- “वहीं पर एक आदमी है जिसे यह विश्वास है, डिल्यूज़न है कि यह साँप एक मणि का रखवाला है और उसे मणि लाकर दे सकता है। वह अपने मित्र से कहता है कि वह सरयू के माध्यम से साँप को मणि लाने को कहे कयोंकि सरयू की बात साँप से होती रहती है और साँप आज समाप्त होने वाला था इसलिए अब मणि की सुरक्षा की कोई बात ही नहीं रह गई थी। मित्र इन्कार कर देता है। अब वो आदमी जिसे अपने मानसिक छलावे की वजह से मणि प्राप्त करना ही है, यह उसके जीवन मरण का प्रश्न है, वह क्या करेगा? आप ही बताइए भैया, वह क्या करेगा?”

“ख़ुद ही मणि प्राप्त करने की कोशिश करेगा।”

“कैसे?”

“कैसे!” मैंने सोचते हुए कहा- “शायद इन परिस्थितियों में उस कैलीबर का आदमी ध्यान में ही साँप से सम्पर्क कर सकता है। शायद ध्यान में ही उसे मणि देने के लिए मनाने की कोशिश कर सकता है।”

“यह शायद वाला तख़ल्लुस छोड़िए। आप होते तो क्या करते?”

“वही करता जो बता रहा हूँ।”

“अब ठीक है। वो आदमी मौलश्री के नीचे ध्यान में बैठ गया है। उसके जैसे अभ्यासी, उसके जैसे कैलीबर का आदमी जब ध्यान में किसी से सम्पर्क करना चाहेगा तो क्या होगा? ध्यान की विषय वस्तु उसके सम्पर्क में अवश्य आएगी।

कहते हैं न कि ध्यान से तो भगवान भी मिल जाता है।”

“हाँ। ठीक है। फिर?”

“फिर? वह तक्षक का ध्यान करता है। कुछ नहीं होता। वह मणि के रखवाले साँप का ध्यान करता है। कुछ नहीं होता। वह स्तूप वाले साँप का ध्यान करता है क्योंकि उसे लगता है कि वही मणि की रक्षा कर रहा है और.......... और वह आ जाता है। उससे मणि के बारे में पूछने पर वह मौन रहता है क्योंकि उसे मणि का कुछ पता नहीं है। ज़्यादा ज़ोर देने पर नाराज़ होकर फण उठा कर आक्रामक मुद्रा में आ जाता है। अब आपका मित्र डर जाता है। उसे लगता है कि कहीं गुस्से में यह अनजान साँप उसे काट न ले? आप बेहतर जानते हैं भैया कि गहरे ध्यान की इस स्थिति में अगर यह विचार आ गया तो वह साँप ज़रूर ही काट लेगा। डीप मेडीटेशन में सोचने और होने में ज़्यादा फ़र्क़ नहीं रह जाता है।”

मैं अवाक था। चारू को गहरे ध्यान की इतनी समझ कैसे आ गई थी। यह तो इन बातों से दूर ही रहता था।

“उसका ध्यान भंग हो जाता है। सर्पदंश की गहरी पीड़ा में वह चीख उठता है और बेहोश हो जाता है। आख़िर उसके लिए तो यह वास्तविक था। जैसा गहरी हिप्नोसिस में होता है वैसा ही गहरे ध्यान में भी होता है। वह मानसिक रूप से सर्पदंश की गहरी पीड़ा झेल रहा होता है। डॉक्टर उसका इलाज कर नहीं सकते कयोंकि वह हिप्नोसिस जैसी अवस्था में है। वह उसका हिप्नोसिस तोड़ नहीं सकते क्योंकि एक तो इसे उसने अपने ध्यान में स्वयं से ही पैदा किया है और दूसरे इस अस्पताल में कोई मानसिक समस्याओं वाला डॉक्टर भी नहीं है। तब आपके नागान्तक आते हैं। वह वास्तव में बहुत गहरी साधना और अभ्यास के व्यक्ति लगते हैं। उन्हें ऐसी कठिन हिप्नोसिस तोड़ने का भी ज्ञान और अभ्यास है। वह इसे तोड़ देते हैं और मणिपुरुष वापस खेल में आ जाते हैं और मणि के चैलेंज और ख़ुद को सिद्ध करने की आड़ में अपना महत्व बनाए रखने की कोशिश में लग जाते हैं। कथा समाप्त।”

“नागान्तक ने हिप्नोसिस नहीं तोड़ी थी। वे तो गरुड़ उपनिषद के अभ्यासी हैं। हर तरह के विष उतारने वाले मन्त्रों के साधक।”

“सच है। आपने ही बताया कि यह बात अतुल जी ने कही। उस समय

अतुल जी को यही पता था कि शिवानन्द सर्पविष के प्रभाव में है। उन्होंने सर्पविष के विशेषज्ञ को ही बुलाया था। पर उस विशेषज्ञ ने आकर देखा तो खेल ही दूसरा था। सौभाग्य से वह हिप्नोसिस का भी जानकार था। उसने चुपचाप बिना कोई सवाल उठाए शिवानन्द को हिप्नोसिस से मुक्त कर दिया।"

"लेकिन....सर्प....विष....." मैं भ्रमित सा हो गया था।

चारू ने मज़बूत आवाज़ में कहा- "अगर आप नागान्तक से पूछते तो वह असलियत बता सकता था। उसने कुछ नहीं कहा क्योंकि उसका ऐसा कुछ कहना आश्रम, गुरुजी और अतुल जी के विपरीत जाता था। आप ध्यान दीजिए। जब आपने सरयू की हालत बता कर उसके लिए अस्पताल में मेडिकल इन्तज़ाम कराने को कहा तो नागानन्द ने इसकी कोई ज़रूरत न समझते हुए उसे गेस्ट हाउस पर ही रखने को कहा क्योंकि वे आप से बात करने के बाद असलियत जान चुके थे। सरयू को भी इलाज की नहीं डीहिप्नोसिस की ज़रूरत थी।"

काफ़ी देर तक मेरी समझ में ही नहीं आया कि मैं क्या बोलूँ। ऐसी स्थिति में चाय का सहारा बड़ा होता है। चुपचाप आप एक के बाद एक हल्के-हल्के सिप लगाते रहिए और सोचते रहिए कि अब आगे वाले की बात कैसे काटनी है। चारू ने भी अपना ध्यान चाय पर ही केन्द्रित कर दिया था। अँधेरा उतरने लगा था। गंगा के पानी का भी रंग बदला-बदला नज़र आने लगा था। हम लोगों के टेबिल से दो टेबिल पीछे बैठे लोग पता नहीं किस बात पर बहुत ज़ोर-ज़ोर से हँसने लगे थे।

मैंने चारू की ओर बहुत ही अविश्वसनीय निगाह से देखा- "तुम्हें ध्यान की विद्या और उसके गहरे जाने के रहस्यों का इतना ज्ञान कहाँ से हुआ चारू? मैं तो अभी तक यही समझता था कि तुम्हें इन सब पर एकदम ही विश्वास नहीं है। तुम्हारे लिए यह ढकोसला भर हैं।"

"यह ज्ञान तो पढ़ने लिखने से अपने आप ही आ जाता है भैया। इसके लिए आँख बन्द करके पद्मासन में बैठने की ज़रूरत थोड़े ही होती है।

चाय समाप्त हो गई थी। मुझे चारू की इस कहानी पर कोई और प्रश्न करने का मन नहीं हो रहा था। मैं काफ़ी सदमे में भी था क्योंकि मेरी अपनी मान्यताओं की नींव भी शिवानन्द के साथ ढहने लगी थी। अब किसी पर जल्दी भरोसा करने

का मन नहीं हो रहा था। ऐसा नहीं था कि मैं चारू की इस कहानी से पूरी तरह सहमत था पर उसने मेरी मान्यताओं में एक तार्किक सेंध तो लगा ही दी थी।

कचौरियाँ और पता नहीं क्या-क्या पैक कराने के बाद चारू मेरे साथ गाड़ी में आ गया। वाराणसी की शोहरत के मुताबिक़ ही कार पार्किंग के भयानक कन्जेशन से कई गाड़ियों को थोड़ा-मोड़ा टच करते, बीस-पचीस बार अपनी कार को आगे-पीछे कटाते क़रीब आधे घण्टे में मुझे अपनी कार सड़क पर निकालने में सफलता मिल गई और हम लोग बैलगाड़ी की रफ़्तार से ट्रैफ़िक से भरी सड़क पर चल निकले।

"गाड़ी से यहाँ आना तो मुसीबत है।" मैं बुदबुदाया।

उधर चारू खिड़की से ज़ोर-ज़ोर से चिल्ला कर लोगों को हटने और रास्ता देने को कह रहा था। लहुराबीर पार करते-करते आराम हो गया और गाड़ी भी नॉर्मल तरीक़े से चलने लगी।

रिलैक्स होने पर ख़ुराफ़ातें सूझने लगती हैं इस बात को सिद्ध करते हुए मैंने चारू को छेड़ा- "तुमने सरयू के बारे में अपनी कोई थियरी नहीं जारी की?"

"पहले बड़ी मछली की थियरी तो हज़म कर लीजिए भैया। एक साथ ज़्यादा थियरियाँ इनडाइजेशन कर सकती हैं।"

"तुम मेरे डाइजेशन को इतना कमज़ोर क्यों मान रहे हो भाई। अभी तो हट्टा-कट्टा और सब कुछ हज़म कर जाने की स्थिति में हूँ। तुम तो थियरी जारी ही कर दो।"

"मैं तो सोच रहा था कि थियरी तब जारी करूँ जब सारनाथ में सरयू के अलावा कोई एक आदमी और मिल जाए जिसने सरयू को तक्षक से बात करते देखा या सुना हो।"

"वाह-वाह। अब तुम कहना चाहते हो कि सारनाथ में कोई साँप है ही नहीं और सरयू भी......वो क्या नाम था.....डिल्यूज़न डिसऑर्डर का शिकार है।"

"साँप तो है भैया लेकिन तक्षक नहीं है। कोई बड़ा साँप है जो कभी-कभी दिख जाता है। सरयू ने उसमें तक्षक की कहानी को आरोपित करके उस साँप को अपना काल्पनिक मित्र बना लिया है।"

"यह क्यों?"

“नहीं जानता। सरयू का पूरा इतिहास मुझे नहीं पता। वह मद्रास स्नेक पार्क में बहुत समय तक रहा। शायद वहाँ साँपों के साथ लगातार रहते-रहते वह साँपों द्वारा जारी होने वाली सम्मोहन तरंगों के एक्सपोज़र में आ गया था।”

मैंने तेज़ी से ब्रेक लगाया। गाड़ी एक झटके से रुकी। चारू की ओर पलट कर मैंने हैरानी से कहा- “साँपों द्वारा जारी होने वाली सम्मोहन तरंगें? तुम यह सब फैन्सी कहानियाँ कहाँ से निकाल लाते हो भाई।”

“भैया, मैं नहीं कहता। सदियों-सदियों से यह धारणा चली आ रही है कि अधिकतर साँप अपने शिकार को पकड़ने से पहले पहले सम्मोहन द्वारा जड़ कर देते हैं जिससे शिकार के भाग निकलने की सम्भावना नहीं रह जाती। साँपों के बारे में मशहूर रिसर्चर और अथारिटी “ग्राहम पेक” ने भी इस बात की पुष्टि की है कि साँपों में अपने शिकार को सम्मोहित कर देने की शक्ति होती है। ऐसा वे अपनी जीभ को तेज़ी से अन्दर बाहर करके या फिर अपना सर दाएँ-बाएँ हिला कर करते हैं।”

मुझे शिवानन्द की याद आ गई जो इसी प्रकार के अधिकारिक उदाहरण पता नहीं कहाँ-कहाँ से निकाल कर लाता था। निश्चय ही उसकी स्टडी की रेंज काफ़ी बड़ी थी और चारू की भी।

फिर भी चारू को झेलाने के लिए मैंने कहा- “कितना फेंकोगे। और वो भी मुझसे?”

“क्या बताऊँ भैया, अब तो फेंकने वाले सुनहरे जमाने लद गए।” उसने बहुत निराश से स्वरों में बोलने की एक्टिंग की- “क्या ज़माने थे। थोड़ा नमक-मिर्च के साथ कुछ मसाला डाल कर जब क़िस्सा-गो कहानी रचता था तो बिना बात के ही चारो ओर वाह-वाह हो जाती थी। अब तो कुछ बोलो तो लोग गूगल बाबा से सीधे ही पूछ कर सच्चाई जान लेते हैं। हाथ-हाथ में मोबाइल है, हाथ-हाथ में गूगल बाबा हैं।”

“अच्छी बात है बाबा। मान लिया कि तुम फेंक नहीं रहे हो। फिर आगे क्या?” न स्वीकार करते हुए भी स्वीकार करके कहानी आगे बढ़वाने की मुद्रा में मैं बोला।

“फिर जब वह वहाँ की नौकरी छोड़ कर आ गया तो यह सम्मोहन उसके

मन मस्तिष्क में गहरे तक पैठ चुका था। उसमें साँपों से दोस्ती की आदत थी। उसने अपने साथी के रूप में साँपों को ही चुना। उनके साथ खेलना उसे भीतर तक संतोष देता था। फिर आया एक बड़ा साँप जो सरयू का सबसे अच्छा दोस्त बना। उसे उसने प्यार से तक्षक बुलाया। उससे बातें करने का खेल खेला। कहानियाँ बनायीं।"

"उसने मुझे तो कोई कहानी नहीं बताई।"

"भैया यही क्या कम था कि उसने आपको सारनाथ में तक्षक के होने की, उसकी वास्तविकता की कहानी पर यक़ीन दिला दिया। इतना यक़ीन तो मैं भी आपको अपनी कहानियों पर नहीं दिला पा रहा हूँ।"

मैंने उसे घूर कर देखा- "तुम्हारा मतलब है कि सरयू को साँपों से ही दोस्ती अच्छी लगती थी, और लोगों से नहीं।"

"सबसे ही दोस्ती अच्छी लगती थी। पर काल्पनिक साँपों से दोस्ती करना, उनसे खेलना उसका पैशन था। बहुत से लोगों के काल्पनिक दोस्त होते हैं। काल्पनिक दोस्त बनाना सामान्य सी बात है। यह कोई बुरी या हानिकारक चीज़ नहीं है। आपकी कल्पना शक्ति को मज़बूत ही करती है।" फिर कुछ रुक कर उसने कहा- "अगर आप मुझे यहीं न पीटें तो मैं कहना चाहता हूँ कि यह भी एक तरह की मानसिक असहजता है। टेक्निकल भाषा में इसे "डिसोसिएटिव आइडेन्टिटी डिसऑर्डर" कहते हैं।" उसने कनखियों से मेरी ओर देखा पर मेरा उसे अभी पीटने का कोई मूड नहीं था।

"लग रहा है तुम अपना कोई साइकियाट्रिक क्लीनिक खोलने वाले हो। बड़ी स्टडी हुई है?"

उसने शरमाने की एक्टिंग की- "वो तो भैया, बस यूँ ही इधर-उधर से पढ़ता रहता हूँ।"

"भस्म, भभूत या उस रात सरयू के मूलगंध कुटीर में पड़े रहने पर साइकियाट्रिस्ट साहब का कोई कमेंट नहीं आया?"

"सरयू रिटायर होने के बाद गाँव चला गया। चूँकि तक्षक नाम दिए गए काल्पनिक साँप के साथ उसका प्लेग्राउण्ड सारनाथ में ही था और यहाँ बार-बार आना सरयू के लिए अब सम्भव नहीं था इसलिए इस बार सरयू उससे दोस्ती

ख़त्म करने आया था। इसके लिए ही भभूत की कथा गढ़ी गई। रात-भर वह काल्पनिक साँप के साथ मूलगंध कुटीर में खेलता रहा और फिर उसके सदा-सदा के लिए जाने के बाद उस साँप के मानसिक सम्मोहन में वहीं जड़ होकर बैठा रहा जब तक कि आपने उसे बरामद नहीं कर लिया।"

"हे भगवान!" मेरे इस एक्सप्रेशन में कोई आश्चर्य टाइप की चीज़ न होकर केवल चारू की बुद्धि पर तरस खाने जैसा भाव था। बेमन से ही आगे पूछा- "और भस्म कहाँ गई?"

"यह तो सरयू ही बता पाएगा।"

मुझे चारू को तो नहीं पर अपना सर पीटने का बहुत मन हो रहा था पर ऐसा न करके मैंने इतना ही कहा- "तुम्हारे पास हर घटना पर एक लॉजिकल स्पष्टीकरण है। बातों को घुमाने की इस कला पर आज मुझे सचमुच बहुत गर्व महसूस हो रहा है। मेरा चारू अब बड़ा हो गया है।"

***

घर पर मेरी जाने जहान या दूसरे शब्दों में कहें तो अपनी भाभी और बच्चों को कचौरियाँ सर्व करते चारू बोला- "भाभी, प्राचीन भारतीय परम्परा में एक चार्वाक दर्शन हुआ करता था। इसके इतने ज़्यादा फ़ॉलोअर थे कि इसे लोकायत भी कहा जाने लगा। चारू वाक का मतलब सुन्दर बोलने वाले, मीठा बोलने वाले। आप उनके बारे में कुछ जानती हैं?"

"हाँ, सुना तो है।" पत्नी बच्चों को कचौरियों और केसर मलाई की प्लेट पकड़ाते हुए बोली- "वह जीवन को उसकी पूरी सुन्दरता और भव्यता में जीने का दर्शन था। वहाँ प्राथमिकता जीवन की थी, न कि इस जीवन के पार कुछ तलाश करने की क्योंकि उनके विचार में जीवन के पार कुछ था ही नहीं। उनका मानना था कि सुखपूर्वक जीना एकमात्र उपाय है जिससे जीवन पूर्णता को पहुँचता है। इसलिए अगर ऋण लेकर भी सुखभोग करना हो तो करना चाहिए। उनका ही तो विज़न स्टेटमेन्ट था- "यावत् जीवेत् सुखम जीवेत्, ऋणम् कृत्वा घृतम् पीबेत्। भस्मिभूतस्य देहस्य पुनरागमनम् कुतः।"

"वाह-वाह।" चारू ने ताली बजाते हुए कहा- "कितने सुन्दर ढंग से आपने तत्व की बात बता दी। भैया मुझे चार्वाक ही कहते हैं।"

"तुम्हीं क्या, आज के 99 प्रतिशत से अधिक ही लोग असल में तो चार्वाक के ही अनुगामी हैं। दिखावा चाहे जो कर लें। वो तो चार्वाकों के समय में लूट-खसोट, भ्रष्टाचार आदि कलाएँ विकसित नहीं हुई थीं इसलिए बेचारे ऋण लेकर सुखभोग करने के सुझाव तक ही सीमित रह गए। आज के चार्वाकों की तो सुखभोग के लिए कोई नैतिक, सामाजिक या पारिवारिक मर्यादा भी नहीं रह गई है। हमारे वर्तमान पश्चिमोन्मुखी समाज में पदार्थवादी तथाकथित वैज्ञानिक विचारधारा हमारी अपनी संस्कृति से मिल कर एक अजीब सी खिचड़ी बना रही है। आज हम बहुत बड़ी बड़ी बातें तो आत्मा और परमात्मा की करते हैं पर भीतर तो वैज्ञानिक विचारधारा के नाम पर वही चार्वाक छिपा है। वही प्रधान है।"

"आप वैज्ञानिक विचारधारा के ख़िलाफ़ हैं भाभी?" चारू ने चकित होकर पूछा।

"बिलकुल भी नहीं चारू। हम लोग आदिकाल से ही उस कट्टरता में कभी नहीं रहे जो नई वैज्ञानिक खोजों को केवल इसलिए नकार कर, सम्बन्धित वैज्ञानिक को सजा भी दे देता है कि यह नया विचार सामाजिक या धार्मिक रूप से मान्य नहीं है। हम तो प्रारम्भ से ही इसका सम्मान करने वालों में रहे हैं।"

"तब फिर?"

"अरे भाई, विज्ञान तो अध्ययन की एक पद्धति है। जो कुछ इसकी अपनी कसौटी पर खरा उतरता है उसको यह मान्यता देता है। जो नहीं उतरता है उसको नहीं देता। लेकिन विज्ञान उसके ग़लत होने की घोषणा भी नहीं करता। वह तो कहता है कि आगे जब कभी भी विज्ञान की कसौटी पर यह बिन्दु खरा उतरेगा तभी यह वैज्ञानिक मान्यताप्राप्त होगा। ठीक है। कोई विरोध नहीं है। लेकिन विद्वानों का एक नया तबका पैदा हो गया है जो यह प्रचारित करता है कि जो कुछ भी वैज्ञानिक मान्यताप्राप्त नहीं है वह ग़लत है। वह है ही नहीं। यह ठीक नहीं है। इससे मेरा विरोध ज़रूर है। विज्ञान से नहीं है।"

"यानी अगर कोई कहता है कि पुनर्जन्म है ही नहीं तो वह ग़लत है।" मुझे भी इस वार्तालाप में रस आने लगा था इसलिए मैंने विशेष उदाहरण जारी किया।

"हाँ। ग़लत है। वह कह सकता है कि हमें मालूम नहीं है कि पुनर्जन्म होता है या नहीं। तब बात सही होगी। मैं केवल यह कह रही हूँ कि वैज्ञानिक विचाधारा

को तोड़ मरोड़ कर उससे अपने हित को जायज साबित करना सही नहीं है। अगर विज्ञान के बहाने हमारे मन में गहरे पैठ गया है कि पुनर्जन्म है ही नहीं और इसी जीवन में अतिशय भोग करने के लिए लूट-खसोट जायज़ है तो यह विज्ञान चार्वाक से आगे कहीं और ले भी नहीं जा सकता।"

"आपकी बात मानता हूँ भाभी। सही है। मुझे भी ऐसा ही लगता है। पर सारे चार्वाक न तो उस समय ऋण लेकर सुखभोग के पीछे पड़े थे और न ही आज के सारे चार्वाक लूट-खसोट के चक्कर में रहते हैं। शायद यह एक विचारधारा है। देश, काल और व्यक्ति के अनुसार रूप बदलती रहती है। मुझे ही देख लीजिए। मैं मेहनत करता हूँ। कभी लूट-खसोट के बारे में सोचा भी नहीं। लेकिन चार्वाक तो हूँ।"

"नहीं।" भाभी जी ने उसके सर पर हाथ फेरते हुए कहा- "तू चार्वाक नहीं है। तू तो मेरा चारू है। सुन्दर जीवन और सुन्दर विचारों वाला।"

"लेकिन मेरी सुन्दर और तर्कयुक्त बातों पर भैया भड़कते क्यों हैं? चार्वाक की तो लोग बहुत इज़्ज़त करते थे। इसी से तो वे लोकायत बने।"

"चारू।" उसकी भाभी जी ने मेरी ओर कनखियों से देखते हुए कहा- "अगर चार्वाक को भी कोई बिगड़ैल ऋषि मिल जाता तो उसका भी यही हाल हुआ होता।

***

अध्याय 10
तत्वमसि

अतुल जी ने पहले से वहाँ बैठे आगान्तुकों से विचार विमर्श करके उनको विदा करते मेरी ओर देखा- "क्या हुआ है तिवारी जी?"

मैंने अपनी बेचैनी छिपाने की नाकाम कोशिश करते हुए पूछा- "अतुल जी, क्या मेरी बात नागान्तक से हो सकती है?"

"क्यों नहीं? आजकल प्रचलित इन मोबाइल फोनों का यही तो फ़ायदा है।" वे मुस्कराते हुए बोले- "लेकिन थोड़ा टाइम लग जाएगा क्योंकि नागान्तक अभी फ़्लाइट में हैं। अचानक नागान्तक से बात करने की क्या ज़रूरत आ पड़ी? सब ठीक तो है?"

"सब ठीक है अतुल जी। ऐसी कोई ख़ास बात नहीं है। मैं शाम को फिर आ जाऊँगा।"

चारू की बातों से मैं रात-भर बेचैन रहा। ऐसा नहीं था कि मुझे यह सब बहुत नया और अविश्वसनीय लगा था। मैं ख़ुद भी कुछ महीनों पहले ऐसा ही था, हर घटना को वैज्ञानिक कसौटी पर परखने वाला, चमत्कारों आदि पर यक़ीन न रखने वाला और बाबाओं व आश्रमों से दूरी बना कर रखने वाला। पता नहीं कहाँ से जीवन में अशोक सिंह आ गए और उनके फुसलाने पर मैं आश्रम भी चला गया। वहाँ जो कुछ भी अलग तरह के अनुभव हुए, उन्होंने मेरे सोचने की दिशा ही बदल दी। गुरुजी का व्यक्तित्व देख कर लगा कि सारे आश्रम और बाबा एक ही तराज़ू पर नहीं तौले जा सकते थे। फिर वहाँ शिवानन्द था, हम सबका प्रेरणा स्रोत। वहाँ आते-जाते कुछ महीनों ने मेरी ज़िन्दगी की पटरी बदल डाली थी और मुझे लगने लगा था कि जीवन में जो कुछ भी हमें दिखता है उसके परे भी कुछ बात तो ज़रूर ही है। चार्वाक ही अन्तिम सत्य नहीं हैं। लेकिन कल.......... कल चार्वाक ही अन्तिम सत्य साबित होने को था, भले ही मैंने उस पर पूरा विश्वास नहीं किया था पर अपने भीतर इतना बल भी नहीं महसूस कर रहा था कि उसकी बातें अपने मन से निकाल दूँ। सारा कुछ अच्छे से जानते समझते हुए भी, बेचैनी थी कि छोड़ ही नहीं रही थी। एक ही रास्ता था। मुझे नागान्तक से

बात करके इस कहानी की हक़ीक़त जाननी थी। इसीलिए मैं अतुल जी के पास आया था।

"जैसा आप ठीक समझें। अगर मेरे योग्य कुछ हो तो हम बात कर सकते हैं।" अतुल जी ने सौजन्यता में कहा।

मुझे कुछ संकोच हुआ- "आपकी अपनी व्यस्तताएँ हैं।"

मैं नागान्तक से ही बात करने पर ज़ोर नहीं दे रहा था। मुझे लग रहा था कि शायद अतुल जी से अपने मन की बात शेयर करना और अच्छा होगा।

"नहीं। अभी तो ख़ाली ही हूँ और आपके लिए कैसी व्यस्तता? हमेशा ही उपलब्ध हूँ। बैठिए और इतमीनान से बताइए क्या समस्या है जो आपको परेशान कर रही है?"

मैं सच में आराम से बैठ गया पर उनसे नज़रें बचाते हुए ही पूछा- "मैं शिवानन्द की जानलेवा बीमारी की सही स्थिति जानना चाहता था।"

"वो तो आप जानते ही हैं। हम सब लोग जानते हैं। उसे अपनी कल्पना या कहें तो ध्यान में किसी वजह से ऐसा लगा कि उसे किसी ज़हरीले साँप ने काट लिया है। मन में किसी बात पर दृढ़ विश्वास हो जाने पर लक्षण भी प्रकट होने लगते हैं। हम लोग अपने आस-पास भी तो अक्सर देखते हैं कि विषहीन साँप या किसी अन्य जन्तु के काटने के बाद भी लोग इस भय से मर जाते हैं कि उन्हें विषैले साँप ने काट लिया है। उन्हें भी लक्षण आने लगते हैं। बाद में पता लगता है कि विष तो था ही नहीं। यह मानव के मज़बूत मन का नकारात्मक पहलू है।"

"अतुल जी, आप तो शिवानन्द को अच्छी तरह जानते हैं। उसके जैसी क्षमता वाले आदमी के साथ ऐसा कैसे घट सकता है। उसका अपने मन पर पूरा नियन्त्रण है। वह सूक्ष्म शरीर को महसूस कर सकता है, उसका उपयोग कर सकता है।"

"हाँ। सही है। मैं जानता हूँ उसकी क्षमताएँ।" उन्होंने सीधे मेरी आँखों में झाँका- "सामान्यतः ऐसी क्षमताओं वाले लोगों के साथ ऐसा कुछ नहीं होता। उन्हें अगर सीधे भी ज़हरीले से ज़हरीला साँप काट ले तो वे केवल अपने मन की शक्तियों का उपयोग करके उस ज़हर को नाकाम कर सकते हैं। शिवानन्द के साथ यह सब होना रहस्यमय तो है ही। हमें लगा कि किसी कारण से उसको

प्रकृति की मूल ऊर्जा मिलनी कम हो गई। कहीं कुछ अवरोध आ गया।"

मैं चौंका। यह मेरे लिए नई बात थी- "मैं समझा नहीं।"

"देखिए। इसे ऐसे समझिए। यहाँ की हर चीज़, हर जीव प्रकृति की ऊर्जा से ही संचालित होता है। आप जानते हैं कि हरे पेड़ पौधे सूर्य की ऊर्जा पकड़ कर अपने पत्तियों आदि में पाए जाने वाले हरे पिगमेंट, क्लोरोफ़िल की मदद से खाना बनाते हैं। इस प्रकार वे सौर ऊर्जा को पदार्थ के रूप में बदल कर विपरीत दिनों के लिए संग्रहीत कर लेते हैं। जानवर या तो सीधे ही पेड़ पौधों में संग्रहीत भोजन को खा कर या फिर दूसरे उन जानवरों को खा कर, जो पौधों को खाते हैं, इस ऊर्जा का प्रयोग करने के लिए विकसित हुए हैं। यह एक उदाहरण है जहाँ सूर्य की प्रकाश ऊर्जा का प्रयोग है। इसी प्रकार की तमाम ऊर्जाएँ जैसे इलेक्ट्रोमैगनेटिक, गुरुत्वाकर्षण, ऊष्मा, ध्वनि आदि हैं जिनके लगातार प्रवाहित होने पर हमारा यह पूरा सिस्टम चलता है।" उन्होंने मेरी ओर देखा।

"हाँ। हम अपने खाने द्वारा ऊर्जा प्राप्त करते हैं और साँस द्वारा ऑक्सीजन जो मेटाबोलिज़्म द्वारा इस खाने को शरीर के उपयोग हेतु ऊर्जा में बदलने में मदद करती है। हमारे शरीर का सारा सिस्टम इलेक्ट्रोकेमिकल और हीट ऊर्जा आदि से संचालित होता है।" मैंने अपनी जानकारी बताई।

"बिलकुल सही है। यह हमारी प्राथमिक ऊर्जा होती है जो हमें जीवित और सक्रिय रखती है। लेकिन कभी आपने ऐसा सोचा है कि एक ही घर में दो भाई जो एक जैसा ही खाते हैं, एक जैसी ही ऊर्जा प्राप्त करते हैं प्रायः क्यों बहुत ही अलग-अलग दिशाओं में विकसित हो जाते हैं?"

"हाँ। ऐसा देखा तो बहुत है। इसके कारणों का अन्दाज़ा लगाने की कोशिश भी की है पर उनसे ख़ुद ही संतोष नहीं हुआ। सही कारण नहीं जानता।"

"हम लोगों के इतने दिनों के शोध से एक यह बात उभर कर सामने आई है कि यह जो प्राथमिक ऊर्जा ग्राह्यता की प्रणाली है, खाने व साँस से ऊर्जा लेने की, यह केवल जीव जगत के लिए ही लिए विकसित हुई है। जैसे-जैसे पदार्थ और ऊर्जा के कॉम्बिनेशन से जीव जगत का विकास हुआ वैसे-वैसे इसे सेल्फ़-सस्टेनेबिल बनाने के लिए, शरीर को चलाते रहने के लिए भोजन के माध्यम से ऊर्जा ग्रहण करने की इस पद्धति का विकास हुआ क्योंकि जीवन को चलाने के

लिए निर्जीवों की तुलना में बहुत अधिक ऊर्जा की ज़रूरत होती है। बाक़ी का सारा निर्जीव जगत और साथ में सजीव जगत एक दूसरी प्रणाली से भी ऊर्जा ग्रहण करता है। हम इसे "मूल ऊर्जा प्रणाली" कहते हैं क्योंकि यह सदा सर्वदा से है।"

"आपका मतलब है कि निर्जीव जगत भी ऊर्जा ग्रहण करता है?" मैंने हैरानी से पूछा।

"हाँ बिलकुल। निर्जीव जगत भी तो पदार्थ और ऊर्जा से ही बना है।"

"यानी वह स्थिर नहीं है। वह भी गतिमान है जीवों की तरह?" मुझे एकबारगी इन बातों पर विश्वास नहीं हो रहा था।

"ऊर्जा कभी भी स्थिर नहीं हो सकती है तिवारी जी। यही तो हम कॉलेज के दिनों से पढ़ते आए हैं। कहते हैं कि ब्रह्माण्ड में एक ही चीज़ है जो स्थिर कही जा सकती है और वो यह है कि कुछ भी स्थिर नहीं है। सारा कुछ अन्ततः ऊर्जा है या ऊर्जा का रुपान्तरण है। सब कुछ गतिमान है। गति तेज़ हो सकती है तो हम देख पाते हैं। बहुत धीमी होती है तो नहीं देख पाते। पर है सब कुछ गतिमान।"

"इसका मतलब यह हुआ कि पहाड़, आकाश वग़ैरह सब गतिमान हैं। सबसे होकर ऊर्जा का सतत प्रवाह चल रहा है।"

"हाँ। एकदम यही स्थिति है। पूरा का पूरा सिस्टम ही प्रवाह में है।"

मैं इस चर्चा से इतना हैरान हो गया था कि मुझे अपने मूल प्रश्न की याद भी नहीं रह गई थी। मैं अपने अगल-बग़ल की चीज़ों में नए अर्थ देखने लगा था। अतुल जी की तर्कयुक्त बात और उनके शोध सन्स्थान का वैज्ञानिक दृष्टिकोण आपको इसी दुनिया में एक नई दुनिया की झलक दिखाने में समर्थ था। उन पर अविश्वास का कोई प्रश्न ही नहीं उठता था। अगर कहीं कुछ सन्देह रह भी जाते थे तो इसका मतलब केवल यही होता था कि आपने ठीक से सवाल नहीं पूछे। आप फिर से पूछ लीजिए और स्थिति स्पष्ट हो जाएगी।

अतुल जी ने आगे कहा- "अब हम सिस्टम की बात न करके इसे थोड़ा सीमित करते हुए उसी सिस्टम के एक हिस्से यानी अपनी ख़ुद की बात करते हैं। हम सभी लोगों से होकर यह ऊर्जा प्रणाली एक व्यवस्था से प्रवाहित होती है। ऊर्जा तो एक ही है फिर हम लोगों में इतनी विभिन्नताएँ क्यों होती हैं?"

"क्यों होती हैं अतुल जी?" अब मेरे अन्दर की जिज्ञासा जाग गई थी।

"क्योंकि इस मूल प्रवाह से ऊर्जा को लेने की सबकी क्षमता अलग-अलग होती है। आप शारीरिक श्रम करते हैं, आप एक तरह की ऊर्जा अधिक लेंगे, आप मानसिक श्रम करते हैं आप ऊर्जा का दूसरा कॉम्बिनेशन अधिक लेंगे, आप साधक हैं, आप के भीतर अलग कॉम्बिनेशन जाएगा। हम ख़ुद से ही ख़ुद को बनाते हैं। शायद मैं अपनी बात समझा पा रहा हूँ?"

"आप कह रहे हैं कि हमारे इर्द-गिर्द प्रवाहित प्रकृति की ऊर्जा समान है। फ़र्क़ इसलिए दिखता है कि हर चीज़ या जीव में ऊर्जा ग्रहण करने की क्षमता अलग-अलग होती है।" मैंने जो कुछ समझा था वह अपनी भाषा में बताया।

"बिलकुल सही तिवारी जी। और यह क्षमता हम स्वयं ही विकसित करते हैं। अलग-अलग पेड़-पौधों और जानवरों के लिए यह ग्राह्यता स्थिर सी होती है। दूसरे शब्दों में यह भी कह सकते हैं कि जो जीव मेकैनिकल तरीक़े से या कहें कि इन्सटिंक्टिव बिहैवियर से जीते हैं, जिनमें चैतन्यता का स्तर कम है उनके लिए ऊर्जा की ग्राह्यता क़रीब-क़रीब स्थिर हो सकती है पर हमारे लिए नहीं। हमारे भीतर बहुआयामी चैतन्य प्रकट हो चुका है इसलिए हम अपने प्रयासों से इसे बदल सकते हैं। इसे ऐसे भी कह सकते हैं कि ऊर्जा की यह ग्राह्यता हमारी स्थितियों के अनुसार बदल भी सकती है। कम ज़्यादा हो सकती है या इसका गठन बदल सकता है।"

"क्या यह मनुष्य की चेतना की वजह से होता है? क्या और कोई जानवर भी ऐसा कर सकते हैं?" मैंने पूछा।

"हाँ। हमारी आन्तरिक चेतना, विवेक बुद्धि हमें यह शक्ति देती है जो अन्य किसी जानवर में नहीं होती।"

शिवानन्द के सम्बन्ध में किए गए प्रश्न पर इतनी फ़िलॉसफ़ी की बातें करना मेरी समझ से बाहर था पर मैं अतुल जी को अच्छी तरह जानता था। यह पक्का था कि यह सब मेरे प्रश्न के जवाब की ही भूमिका है। इसीलिए मैं धैर्य से यह सब समझने की कोशिश करते हुए इन्तज़ार कर रहा था।

"अब यह अच्छी तरह समझने की बात है कि अगर हमारे पास ऊर्जा की

ग्राह्यता बढ़ाने की शक्ति है तो इसका उलटा भी उतना ही सच होगा। हम इसे कम भी कर सकते हैं। इसका गठन बदल भी सकते हैं।"

"वो कैसे?" मुझे इन जानकारियों में मज़ा आने लगा था।

"हमारे अन्दर स्वार्थ आ जाए, क्रोध बढ़ जाए, लालच, काम, उम्र, समय आदि ऐसे कारक हैं जो इस ऊर्जा के गठन को बदल सकते हैं और हम अपना पुराना कैलीबर खो सकते हैं।"

"उम्र! समय!" मुझे आश्चर्य हुआ- "काम, क्रोध, लालच आदि तो समझ में आते हैं। यह व्यक्ति को संकुचित करते हैं पर उम्र और समय....... कैसे?"

अतुल जी मुस्कराते हुए बोले- "आपने सुना ही होगा मनुज बली नहिं होत है, समय होत बलवान। भीलन छीनी गोपियाँ, वही अर्जुन वही बाण।"

गम्भीर चर्चा में अतुल जी के इस कथन ने मुझे हँसने पर मजबूर कर दिया। मैं यह भी जान रहा था कि परम्परा से चला आ रहा यह दोहा सच है। कितनी ही ऊँचाइयों पर पहुँचा व्यक्ति कब धराशाई हो जाएगा, यह कोई नहीं जानता।

अतुल जी ने मेरे चेहरे के भावों को देखते हुए कहा- "एक हम मनुष्य ही तो हैं जो अपनी चेतना में समय को समाहित करके जीते हैं। एक फ़ैक्टर के रूप में समय का भले ही उतना महत्व न हो पर हमारी चेतना के लिए है। समय जीवन के साथ गुंथा हुआ है और उसे ऊपर नीचे घुमाता भी रहता है। इसके इस खेल में कभी-कभी हम बिना जाने ही अपनी कुछ क्षमताएँ खो सकते हैं।"

अब मुझे कुछ-कुछ थाह लगने लगी- "आपका मतलब है शिवानन्द अपनी कुछ क्षमताएँ खो चुका था जब यह घटना हुई?"

"शायद ऐसा ही हुआ हो। हम अन्दाज़ा लगा सकते हैं। पक्का कुछ कह नहीं सकते। इस मामले में मेरा अन्दाज़ा यही था कि किसी वजह से शिवानन्द अपनी कुछ क्षमताएँ खो रहा था। यह सामान्य घटना ही है जो हर साधक के जीवन में आती है। फिर ठीक भी हो जाती है। शायद यह शिवानन्द के जीवन में उस समय आई जब उसके साथ ऐसी दुर्घटना हुई।"

"यही तो मैं जानना चाहता था अतुल जी, कि शिवानन्द के जीवन में ऐसा क्या आया जो उसकी क्षमताएँ खोने लगीं? यही तो मैं नागान्तक से भी पूछना चाहता था।"

"यह.........यह तो केवल शिवानन्द ही बता सकता है। नागान्तक से मेरी बात हुई थी। उसने यही बताया कि उसे विषैले साँप के काटने का भ्रम ही था।"

एक बार फिर से मेरा ध्यान मणि पर गया पर यह मुझे बहुत अवास्तविक लगा। ऐसा कोई भ्रम शिवानन्द को नहीं तोड़ सकता था। पता नहीं क्यों शिवानन्द की हरकतों से मुझे अब लग रहा था कि मणि को इतना हाइलाइट करना उसका नाटक भर था। असली खेल कुछ और ही था। लेकिन वह क्या था? उसकी थाह हममें से किसी को नहीं लग रही थी। लेकिन इतना तो तय था कि इसका हल मिलेगा ज़रूर। इन्हीं सब बातों से हल निकलेगा। शिवानन्द बताए या न बताए।

इन बातों को सिर से झटकते हुए दिमाग से बाहर करके मैंने पूछा- "अतुल जी, अपना मूल प्रश्न तो रह ही गया। दो भाई एक ही घर में एक जैसे ही पाले जा कर एकदम अलग-अलग कैसे हो जाते हैं?"

पता नहीं क्यों अतुल जी मुस्कराते हुए बोले- "हाँ, एक कारण तो यह हो सकता है कि दो भाई एक जैसे पाले नहीं जाते हैं। समय का अन्तराल होता है जो माँ बाप के विचारों और संसाधनों में भी परिवर्तन ला सकता है। इससे दोनों भाइयों के पालन पोषण का माहौल बदल जाता है। लेकिन....." वो मेरी तरफ़ देखते हुए बोले- "फिर तुरन्त ही आप पूछेंगे कि जुड़वाँ बच्चों के लिए तो माहौल और संसाधन एक ही होता है। वे क्यों अलग-अलग लाइन में विकसित होते हैं? इसके लिए और काफ़ी हद तक पहली परिस्थिति के लिए भी हमारे पास एक ही उत्तर है। दोनों बच्चे मूल ऊर्जा के प्रति अलग-अलग ग्राह्यता लेकर पैदा होते हैं।"

"यह कैसे सम्भव है अतुल जी? एक ही माँ बाप से एक ही घर में आने वाले बच्चे कैसे अलग-अलग ग्राह्यता ला सकते हैं?"

"क्योंकि जो बच्चा एक माँ-बाप के माध्यम से आता है वह भले ही प्रारम्भिक जीवन में माता पिता के जेनेटिक मैटीरियल और उनके संसाधनों से बँधा रहता है पर अन्ततः वह एक मुक्त जीव होता है। वह अपनी प्रोग्रामिंग साथ लाता है जो अन्य बातों के साथ-साथ ऊर्जा की ग्राह्यता को भी तय करती है।"

"प्रोग्रामिंग? यह क्या होती है?" आज शायद आश्चर्यों का ही दिन था।

"इसको समझाने के लिए मुझे एक नया चैप्टर खोलना होगा। आप तैयार

हैं या आज के लिए ज्ञान का कोटा पूरा हो गया है।" अतुल जी की लगातार मुस्कराहट का अर्थ अब मेरी समझ में आया। यह भी समझ में आया कि शिवानन्द का प्रकरण अब कहीं दूर हो गया था और सृष्टि के इन रहस्यों ने मुझे खींच लिया था जो अतुल जी के माध्यम से उतर रहे थे।

मैंने भी हँसते हुए ही कहा- "अतुल जी, आप नया चैप्टर खोलिए। ज्ञान तो अभी शुरू ही हुआ है।"

अतुल जी थोड़ा गम्भीर हो गए- "मैं इसलिए कह रहा था कि जैसे जैसे हम सृष्टि की संरचना और व्यवहार की जानकारी की गहराइयों में उतरते हैं वैसे-वैसे ही इसे समझना कठिन होता जाता है। यह तथ्य हमारे लिए ही नहीं बल्कि हर चीज़, यहाँ तक कि वैज्ञानिक धारणाओं के लिए भी सही है। आइन्सटीन अपने समय के शायद सबसे ज़्यादा प्रभावी और लोकप्रिय वैज्ञानिक हैं और उनके सापेक्षिकता सिद्धान्त के बारे में बहुत लोग जानते हैं पर कितने लोग सच में उनकी निष्पत्तियों को गहराई से जानते हैं? शायद ही कोई हो जो उनके प्रसिद्ध समीकरण" 2 के यथार्थ को समझता हो। मेरे कहने का मतलब है कि यह समझना कठिनतर होता जाता है।"

"आप समझाएँगे और मैं जान लगा कर समझने की कोशिश करूँगा तो ज़रूर ही समझ में आ जाएगा।"

"केवल यही बात नहीं है तिवारी जी। हमारी विद्या में इस तरह की जानकारियाँ नुक़सानदेह भी साबित होती हैं। एक तो सुनने वाले को यह भ्रम हो सकता है कि वह सब कुछ जान कर परम ज्ञानी हो चुका है और अब अपनी वास्तविक साधना छोड़ कर गुरु होने का अधिकारी हो गया है। सुना या पढ़ा ज्ञान बहुत ही ख़तरनाक होता है। यह आपको हमेशा सही राह से भटका देता है।"

उनकी आँखें शरारत से चमकीं- "ऐसा ज्ञान ओवरफ्लो भी बहुत करता है। बिना समय और स्थान की उपयुक्तता देखे बहता रहता है। आप तो भुक्तभोगी हैं। आपने शिवानन्द के बारे में एक सवाल पूछा और मैंने ज्ञान का समन्दर उड़ेलना शुरू कर दिया।"

"कैसी बात कर रहे हैं अतुल जी।" मैं वाक़ई शर्मिन्दा हो गया। क्या मेरे

व्यवहार से कहीं ऐसा लगा कि मैं बोर हो रहा हूँ या यह सब बातें जानना नहीं चाहता। इन्हें जबरदस्ती मुझ पर थोपा जा रहा है। नहीं, वास्तव में तो ऐसा कुछ भी नहीं था- "मेरा सौभाग्य है कि आज आपके पास बैठ कर आपके व्यापक अनुभवों से कुछ झलक पा रहा हूँ।"

अतुल जी ने मुझे आश्वस्त करने वाली मुस्कराहट झलकाते हुए कहा- "मैं केवल उदाहरण दे रहा था। आप इसे बिलकुल भी व्यक्तिगत मत लीजिए। दूसरा ख़तरा यह होता है कि अपनी साधना के दौरान हम इस ज्ञान की उपलब्धि की झूठी कल्पना कर लेते हैं। वास्तव में यह हमारा अपना अनुभव नहीं होता पर हमें लगने लगता है कि यह सच है। यह झूठा सच और अधिक ख़तरनाक होता है, भटकाने वाला होता है। इन सब कारणों से सच्चे गुरु आपको केवल साधना की विधि देते हैं। यह नहीं बताते कि आप को आगे चल कर क्या अनुभव होंगे।"

"सच है। मैं मानता हूँ। लेकिन कुछ लोगों के लिए तो गुरु का यह अनुभवजन्य ज्ञान बहुत बड़ी प्रेरणा बन सकता है। बुद्ध अपने इसी ज्ञान को बाँटने के लिए ही तो जीवन में रहे, वरना उनके लिए तो इस परम ज्ञान के बाद जीवन की कोई ज़रूरत ही नहीं थी।"

"आपकी बात सच है। लेकिन आपको यह भी याद होगा कि बुद्ध जीवन में रुकने को तैयार नहीं थे। उन्होंने स्पष्ट कहा कि जो लोग इस ज्ञान के इच्छुक नहीं हैं वे उनकी बात नहीं सुनेंगे। जो इच्छुक हैं वे बिना उनकी बात सुने भी उपलब्ध हो जाएँगे। कथा कहती है कि तब देवों ने कहा कि ऐसे लोग भी बहुतायत में हैं जो उपलब्धि के कगार पर ही हैं। आपका सहारा ऐसे लोगों के लिए बहुत ही मददगार होगा। ऐसे लोगों के लिए जो काम कई जन्मों में होगा वह आपकी उपस्थिति से तुरन्त ही हो जाएगा। मैं मानता हूँ कि कुछ साधकों को ज्ञान से लाभ भी पहुँच सकता है। आप बताइए तिवारी जी, आपको कभी कुछ ऐसा अनुभव हुआ है जो इशारा करता हो कि जितनी दुनिया हम जानते हैं उसके पार भी कुछ है।"

"हाँ। दो बार कॉलेज-लाइफ़ में मुझे अपने शरीर को शरीर के बाहर से देखने का अनुभव हुआ है। एक बार गुरुजी ने आश्रम में यह अनुभव कराया।"

"वाह, वाह। बहुत अच्छा। लगता है मैं आप को अपनी बात आसानी

से समझा सकूँगा।” अतुल जी ख़ुश होते हुए बोले- “हम अपने यानी मनुष्य के जीवन की बात से शुरू करते हैं। आपको क्या लगता है? हमारी इतनी जटिल संरचना, जो जीव तत्व के प्रकट होने के बाद करोडों, अरबों वर्षों में विकसित होकर चेतना के इस स्तर पर पहुँची है, इतनी ही सरल है जितनी दिखती है?”

“सरल तो हो नहीं सकती। हमें अपने शरीर की अभूतपूर्व, जटिल और परफ़ेक्ट इन्जीनियरिंग में से मोटी-मोटी संरचनाओं को ही समझने में ही हज़ारों साल लग चुके हैं और यह प्रकिया निरन्तर चल रही है।”

“हाँ। और यह केवल उन बातों को समझने के लिए है जो वैज्ञानिक अध्ययन के अनुरूप हैं। और बहुत सी ऐसी बातें भी हैं जो अभी वैज्ञानिक अध्ययन की सीमा में नहीं हैं, पर हैं ज़रूर। हम यही आयाम समझने की कोशिश करते हैं।”

“हाँ, अतुल जी। मैं तैयार हूँ।”

अतुल जी बोले- “आप जान ही रहे हैं कि जन्म लेने के पहले गर्भ में और जन्म लेने के बाद, पहला विकास हमारे शरीर का है। योग की भाषा में इसे स्थूल शरीर कहते हैं। देखा गया है कि स्थूल शरीर के लगभग सारे अंग सात वर्ष की उम्र होने तक विकसित हो जाते हैं। बाद में इसी में घटत बढ़त होती रहती है। इस विकास के दौरान हम या तो अपनी मूल प्रवृत्ति यानी इन्सटिंक्ट से या फिर आस-पास के लोगों से सीखा हुआ व्यवहार करते हैं। विकास की इस स्टेज में खाना-पीना, खेलना आदि प्रधान आनन्द होते हैं।”

एक अच्छे कथा श्रोता की तरह “हाँ” कहते हुए मैंने स्वीकृति सूचक सिर हिलाया।

“इसके बाद जन्म होता है भावों का, जिसे योग की भाषा में भाव शरीर कहते हैं। आप जानते ही हैं, प्रेम, घृणा, क्रोध, मोह वग़ैरह इसी स्टेज में जन्म लेते हैं। लेकिन इस विकास के दौरान, इन सब के ऊपर जन्म होता है काम या सेक्स की भावना का। यह जीवन की ड्राइविंग-फ़ोर्स बन जाती है। इस स्टेज में “काम” और काम जनित प्रेम ही प्रधान रहता है और आनन्द का प्रमुख स्रोत होता है। आप देख ही रहे हैं कि जो समाज भावना प्रधान होता है उसकी सारी रचनात्मकता सेक्स के ही इर्द-गिर्द घूमती रहती है।”

“रचनात्मकता कैसी?”

"रचनात्मकता का अर्थ है जीवन की मूलभूत आवश्यकताओं से अलग हट कर मनोरंजन के लिए कुछ नया निर्माण। जैसे साहित्य, मूर्ति, संगीत और आजकल फ़िल्में, वेब सीरियल, पोडकास्ट आदि आदि।"

"तो अगर यह रचनात्मकता प्रधानतः स्त्री पुरुष के प्रेम या सेक्स सम्बन्धों के इर्द-गिर्द रहती है तो इसका मतलब यह हुआ कि ऐसा समाज अभी भावनाओं के ही स्तर पर अटका हुआ है। विकास नहीं कर रहा है।"

"विकास कर रहा है। यह विकास की ही प्रक्रिया है। मनुष्य का विकास और साथ साथ समाज का विकास क्योंकि समाज तो मनुष्यों का ही समूह है। आप देखेंगे कि विकास का स्वरूप एक पिरामिड की तरह है जिसके चौड़े से बेस पर सबसे कम विकसित प्राणी होते हैं और नुकीले टॉप पर सबसे अधिक विकसित प्राणी।"

"वाह। आश्चर्यजनक है। मैंने सोचा भी नहीं था कि अपने अध्ययनों में पढ़े पिरामिड मॉडल का प्रयोग जीवन के गुह्य रहस्यों में भी होगा।"

"हाँ। पिरामिड तो शाश्वत हैं। यह विकास की प्रक्रिया का मूलभूत मॉडल है। हमारे पिरामिड की तीसरी लेयर है बुद्धि विवेक का विकास जिसे योग में सूक्ष्म शरीर कहा जाता है। इस स्टेज में सारा ज्ञान, पढ़ाई लिखाई, विभिन्न कलाओं जैसे संगीत, लेखन, नृत्य, वैज्ञानिक शोध वग़ैरह विकसित होते हैं। यह बौद्धिक और वैचारिक क्रान्ति का समय होता है। मेरे कहने का मतलब यह नहीं है कि यह सब अलग-अलग विकसित होते हैं। यह तीनों वृत्तियाँ आगे पीछे या साथ-साथ विकसित होती रहती हैं, कोई कम कोई ज़्यादा।"

"यानी हमारे पिरामिड का बेस डाइनामिक है। तीनों सतहें एक साथ सक्रिय रहती हैं।"

"बिलकुल यही है तिवारी जी। तीनों साथ-साथ विकसित होते हैं। पेड़-पौधों और जानवरों में शरीर प्रधान होता है। बच्चों में भी शरीर प्रधान है पर भाव भी यदाकदा उतरते रहते हैं। एक बुद्धिजीवी भी भावनाओं से शून्य नहीं होता। हाँ, जैसे-जैसे आपका विकास होता जाता है आपके लिए आनन्द के नए-नए द्वार खुलते जाते हैं। आप समझ रहे हैं या और विस्तार में जाने की ज़रूरत है?"

"समझ तो रहा हूँ पर थोड़ा विस्तार अच्छा रहेगा।"

"ठीक है। अब मनुष्य पर ध्यान दीजिए। बहुत बड़ी संख्या उन लोगों की मिलेगी जो पहले और दूसरे स्टेज पर लगभग रुक गए हैं। पहले स्टेज के खाने-पीने, खेलने, घूमने फिरने में ही असली आनन्द या फिर थोड़ा आगे बढ़े तो सेक्स का आनन्द, विपरीत सेक्स के व्यक्ति से प्रेम का आनन्द और बस। यह आनन्द और इनसे जुड़ी समस्याओं से उपजे दुखों में ही जीवन कट जाता है।"

मैं अभी उलझन में ही था। बात सच तो लग रही थी। बहुत से ऐसे लोगों को मैं जानता भी था पर शायद अचानक से प्रकट हुए नए ज्ञान को हज़म करने के लिए कुछ समय लगता है।

"आप सोचिए। कोई लड़का किसी लड़की के प्यार में पागल है। वह भाव शरीर में है। क्या उसे खाना-पीना अच्छा लगेगा? पहले या तीसरे तल की कोई भी एक्टिविटी उसे अच्छी नहीं लगेगी। लेकिन जो पहले या तीसरे तल पर है उसे यह समझ में नहीं आएगा। उसे समझ में नहीं आएगा कि इस प्यार व्यार के चक्कर में लड़का क्यों नहीं क़ायदे से खा पी रहा है। उसे समझ में नहीं आएगा कि अपना परिवार, अपना कैरियर, अपना पूरा का पूरा पोटेन्शियल यह लड़का क्यों बरबाद कर रहा है।

"हाँ।" मैंने कन्फ़्यूज़न में कहा।

लेकिन अतुल जी कहते गए- "तीसरे तल पर और मुश्किल है। यह कठिन अभ्यास माँगती है पर इस तल पर मिलने वाला आनन्द पहले दोनों तलों के आनन्द की तुलना में अधिक होता है। हर तरह से अलग अनुभूति देने वाला। आपने वैज्ञानिकों के बारे में सुना पढ़ा होगा। वे जब लैब में घुस जाते थे तो खाना-पीना, सेक्स, फ़ेमिली कुछ भी मायने नहीं रखता था। एक संगीतज्ञ जब अपनी वीणा में डूब जाता है तो बाक़ी दुनिया उसके लिए बेमानी हो जाती है। यही नहीं, संगीत का एक जानकार श्रोता जब पंडित रविशंकर का सितार या पंडित भीमसेन जोशी का गायन सुनने लगता है तो वह भी बाक़ी के दो तल भूल जाता है। एक नई, सुन्दर सुहानी दुनिया उसे खींच लेती है। वह स्वयं को ब्रह्माण्ड के पार पाने लगता है। एक गणितज्ञ जब समीकरणों को हल करने और नई निष्पत्तियों में डूबा होता है तो उसके आनन्द की कल्पना ही नहीं की जा सकती। लेकिन बाक़ी के दो तलों पर स्थित व्यक्ति क्या इसे समझ पाएँगे? उन्हें तो यही

लगेगा कि यह आदमी पागल है। टुन-टुन करने में ऐसा क्या है जो यह संगीतज्ञ उसके पीछे पड़ा रहता है। खाने-पीने और एन्जॉय करने से इसे कोई मतलब ही नहीं है।"

"बहुत सुन्दर। बहुत ही सटीक व्याख्या। आज मैं इसे समझ पाया। अभी तक तो मैं भी इन्हीं लोगों के समान व्यवहार वाला था। जो बात समझ के परे होती थी उसे इसी तरह नकार कर आगे वाले को फ़ेल कर देता था।" सच में ही मुझे इस व्याख्या में मज़ा आ गया।

"तिवारी जी, यह सब मैं केवल इसलिए सामने ला रहा हूँ कि आप अच्छी तरह यह समझ सकें कि इसके भी ऊपर के तल पर विकसित व्यक्तियों को इन तीन तलों वाले कैसे समझ सकेंगे? यह तीन तल तो तब भी सबकी पहुँच में होते हैं। थोड़ा-मोड़ा तो बुद्धि विवेक का अनुभव पहले दो तलों पर जीने वालों को भी होता है। तीसरे तल वाला प्रथम दो तलों से होकर आया ही होता है। जब यहाँ एक-दूसरे को समझने में समस्याएँ आती हैं तो इसके आगे के तल पर तो बहुत ही कम लोग गए होते हैं। कैसे समझेंगे? इसीलिए यह समाज में स्वीकार्य नहीं होते हैं।"

"हाँ। मुझे समझ में आ रहा है। ऐसे लोगों को समझने वाले बहुत ही कम होंगे और खिल्ली उड़ाने वाले बहुत ज़्यादा।"

"अब मैं आपको मनुष्य के विकास के चौथे तल के बारे में बता सकता हूँ। यह जिसे मैं चौथे तल कह रहा हूँ यह योग की भाषा में मनस शरीर या साइकिक बॉडी कहा जाता है। यह मन और कल्पनाओं का विकास है। संकल्प शक्ति का विकास है। मनस शरीर बहुत ही लचीला और ग्रहणशील है। जिसे हम बोलचाल की भाषा में छठवीं इन्द्रिय का जागना कहते हैं वह इसी विकास के साथ होता है। एस्ट्रल प्रोजेक्शन द्वारा यह शरीर के बाहर जा कर शरीर को देख सकता है। मृत्यु के बाद भी यह बचा रह सकता है। आपने टेलीपैथी, क्लेयरवाएँस, सम्मोहन आदि अतीन्द्रिय शक्तियों के बारे में सुना होगा। यह सब इसी स्टेज में विकसित होते हैं।"

"यह टेलीपैथी वग़ैरह वास्तव में होते हैं क्या?" मैंने पूछा।

"हाँ। और अब तो यह वैज्ञानिक मान्यता प्राप्त भी हैं। अब तो यह भी

सोचा जा रहा है कि अन्तरिक्ष यात्रा जैसी चीज़ों के लिए, जहाँ अन्य किसी संचार प्रणाली पर पूरा विश्वास नहीं किया जा सकता, टेलीपैथी जैसी चीज़ें बहुत महत्वपूर्ण हो सकती हैं। आप खोजें तो सैकड़ों सच्चे उदाहरण आपको टेलीपैथी व क्लेयरवाएँस के मिल जाएँगे। सम्मोहन का प्रयोग तो अब चिकित्सा में भी होने लगा है।"

"ओह! और आपने कहा कि इतना विकास हो जाने के बाद हम अपने शरीर को ख़ुद ही शरीर के बाहर जाकर देख सकते हैं। मेरे ऐसे अनुभव क्या यह बताते हैं कि मेरा इस स्टेज तक विकास हो रहा है?"

"हाँ। बिलकुल। आपको इस शरीर की झलक मिलने लगी है। तभी तो आप यहाँ हैं। तभी तो आप आश्रम से जुड़े हैं। तभी आपको इन चर्चाओं में आनन्द आता है। नहीं तो आप इन चीज़ों को झेल ही नहीं पाते। दूर-दूर रहते। इन्हें बकवास समझते।"

"क्या आनन्द आने का अर्थ है कि हम सही दिशा में हैं?"

"हाँ। एकमात्र यही तो पहचान है। अगर आपको किसी काम में आनन्द आता है तभी वह सही दिशा है। अगर मजबूरी में जबरदस्ती काम कर रहे हैं तो कम से कम यह आध्यात्मिक विकास की ओर तो नहीं ही ले जाएगा।"

पहली बार मुझे लगा कि मैं सही राह पर था। मेरी तमाम तरह से आलोचना और तिरस्कार करने वाले विकास के इस तल को समझने में समर्थ नहीं थे।

अतुल जी आगे बोले- "अब इसे दूसरे पहलू से देखते हैं। हम अपने जीवन के विकास के दौरान जो कुछ भी करते हैं उनसे जीवन में हमारी आदतें बनती हैं। आदतें धीरे-धीरे परिपक्व होकर वृत्ति बन जाती है।" मेरी प्रश्नसूचक निगाहों को दृष्टिगत रखते हुए उन्होंने कहा- "वृत्ति वह आदतें होती हैं जो हमारे जीवन का स्थाई हिस्सा हो जाती हैं। यह वृत्तियाँ मन को प्रभावित करती हैं। मनस शरीर को प्रभावित करती हैं। अगर मैं मेटाफ़र का प्रयोग करूँ तो कह सकता हूँ कि हर वृत्ति मनस शरीर पर अपनी उपस्थिति एक हल्की सी रेखा के रूप में दर्ज कर देती है। इस तरह जीवन भर हम जो-जो करते हैं और जो-जो करणीय होते हुए भी नहीं करते हैं, वह सब मनस शरीर पर रेखाओं के रूप में आता-जाता रहता है। जो वृत्तियाँ बहुत मज़बूत होती हैं और बार-बार दोहराई जाती हैं उनकी रेखाएँ

बाकियों से ज़्यादा गहरी होती हैं। इस तरह एक नक़्शा सा बन जाता है। ध्यान रखना है। यह रूपक मात्र है। उदाहरण के रूप में है।"

कुछ देर रुक कर अतुल जी ने मेरी ओर प्रश्नसूचक निगाहों से देखा। मैंने पूछा- "यह नक़्शा क्या करता है अतुल जी?"

उन्होंने इतमीनान की साँस लेते हुए कहा- "आप अब तक तो जान ही गए होंगे कि यह नक़्शा ऊर्जा से बनता है। आपके काम ऊर्जा जनित हैं, वृत्तियाँ भी ऊर्जाजनित हैं और यह नक्शा भी वही है। आपका मनस शरीर जहाँ भी जाएगा वहाँ यह नक़्शा भी जाएगा।"

"आपके कहने का मतलब यह है कि यह नक्शा शरीर के बाहर होने या मृत्यु की स्थिति में भी मनस शरीर के साथ रहता है?" मैंने आतंक में आकर पूछा।

"हाँ। और कहाँ जाएगा? साथ ही रहता है। जब यह चेतना नया जन्म लेती है तो यह भी साथ रहता है।"

"यह चेतना से अलग होता है क्या?"

"हाँ, तिवारी जी। चेतना अलग है और यह चेतना का एक हिस्सा होता है। जन्म के बाद नए शरीर का विकास प्रकृति और माता पिता के जेनेटिक मैटीरियल के अनुसार होता है पर जब मूल ऊर्जा की ज़रूरत होती है तो जीव के पास बना बनाया नक्शा-फ़ार्मेट होता है। वह अपनी वृत्तियों के नक़्शे के अनुरूप ही ऊर्जा ग्रहण करता है। इसीलिए एक ही घर में दो जुड़वाँ बच्चे भी अलग-अलग ऊर्जा ले सकते हैं और तदनुसार ही विकसित हो सकते हैं क्योंकि उनके नक़्शे अलग-अलग हो सकते हैं।"

"बाप रे। इसका अर्थ यह है कि पूर्वजन्म में किए गए कामों से हम इस जन्म में भी मुक्त नहीं होते हैं।"

"ठीक-ठीक ऐसा नहीं है। यह नक्शा इन्डिकेटिव लाइनों से बनता है। आप सहज स्वाभाविक रूप में तो इन्हीं के अनुसार चलेंगे पर यदि आप जाग गए, आध्यात्मिक अर्थ में जाग गए तो यह नक़्शा बेमानी हो जाएगा क्योंकि जागरुकता एक नए ही ऊर्जा के सैलाब को जन्म देती है जिससे बाक़ी की ऊर्जाएँ बदल जाती हैं।"

"फिर अतुल जी। आगे क्या?"

"जागने के बाद आगे फिर विकास को एक और नई दिशा- चेतन तत्व का अनुभव, सरल भाषा में कहें तो आत्मा का अनुभव। योग इसे अध्यात्म शरीर या स्पिरिचुअल बॉडी कहता है। लेकिन आप जान ही गए होंगे कि यह बहुत ही दूर की बात है। चौथे तल पर पहुँचे बग़ैर इस पर आना असम्भव है। जब चौथे का ही पता नहीं तो पाँचवें का क्या? हम इसकी चर्चा कर सकते हैं, इन्टलेक्चुअल डिस्कशन कर सकते हैं पर महसूस तो बहुत बिरले ही कोई कर पाता है। इसके प्रति हमेशा द्विविधा बनी रहती है।"

"अतुल जी" मैंने सोचते हुए पूछा- "जैसे शुरू के तीन तलों की बात हुई, यह सभी के लिए खुले हुए हैं। थोड़ा-बहुत अनुभव सभी को तीसरे तल यानी बुद्धि विवेक का भी हो जाता है। फिर चौथे तल क्यों नहीं? यह क्यों नहीं सबके लिए खुला है?"

"यह तो खुला ही हुआ है। हम नहीं खुले हैं। तिवारी जी, यह समझने में बहुत अजीब लगेगा लेकिन सच तो यह है कि पहले तीनों तलों में हम इतने व्यस्त हो गए हैं कि चौथे की ज़रूरत ही महसूस नहीं होती। इन तीनों के साथ हमारी परफ़ेक्ट हारमोनी है। हम इसमें ख़ुद को सेल्फ़ सफ़ीशिएन्ट पाते हैं, इनमें हम आनन्दित हैं फिर क्या ज़रूरत है चौथे को विकसित करने की? उल्टे डर ही लगता है कि कहीं वह जाग गया तो हम इस आनन्द से वंचित हो जाएँगे जो अभी हमको मिल रहा है। इसीलिए कभी भूले भटके उसकी झलक आती भी है तो उसे दबा कर हम अपनी ही दुनिया में लीन हो जाते हैं।"

"लेकिन कभी बहुत कष्ट में हमें यह सब याद आता तो है। हम भगवान की शरण खोजने लगते हैं।"

इस चर्चा के दौरान पहली बार अतुल जी खिलखिला कर हँसे- "आपको क्या लग रहा है? यह भगवान क्या है? यह तीसरे तल द्वारा निर्मित है। मनुष्य की अपनी बुद्धि द्वारा निर्मित है। रेस्क्यू प्वाइन्ट है। असलियत से उसका कुछ लेना देना नहीं है। यह कठिन स्थितियों के लिए एक साइकोलॉजिकल ट्रीटमेन्ट की तरह है।"

मुझे बहुत दिनों से भूली हुई प्रो. केशवचन्द्र ओझा जी की बात याद आ गई। भगवान को जिस रूप में हम जानते हैं वह हमारा ही बनाया हुआ है। फिर

भी मैंने कहा- "इतनी भयानक बात मत करिए अतुल जी। हज़ारों साल की आस्था है। भगवान हमारे आस्तित्व का हिस्सा हो गया है। चाहे दुनिया का कोई भी धर्म हो या कोई भी आस्था हो, किसी न किसी रूप में भगवान तो है ही।"

"मैं तो ऊर्जा को जानता हूँ तिवारी जी। प्रकृति की आद्य ऊर्जा से लेकर दुनिया की कार्य ऊर्जा तक, और इसे अधिक से अधिक जानने की कोशिश में लगा हूँ। यही मेरा पैशन है। यही मेरा आनन्द है। भगवान का ऊर्जा के स्तर पर अभी तक तो मुझे कोई आभास मिला नहीं है। हाँ, यह एक आवश्यकता है। जैसे मनुष्य ने अपने उपयोग के लिए अग्नि को प्रकट किया वैसे ही जीवन में एक मज़बूत खूँटा गाड़ने के लिए भगवान के विचार को प्रकट किया जिसके चारो ओर एक अनुशासित समाज की रचना हो सके। वह हुई, और चल रही है। भगवान इसमें एक फ़ोर्स है। कितना भी नास्तिक आदमी हो, जब अपने पर पड़ती है तो भगवान की शरण खोजने ही लगता है।"

"लेकिन भगवान देता भी तो है। बहुत बार नहीं सुनता पर कभी-कभी सुन भी लेता है।"

"वो क्या क्या सुनेगा? कभी स्थिर होकर सोचिए तो भगवान से की गई अपनी माँगें ही एबसर्ड लगने लगती हैं। असल चीज़ हमारी संकल्प शक्ति है जो भगवान में एक लम्बे समय से चली आ रही आस्था के कारण विपरीत परिस्थितियों में इतनी सघन हो जाती है कि हमारी माँग पूरी हो जाती है। विल पावर की इस ऊर्जा को मैं जानता हूँ। वास्तव में इसका श्रेय भगवान को न होकर हमारी संकल्प शक्ति को है। अगर किसी की भगवान नहीं सुन रहा है तो इसका सीधा अर्थ यह है कि आपकी संकल्प शक्ति क्षीण है।"

"थोड़ा कनफ़्यूज़न फिर आ गया। संकल्प शक्ति तो आपने कहा कि चौथे शरीर में विकसित होती है जो अधिकांश लोगों की नहीं होती है।"

"ठीक पकड़ा आपने। लेकिन सच तो यही है कि सारे ही शरीर, सारा ही विकास सभी के पास होता है। हम ही भूले रहते हैं। अगर कहीं यह व्यक्तिगत शक्ति क्षीण होती है तो हम सामूहिक शक्ति का भी प्रयोग करते हैं।"

"सामूहिक शक्ति?"

"हाँ। भगवान से सम्बन्धित जगहें जैसे मन्दिर, तीर्थ वग़ैरह ऐसी जगहें होती

हैं जहाँ हमारी शुद्ध ऊर्जा इकट्ठा होती रहती है। हम इन जगहों पर पवित्र मन से जाते हैं। ऐसी जगहें एक तरह से संकल्प शक्ति से चार्ज हो जाती हैं। इनका भी उपयोग संकल्प शक्ति को बढ़ाने में हो सकता है। हमें लगता है कि मन्दिर जाने से हमारी मनोकामना पूरी हुई है जबकि वास्तव में यह आपके संकल्प शक्ति से ही पूरा होता है।"

मुझे पक्का हो गया कि अतुल जी के अन्दर ओझा जी की आत्मा घुस गई है या फिर दो विचारक अलग-अलग जगहों से विचार करते एक ही निष्कर्ष पर पहुँच गए हैं।

"ठीक है अतुल जी।" चर्चा की इस लाइन को समाप्त करते हुए मैंने बात आगे बढ़ाई- "पाँचवें शरीर पर चेतन या आत्मा को महसूस करने के बाद क्या है?"

"फिर आद्य ऊर्जा है। सब कुछ एक हो जाता है। इसे योग ब्रह्म शरीर या कॉस्मिक बॉडी कहता है। यहाँ कोई द्वैत नहीं रह जाता। आद्य ऊर्जा के साथ हम एक हो जाते हैं। इस तल पर मेरे, तुम्हारे, इसके उसके में कोई फ़र्क़ नहीं रह जाता। सम्पूर्ण ब्रह्माण्ड का आनन्द उतर आता है। हम कहते हैं कि मैं तुम ही हूँ तुम मैं ही हो, मैं वह हूँ, तुम वह हो। तत्वमसि। तत् त्वं असि। तू भी वही है। तत्वमसि।"

***

अध्याय 11
एनट्रॉपी

हम लोगों की स्पिरिचुएलिटी छुड़ा कर दुनियादारी की ओर घसीटने के लिए जापानी डेलीगेशन के फ़ील्ड विज़िट और समीक्षा बैठक का प्रोग्राम आ गया। सारी टीम हलचल में आ गई। सारे सुन्दरीकरण के काम जिन्होंने सरकारी गति पकड़ी हुई थी, राकेट के मुआफ़िक़ दनदनाने लगे। बुद्ध की प्रतिमा की झापड़ मारने वाली मुद्रा और उनके व शिष्यों के बीच की दूरी और एलाइनमेंट तो पहले ही ठीक करा दिया गया था पर हिडेन लाइट का मामला अशोक सिंह के ज़ोरदार "यस सर" के बाद भी उलझा ही हुआ था और यह उलझा ही रहने वाला था अगर यह प्रोग्राम न आ जाता। इसका हल सोचने में उनकी पूरे एक बोतल दारू और छह पैकेट सिगरेटों ने जो काम नहीं किया वह जसवन्त ने कर दिया। उसने बुद्ध की जटाओं के भीतर एक स्पॉट खोज निकाला जहाँ पर एक छोटी सी लेड लाइट फ़िट करके ऊपर बने शेड में ठीक उसकी सीध में एक कैमोफ़्लेज़्ड रिफ़्लेक्टर लगा कर बुद्ध की आरा को एक परफ़ेक्ट रूप दे दिया। इससे ऐसा प्रभाव दिखने लगा मानों बुद्ध के प्रकाश से पाँचों शिष्य भी प्रकाशित हो रहे हैं। पेबिल मार्ग को धो पोंछ कर चमका दिया गया। स्तूप तक जाने वाला मार्ग भी वी.आई.पी मार्ग की तरह चमकने लगा। कमल ताल भी साफ़ सुथरा कर के उसमें बाज़ार से अच्छे-अच्छे कमल ला कर लगा दिए गए।

हम सभी ने यह महसूस किया कि इस बार हमारे पास शुक्ला जी का उचित मार्गदर्शन था जो पिछली बार कमीशन वाले चीफ़ की बेवक़ूफ़ियों की वजह से नहीं था, जो अभी भी अपने बकाए कमीशन के लिए फोन करते रहते थे और हर बार अशोक सिंह का ज़ोरदार "यस सर" सुनते-सुनते गाली-गलौज पर उतरने लगे थे। बजट अभी भी सरकारी दाँव पेंचों में फँसा हुआ था। सारे छोटे-मोटे काम हमें अपने ही रिस्क पर कराने थे। सबसे मेहनत भरा काम शुक्ला जी ने ख़ुद किया था। उन्होंने एक अनऑफ़िशियल प्रेज़ेन्टेशन नोट तैयार किया था जिसके कवर पर भारत और जापान का झण्डा भी दोनों देशों की सांस्कृतिक एकता दिखा रहा था। पहले ही पेज पर बौद्ध धर्म और जापान के अपने शिन्टो

धर्म की मूल अच्छाइयों को उभारते हुए उनका इन्टीग्रेशन करके यह निष्कर्ष निकाला गया था कि भारतीयों की तरह ही जापानी लोग मूलतः बहुत मेहनती होने के साथ-साथ धार्मिकता से भी भरे हुए होते हैं। पता नहीं कहाँ से खोज कर उन्होंने जापानी सूक्तियाँ जिन्हें एफ़र्मेशन्स कहते हैं डाली हुई थीं। यह नोट, सरकारी मास्टर नोट के मुक़ाबले बहुत ही अच्छे काग़ज़ व फ़ार्मेट में सुपर बाइन्डिंग के साथ अलग-अलग रंगों में छपा हुआ था।

"इस बार तो शुक्ला जी यह विज़िट परफ़ेक्टली निबटाने वाले लग रहे हैं।" अशोक सिंह अनऑफ़िशियल नोट को देखते हुए बोले।

"क्या कहें भाई। कितनी ही तैयारी कर लो, इस स्तर की फ़ील्ड-विज़िट का कुछ कहा नहीं जा सकता। एक तो यह दूसरे देश के हैं। इन्हें हम समझा भी नहीं सकते कि हमारे सिस्टम में बजट रिलीज़ कराना कितना कठिन होता है। शासन में आदेश निर्देश के समय जो गज़ भर लम्बी ज़बान निकालते हैं, उन्हीं लोगों की ज़बान बजट रिलीज़ करते समय हलक़ में घुस जाती है जो बिना कमीशन के बाहर निकलती ही नहीं।"

"इतना ही हो तो ठीक है। यह तो मुँह माँगा कमीशन लेने के बाद भी पता नहीं क्यों उस पर कुण्डली मारे बैठे रहते हैं। काम तो समय से ही चाहिए पर इसकी समीक्षा कोई नहीं करता कि बजट क्यों नहीं रिलीज़ हुआ। हमारी तरफ़ से तो पिछले महीने ही कमीशन वग़ैरह की फ़ार्मेलिटी हो चुकी है पर अभी तक वही ठन ठन गोपाल है।" मैंने कहा।

"अब अगर टीम पूछती है कि स्तूप की लाइटिंग का काम क्यों नहीं हुआ तो हम क्या कहेंगे?"

"मेरा तो मन करता है कि सब कुछ साफ़-साफ़ बता ही दिया जाए। दो पाटों के बीच पिसते-पिसते हमारा तो तेल निकला ही जा रहा है।"

"बताने से क्या होगा? आपको मालूम नहीं है क्या? यह टीम उसे अपने नोट में डाल देगी। इसके जवाब में शासन आपको प्रोजेक्ट से हटा कर सस्पेंड कर देगा। फिर आप दो-चार साल की ज़लालत झेलते हुए एक से एक दरिद्रों के आगे हाथ जोड़ते घूमिए और उनको अपनी बची-खुची सेविंग देते रहिए।"

"चलिए छोड़िए। यह तो राज-काज है हमारे सिस्टम का। चलता रहा है

और रूप बदल बदल कर चलता ही रहेगा। हमें तो इसी में से रास्ता बना कर टीम को निबटाना है। अपनी नौकरियाँ बचानी हैं।"

"सही कह रहे हैं।" शुक्ला जी ने कहा- "लगभग सारी तैयारियाँ तो हो गई हैं। जापानी अंग्रेज़ी से निबटना अभी बाक़ी है।"

"यही तो भारी समस्या हो गई थी, पिछली विज़िट में।"

"कुछ तो मैं समझता हूँ। लेकिन हम सभी लोगों को उससे बातचीत करनी होगी। हम पूर्व परिचय वाली तरकीब अपनाएँगे।"

"यह क्या है शुक्ला जी?"

"उनकी फ़्लाइट कल शाम यहाँ आ जाएगी। ज़िला प्रोटोकोल वाले उन्हें एअरपोर्ट से होटल पहुँचाएँगे। मेरा विचार है कि हम भी साथ रहें और इस बीच मौक़ा मिलते ही टीम से दस-मिनट मिलने का टाइम माँगें।"

"अरे इन सब का शिड्यूल बहुत टाइट रहता है। अपने टाइम में से यह एक मिनट भी नहीं देने वाले।" अशोक सिंह ने अपना ज्ञान बघारा।

"एक बार कोशिश कर के देखते हैं। शायद बात बन ही जाए।"

"लेकिन दस मिनट में हम क्या कर पाएँगे?"

"दस मिनट तो कहने की बात होती है तिवारी जी। अगर बात जम गई तो क्या दस मिनट और क्या एक घण्टा। न जमी तो पाँच मिनट में ही बंटाधार है। कोशिश करते हैं।"

"हम सब लोगों को प्रोटोकोल वाले आने देंगे?"

"हाँ। प्रोटोकोल का ए.डी.एम मेरा दोस्त है। लेकिन हम सब लोग नहीं चलेंगे। केवल मैं और तिवारी जी जाएँगे। इससे उनको भी कोई समस्या नहीं होगी।"

"ठीक है।" प्रस्ताव सर्वसम्मति से पास हो गया।

"कल हम सभी लोग दिन भर यहाँ रहेंगे और सारे काम पर नज़र रखेंगे।"

"ठीक है।" इसमें भी कोई विरोध नहीं था।

***

थोड़ी सी जद्दोजहद और ए, डी.एम प्रोटोकोल की मदद से जापानी ने कुछ देर के लिए हम लोगों से मिलना मन्ज़ूर कर लिया और लगभग डेढ़ घण्टे होटल की लॉबी में बैठ कर इन्तज़ार करने के बाद, रात के नौ-बजे हम दोनों उसके कमरे के सिटिंग रूम में उसके रूबरू थे। वह झकाझक सफ़ेद किमोनो में बैठा एकदम फ्रेश लग रहा था।

जैसा कि हम लोगों ने पहले ही रिहर्सल किया हुआ था हम लोग थोड़ा झुक कर बोले- "गुड ईवनिंग सर, कोनबानवा।"

रिफ़्लेक्स एक्शन की तरह वह भी उठ कर खड़ा हुआ और झुक कर बोला- "कोनबानवा। सुवात्ते कुदासाइ।"

"अरीगातो। थैंक्स सर।" कहते हुए शुक्ला जी और मैं बैठ गए। वह भी बैठा।

"यू नो जापानी लैंग्वेज?"

"ओन्ली ए लिटिल सर। आइ वाज़ वन ऑफ़ द कन्सल्टेंटस ऐट कोडाइजी टेम्पल इन क्योटो। आइ लर्नर्ड सम वर्ड्स फ्रॉम देयर।"

"ओह। द रोबोट टेम्पल। रियली इन्टरेस्टिंग।"

मुझे बहुत आश्चर्य हो रहा था कि इस समय भले ही उसकी अंग्रेज़ी जापानी टोन लिए हुए थी पर मेरी समझ में आ रही थी। इसके आगे की सारी बातें भले ही जापानी और हिन्दुस्तानी अंग्रेज़ी की खिचड़ी के साथ हुईं पर मैं पूरी बात समझ पा रहा था। यह साबित करने के लिए उन सब का हिन्दी अनुवाद आगे दे रहा हूँ।

"रियली फ़ैसिनेटिंग सर। आइ नेवर इमेजिन्ड सच थिंग हियर।"

"आपको लगता है कि यह रोबोट पूजा करने और प्रवचन देने का काम सही ढंग से कर पाएगा?"

"क्यों नहीं सर! हमारे यहाँ भी तो पुजारी रोज़ के रोज़ एक ही ढंग से यह सारे का सारा कर्मकाण्ड करते हैं। प्रवचन देने वाले गुरु भी एक ही तरीक़े का प्रवचन हर जगह देते हैं। कुछ मानवीय भूलों व ग़लतियों को छोड़ कर सब एक ही तरीक़े से चलता है। वास्तव में यह तो हमें पहले सूझना चाहिए था। पर शायद इसलिए इधर ध्यान नहीं गया कि हमारी विशाल जनसंख्या में यह करोड़ों लोगों

के लिए बेराज़गारी की समस्या को जन्म देने वाला हो सकता है।"

"बेरोज़गारी? करोड़ों लोगों की?" जापानी ने आश्चर्य से कहा।

हाँ। हमारे यहाँ के छोटे-मोटे मन्दिर भी पुजारी, सहायक पुजारी, फ़ैसीलिटेटर, फूल और प्रसाद बेचने वाले, आटो, रिक्शा वाले, भीख माँगने वाले आदि सैकड़ों लोगों को रोज़गार देते हैं। बड़े मन्दिरों के लिए यह संख्या हज़ारों, लाखों तक होती है। हम आटोमेशन अफ़ोर्ड नहीं कर सकते।"

जापानी आश्चर्यचकित था- "मैंने कभी ऐसा नहीं जाना था। आप दिलचस्प आदमी हैं। आप का क्या नाम है।"

"मेरा नाम सर्वदानन्द शुक्ला है। आप शुक्ला कह सकते हैं।"

"सु...क....ला, सुकला सर और आपका?" उसने मेरी ओर देखते हुए पूछा।

इसके पहले कि मैं कुछ बोलता शुक्ला जी ने ही जवाब दे दिया- "इन्हें हम लोग तिवारी जी कहते हैं।"

"ओके, यस, सुकला, क्या सारनाथ में भी रोज़गार है?"

"नहीं सर। बुद्ध मन्दिरों में प्रसाद चढ़ाने और पूजा के रिचुअल नहीं होते हैं इसलिए यहाँ ट्रान्सपोर्ट और मेन्टेनेन्स के अलावा और कोई रोज़गार नहीं है।"

"ओके, इस समय आप लोग मुझसे क्यों मिलना चाहते थे?"

"सर। हम आपको क्षेत्र और अपने कामों की प्रारम्भिक जानकारी देना चाहते थे।" शुक्ला जी ने खड़े होकर, थोड़ा झुक कर, अपने दोनों हाथों से दोनों ही नोट जापानी को पेश किए।

उसने भी खड़े होकर शुक्ला जी के हाथ से नोट लेते हुए कहा- "यह तो आप कल भी दे सकते थे।"

"माफ़ी चाहता हूँ सर। वहाँ फ़ील्ड में यह नोट आपको थमाना केवल औपचारिकता भर होती। इन्हें देखने का समय नहीं मिल पाता। अभी आप रात में या सवेरे किसी समय इन्हें देख सकते हैं और कल इस पर हमसे सवाल पूछ सकते हैं।"

सौजन्यवश जापानी ने बैठे-बैठे शुक्ला जी वाले नोट के पन्ने पलटे और

एक जगह अटक कर कुछ देर पढ़ता रहा। मेरी आँखें शुक्ला जी से मिलीं तो उन्होंने मुस्करा कर मुझे आश्वस्त किया।

जापानी ने नजरें उठा कर शुक्ला जी से पूछा- "सारनाथ का स्तूप एकदम ठोस क्यों बनाया गया था। यह हमारे पैगोडा से अलग है जहाँ हम अन्दर जा कर मेडीटेट कर सकते हैं। यह मैं पिछली बार भी जानना चाहता था।"

शुक्ला जी की जगह मैंने जवाब दिया- "सर, यह स्तूप असल में सेमी माउण्ड के रूप में बरीयल ग्राउण्ड की तरह बनाए गए हैं जिनमें बुद्ध के या अन्य महान बुद्धिस्टों के शरीर के अवशेष रखे गए हैं। सामान्यतः कोई स्तूप के अन्दर नहीं घुसता है। इसकी क्लॉकवाइज़ परिक्रमा ही की जाती है। माना जाता है कि इस परिक्रमा से बुद्ध की ऊर्जा प्राप्त होती है। पैगोडा में सामान्य रूप से एक बड़ा हाल होता है जिसमें बुद्ध की प्रतिमा होती है और वहाँ बैठ कर ध्यान किया जा सकता है।"

"सारनाथ में कोई पैगोडा नहीं बनाया गया है?"

"नहीं सर, लेकिन यहाँ मूलगंध कुटीर मन्दिर है जहाँ ऐसा ध्यान किया जा सकता है। यह वो स्थान है जहाँ बुद्ध ने अपना पहला वर्षाकाल बिताया था।"

"मैं इसे देख सकता हूँ?"

"ज़रूर सर। कल हम आपको ले चलेंगे।"

"और डीयर पार्क का क्या है? यहाँ इसे बनाने पर आप की गवर्नमेन्ट ने इतना ज़ोर क्यों दिया है?"

"भगवान बुद्ध के समय में यह स्थान मृगदाब या ऋषिपट्टन ही कहा जाता था सर। यह एक तरह से हिरनों के लिए अभयारण्य था। इसीलिए हम चाहते थे कि यहाँ डीयर पार्क ज़रूर बने।"

"बुद्ध के समय में डीयर पार्क था! आश्चर्य! यहाँ की कल्चर कितनी आगे थी!"

"इसे भी बुद्ध से ही जोड़ा गया था। हमारे यहाँ बोधिसत्व की कथाएँ प्रचलित हैं जो बुद्ध के पिछले जन्मों की बातें बताती हैं। कहते हैं कि इस स्थान पर पिछले एक जन्म में बुद्ध हिरन के रूप में रहते थे। शिकार पर निकला राजा एक मादा हिरनी को मारने जा रहा था, तभी बुद्ध रुपी हिरन ने अपनी जान राजा

के हवाले करते हुए उससे प्रार्थना की कि वह मादा हिरनी को छोड़ दे। राजा इससे प्रभावित हो गया और उसने इस क्षेत्र में हिरनों को मारने पर पाबन्दी लगा दी।"

"दिलचस्प है। यहाँ न केवल पुनर्जन्म पर विश्वास करते हैं बल्कि यह भी मानते हैं कि अलग-अलग जन्मों में आदमी दूसरे जानवरों के रूप में भी हो सकता है।"

"कथाएँ हैं। कुछ पता नहीं है कि सच क्या है? पर यह सच है कि यह हिरनों का क्षेत्र था। जिस राजा सारंगनाथ के नाम पर इस जगह का नाम सारनाथ है उसका भी अर्थ हिरन ही है। इसीलिए हम लोगों ने पुरानी हेरिटेज को ज़िन्दा रखने के लिए यहाँ हिरन पार्क बनाया था और इस प्रोजेक्ट में इसे और भव्य तरीक़े से बनाने के लिए इसका प्रस्ताव किया है।"

"अब मैं कुछ कुछ समझ रहा हूँ। मैं पहले भी समझना चाहता था पर किसी ने बताया ही नहीं। पहले क्यों नहीं कोई इस तरह से बता पाया?"

"मैं माफ़ी चाहता हूँ।" मैंने कहा- "हमारी लीडरशिप ने उस समय इस पर ध्यान नहीं दिया।"

"कौन लीडरशिप? दैट चीफ़? मुझे उस पर बहुत ग़ुस्सा आया था इसीलिए उसे तुरन्त हटाने को लिखा था। वह बाहर हो गया है न?"

"हाँ। वह उसी समय से बाहर है।"

"क्या सुकला नए लीडर हैं?"

"नहीं सर। शुक्ला सर हमारी सहायता के लिए लखनऊ के बुद्धिस्ट फ़िलॉसफ़ी एण्ड आर्किटेक्चर विभाग से आए हैं। अभी तक हमारे प्रोजेक्ट में कोई नया लीडर नियुक्त नहीं हुआ है।"

"आपको चाहिए नया लीडर?"

कुछ हिचकते हुए मैंने कहा- "यह निर्णय तो शासन ही लेगा। जैसा कि आप कल देखेंगे, लीडर के रहने या न रहने से हम काम करने वालों पर तो कोई फ़र्क़ नहीं पड़ता है।"

"दूसरी बात यह है कि पिछली बार आप भी फ़ील्ड में थे। पर आप भी मुझे कुछ नहीं बता पाए थे।" जापानी ने मुझसे पूछा।

मैंने शुक्ला जी की ओर देखा। वे मुस्कराए- "इन लोगों को आपकी अंग्रेज़ी ही समझ में नहीं आई थी। यह समझ ही नहीं पाए थे कि आप क्या पूछ रहे हैं।"

पहली बार जापानी हँसने लगा। मुझे बहुत ही अच्छा लगा। पहले हमेशा यही लगता था कि यह कभी हँसता नहीं होगा।

"व्हाइ यू पीपल डिडन्ट टेल मी?"

"हम कैसे बताते? हम कुछ समझ ही नहीं पा रहे थे। मेरे लीडर भी कुछ समझ नहीं पा रहे थे। आपके साथ आए दूसरे मेम्बर ने एक दो बार ट्रान्सलेशन किया फिर वे भी चुप हो गए थे।"

"इस बार समझ में आ रहा है?"

"हाँ सर, इस बार तो पूरी तरह समझ में आ रहा है।"

"शायद पिछली बार मैं बहुत ग़ुस्से में था और आप लोग बहुत तनाव में। यह कारण हो सकता है।" फिर थोड़ा रुक कर जमुहाई लेते हुए उसने कहा- "ओके जेन्टिलमेन, वी मीट टुमॉरो।"

"थैंक्स सर, फ़ॉर गिविंग अस टाइम। ओयासुमी।" शुक्ला जी ने थोड़ा झुक कर मुस्कराते हुए कहा।

"ओयासुमी।" उसने भी मुस्कराते हुए कहा और उठ गया।

हम ख़ुशी-ख़ुशी बाहर आ गए।

"आपने तो कमाल कर दिया शुक्ला जी। असम्भव को सम्भव बना दिया। इसने न केवल टाइम दे दिया बल्कि अच्छे से बातचीत की और मुस्कराया भी।" मैं बहुत उत्साहित था।

"तिवारी जी, अब हमें अगला स्टेप तय करना है। यह फ़ॉरेन अप्रेज़ल है। इस बार हम कोई चूक होने देने की स्थिति में नहीं हैं। यह लोग बातचीत तो प्रायः ही अच्छी करते हैं पर लिखते समय अकड़ जाते हैं।"

"काम तो हमारे ठीक ही हो गए हैं। अंग्रेज़ी वाली समस्या भी दूर हो रही है। आप का जादू चल ही रहा है। सब ठीक ही निबटेगा। आजकी इस मुलाक़ात ने मन से डर तो निकाल ही दिया है।"

“हाँ। कल हम इन लोगों के लिए टी सेरीमनी रखेंगे।”

“टी सेरीमनी? यह लोग तो फ़ील्ड में चाय-वाय से दूर ही भागते हैं।”

“इसीलिए तो। देखिए, यह लोग होटल से सुबह ब्रेकफ़ास्ट करके ही चलेंगे और लंच भी यहीं लौट कर करेंगे। यह होटल वाले दूसरे देशों के लोगों की आदतों से वाक़िफ़ होते हैं। वाराणसी में तो इन्हें इसका बहुत तजुर्बा है। इसीलिए यह लोग फ़ील्ड में कुछ ऊटपटाँग खाने से भागते हैं। हम सिम्पल माचा के साथ कुछ स्नैक्स रखेंगे।”

“माचा?”

यह ग्रीन-टी की हरी पत्तियों का पाउडर होता है। इससे चाय बनती है जो जापानियों को पसन्द होती है। मेरे पास अच्छी क्वालिटी का माचा है। सवेरे हम कुछ राइस क्रैकर्स और पैनकेक मँगवा लेंगे। वहाँ पहुँचते ही इस चाय का कार्यक्रम होगा। फिर फ़ील्ड।”

“चाय के लिए तैयार हो जाएँगे यह सब?”

“चाय के लिए हों न हों पर जैसा मैं देख रहा हूँ टी सेरीमनी के लिए तो मना नहीं कर सकते। आख़िर यह उनकी एक पवित्र रस्म है।”

मैं शुक्ला जी के ज्ञान से अभिभूत तो शुरू से ही था पर इस अप्रेज़ल के बाद तो उनका पूरा मुरीद हो गया। अगले दिन सब कुछ वैसे ही हुआ जैसा शुक्ला जी ने प्लान किया था। जापानी व उसके साथी ने न केवल चाय समारोह में बढ़-चढ़ कर हिस्सा लिया बल्कि सारी टीम से परिचय भी किया। इसके बाद फ़ील्ड विज़िट तो औपचारिकता मात्र रह गई। सब कुछ अच्छे ढंग से पास हो गया। हम सभी लोगों की काफ़ी तारीफ़ के साथ-साथ एप्रीसिएशन लेटर जारी करने की भी बात हो गई। टीम ख़ुशी-ख़ुशी वापस गई। जापानी ने निरीक्षणों के दौरान धमेख स्तूप के पास पहुँचने पर कहा- “आइ डोन्ट नो व्हाइ, बट दिस स्तूपा फ़ैसीनेटस मी मच। आइ कैन फ़ील, इट इज़ लाइव। द जाइन्ट इज़ लाइव फ़्रॉम इनसाइड।”

***

"तिवारी जी। हमें धमेख जाना चाहिए। अभी।" शुक्ला जी ने अचानक ही कहा।

"क्या हो गया?" मैं आश्चर्य में था। रात का समय था। सुबह वरुणा एक्सप्रेस से उनका लखनऊ जाने का प्लान था। दिन की सफलता को सेलिब्रेट करने के बाद हम लोग रात को रिलैक्स होने के लिए हल्की-फुल्की बातें करते हुए सोने की तैयारी में थे कि अचानक ही शुक्ला जी ने यह बात कही।

"मुझे इलहाम हुआ है..... इलहाम समझ रहे हैं...इन्ट्यूशन, अन्दर से कोई कह रहा है। धमेख हमें बुला रहा है। अभी मुझे याद आया कि आज बुद्ध पूर्णिमा है- बुद्ध का जन्म, ज्ञान प्राप्ति और निर्वाण का दिन। हमें चलना चाहिए।"

"इतनी रात को? ग्यारह बज रहे हैं शुक्ला जी। आप सुबह वरुणा कैसे पकड़ेंगे?"

"अरे वरुणा तो रोज़ जाती है। आइए, भाभी जी से बता कर चलते हैं।" इतनी जबरदस्ती करते हुए मैंने शुक्ला जी को कभी नहीं देखा था। सच पूछा जाए तो मेरा बिलकुल भी हिलने का मन नहीं था पर उनकी बात टालना असम्भव था।

जाने-जहान को बता कर, उनकी विरोध की भुनभुनाहट नज़रअन्दाज करते हुए मैंने कहा- "साइड गेट में बाहर से ताला लगा कर जा रहा हूँ। हम लोग लौट कर उधर से ही अन्दर आ जाएँगे।"

शुक्ला जी के लिहाज़ में उन्होंने ज़्यादा बवाल नहीं मचाया और हम लोग गाड़ी में आ गए। वाराणसी की सड़कें अभी सुनसान नहीं हुई थीं। रात में मस्त वाराणसी के मस्त लोगों की तरह-तरह के रंगों की मस्ती देखते हुए हम धीरे-धीरे चल रहे थे। जगह-जगह पर सड़क के किनारे के वृक्षों के पीछे से पूरा चाँद रह-रह कर हम लोगों को देख रहा था।

मैंने यों ही पूछा- "अचानक आपको यह इल...इलहाम कैसे आ गया शुक्ला जी?"

"नहीं जानता। पहले ऐसा कभी नहीं हुआ। अचानक लगा कि हमें वहाँ जाना चाहिए। जैसे वह हमें बुला रहा हो और हम उसकी बात टाल नहीं सकते।"

"हमें बुला रहा है या केवल आपको? आपके इलहाम में क्या मैं भी शामिल हूँ?"

"हाँ। यही तो आश्चर्य है। वह आपको बुला रहा है। अगर केवल मुझे ही बुलाता तो मैं आपको इतनी रात में क्यों परेशान करता? आ जाता। मैं जानता हूँ कि परिवार को ऐसे में परेशानी होती ही है।"

"वाह शुक्ला जी। जैसे मैं आपको अकेले आने ही देता। सवाल ही नहीं था। जहाँ-जहाँ आप वहाँ-वहाँ मैं। एक बात और भी है। मैं बहुत दिनों से चाहता था कि रात में धमेख आऊँ पर हमेशा बात आई गई हो जाती थी। ऐसे काम तो इसी तरह हो पाते हैं।"

शुक्ला जी ने मेरी ओर देखते हुए कहा- "तिवारी जी, वह केवल आपको ही बुला रहा है। मुझे तो बस साथ में आने को कहा गया है।"

"चलिए साहब, देखा जाए कि यह विशालकाय जीवन्त धमेख हमें क्यों बुला रहा है।"

बुद्ध पूर्णिमा होने के कारण आज सारनाथ परिसर अभी भी खुला हुआ था। विहार के भग्नावशेषों पर, मूलगंध कुटीर में व धमेख के पास सैकड़ों की संख्या में दिए और मोमबत्तियाँ जल रही थीं। अभी भी लोग दिए जला रहे थे। दीवाली जैसा माहौल था। हम तो अमावस्या की अँधेरी रात में दिए जलाते हैं पर बौद्ध लोग पूर्णिमा के उजाले में ही अपना उजाला भी जोड़ देते हैं। आकाश एकदम साफ़ था और पूरा चाँद अपने पूरे ऐश्वर्य में चमक रहा था। चाँदनी में चमकते हुए धमेख की छटा ही निराली थी। आज की इसकी भव्यता इसे एकदम अलग ही रूप दे रही थी। मैं और शुक्ला जी इसकी दीवार से पीठ लगा कर बैठ गए और प्रकृति की इस अतुलनीय सुन्दरता में धमेख की जीवन्तता महसूस करने की कोशिश करने लगे।

आधी रात के समय जब आप ऐसे दिव्य माहौल में तन्मय होते हैं तब तन्द्रा की जिस अवस्था का अनुभव होता है वह ग़ज़ब ही आनन्ददायक होती है। मैंने शुक्ला जी की ओर देखा। वे चाँद पर नज़र टिकाए उसमें पता नहीं ऐसा क्या तलाश रहे थे जो अभी तक नहीं खोजा गया था। एक हल्का सा उभरा हुआ पत्थर मेरी पीठ में चुभ रहा था। मैंने पोज़ बदला। आगे एक बहुत सुन्दर सी

दिखने वाली महिला दियों की पूरी कतार लगा रही थी और उसका चेहरा दियों के प्रकाश में बहुत ही दिव्य लग रहा था। रात रानी की ख़ुश्बू लिए धीरे-धीरे हवा चल रही थी जो इस समय बहुत गर्म नहीं थी।

मेरे दाहिनी तरफ़ से लाल रंग के काशाय व चीवर धारण किए हुए भिक्षुओं का एक समूह आ रहा था। उनकी चाल धीमी और लयबद्ध थी। उनका हल्का-हल्का गुंजार वातावरण को पवित्र बना रहा था। पास आने पर उनका गुंजार साफ़ सुनाई पड़ने लगा।

बुद्धं शरणं गच्छामि।

धम्मं शरणं गच्छामि।

संघं शरणं गच्छामि।

उनमें से एक भिक्षु ने थोड़ा रुक कर मुझसे बहुत ही प्रेमपूर्ण स्वर में कहा- "आप स्तूप की ओर मुँह कर लीजिए। आप भी बोलिए- बुद्धं शरणं गच्छामि......"

पता नहीं क्यों मैंने उस अनजान भिक्षु की बात का कोई विरोध नहीं किया बल्कि चुपचाप स्तूप की ओर मुँह करके उस भिक्षु समूह की आवाज़ के लय में ही बोलने लगा- बुद्धं शरणं गच्छामि........

पता नहीं स्तूप में इस भिक्षु समूह ने कोई गुप्त द्वार खोल लिया था या वहाँ पहले से ही कोई द्वार था जिसकी जानकारी मुझे नहीं थी, यह सारा भिक्षु समूह एक एक करके स्तूप के भीतर जाने लगा। मुझसे बात करने वाले भिक्षु ने मेरा हाथ पकड़ कर कहा- "आइए। भीतर चलते हैं।"

"लेकिन मैं.... मेरे दोस्त....."

"आइए न। अभी तो वो दूसरे काम में व्यस्त हैं।" उसने आग्रह किया।

मैंने बग़ल में घूम कर शुक्ला जी को देखना चाहा पर वह वहाँ नहीं थे। मुझे पता भी नहीं चला कि वह कब मुझे कुछ बताए बग़ैर ही कहीं चले गए थे।

धीरे-धीरे पूरा ही भिक्षु समूह भीतर जा रहा था। मेरा हाथ पकड़े हुए भिक्षु ने पूछा- "आप आना चाहते हैं या मैं जाऊँ?"

पता नहीं क्या कशिश थी कि मैं चुपचाप उसके साथ अन्दर आ गया। वहाँ कोई अन्धकार नहीं था। बाहर जैसा ही सुरम्य मौसम वहाँ भी था। भीतर पूरा ही

बौद्ध विहार था। रात के इस समय भी यहाँ चहल-पहल थी। लोग अपने-अपने कामों में सामान्य रूप से लगे थे। लेकिन एक अपार्थिव लयबद्धता के साथ। कोई शोर-शराबा नहीं। कोई भारी हलचल नहीं।

मुझे भीतर लाने वाले भिक्षु ने मेरा हाथ छोड़ते हुए कहा- "भन्ते, क्या आप तथागत से मिलना चाहेंगे?"

मेरा सिर चकराने लगा। ठीक है इस बौद्ध स्तूप के भीतर बौद्ध विहार बसा हुआ है। यहाँ भिक्षुओं का दिखना सामान्य बात थी। पर तथागत? जहाँ तक मुझे याद था तथागत स्वयं बुद्ध को कहा जाता था। परम मोक्ष के बाद बुद्ध यहाँ कैसे आ गए हैं? कहीं ऐसा तो नहीं कि इन लोगों ने सबसे बड़े भिक्षु या उपाध्याय को तथागत नाम दे दिया हो। हो सकता है। लेकिन मेरा तथागत से क्या काम। मैंने कभी सपने में भी नहीं सोचा था कि मैं तथाकथित तथागत से मिलने जाऊँगा।

मेरी इस ऊहापोह की स्थिति को देखते हुए भिक्षु ने मेरा कुछ उत्साह बढ़ाया- "तथागत आपसे मिल कर प्रसन्न होंगे।"

"हाँ। मैं उनसे मिलना चाहता हूँ।" मैंने कहा।

"आइए।" कहते हुए वह मुझे एक प्रकाशित कुटी में ले गया। वहाँ कई भिक्षुओं के साथ एक बहुत ही दिव्य से भिक्षु चमकता हुआ चीवर धारण किए हुए बैठे थे। मुझे आया देख कर उन लोगों ने मेरे लिए भी जगह बना दी। मैं चुपचाप वहाँ बिछी चटाई पर बैठ गया।

मेरे साथ वाले भिक्षु ने मुझसे कहा- "यह महात्मा आनन्द हैं। महाश्रमण। यही आपको तथागत के पास ले जाएँगे।" फिर वह झुक कर सबको प्रणाम करता हुआ चला गया।

इस बात से मुझे कुछ कुछ याद आने लगा। शायद शिवानन्द ने आनन्द का ज़िक्र किया था जिसने उसे दूसरे मार्ग से वापस भेजा था। लेकिन उसने तो कहा था कि आनन्द के भीतर लगातार एक दीपक सा जल रहा था। मैंने उस परम दिव्य भिक्षु की ओर देखा। जैसे मेरे मन की बात जानते हुए उसने अपना चीवर थोड़ा सा सरकाया और मुझे दीपक का आभास होने लगा। उसके चीवर की चमक ही दीपक के कारण थी।

"मैं पूरे जीवन भर केवल उनकी सेवा में ही लगा रहा। और कुछ मेरी

सामर्थ्य भी नहीं थी। अन्य साधकों की तरह मैं परम को नहीं पा सका था। तथागत ने ख़ुद अपनी परम मुक्ति के बाद मेरे लिए संदेश भेजा था- अप्प दीपो भव। इस एक संदेश ने तत्काल मुझे मुक्त करते हुए उनके बग़ल में ले जा कर खड़ा कर दिया। तभी से एक प्रतीक के रूप में यह दीपक मेरे भीतर प्रकाशित रहता है।" आनन्द ने प्रेमपूर्ण स्वर में बताया।

शिवानन्द की तरह मुझे भी लग रहा था कि मैं इस माहौल में पूरी तरह समर्पित होता जा रहा हूँ। मेरी समझ में अच्छी तरह आ रहा था कि बुद्ध या संघ के सामने आते ही लोगों को क्या हो जाता था जो वे पूरा राजपाट छोड़ कर उनके भिक्षु बन कर रह जाते थे। यह कहीं बहुत अधिक सुखमय और आनन्दमय था। जैसे हर तरफ़, हर जगह प्रेम ही प्रेम बह रहा हो।

आनन्द ने अपना चीवर वापस समेट लिया- "आपका स्वागत है यहाँ। हम आपके प्रति कृतज्ञ भी हैं क्योंकि आप स्वेच्छा से यहाँ आए। बिना आपकी इच्छा के हम आपको यहाँ ला भी नहीं सकते थे।"

मुझे याद आया। शुक्ला जी के साथ मैं यहाँ स्वेच्छा से ही आया और फिर वह भिक्षु भी बार-बार मेरी इच्छा पूछ कर ही मुझे यहाँ लाया।

"मुझे यहाँ क्यों बुलाया है?" मैंने पूछा।

"तथागत आपके माध्यम से कुछ संदेश भेजना चाहते हैं।"

"मेरे माध्यम से?" इससे ज़्यादा आश्चर्य मुझे अपने पूरे जीवन में कभी नहीं हुआ था। मैं वाक़ई इतना महत्वपूर्ण हो गया हूँ कि मेरे माध्यम से बुद्ध अपना संदेश भेजना चाहते हैं। कृतज्ञता की भावना ने मेरी आँखों में आँसू भी भर दिए।

"भन्ते, आप हैं। केवल आप ही हैं जो हर तरह से उपयुक्त हैं और क्षमतावान हैं। आप ही यह संदेश ले जाने के योग्य हैं।"

"मुझे कब तथागत के दर्शन होंगे?" सचमुच मेरी आवाज़ प्रेम की अथाह गहराइयों में डूबते उतराते रुँधी हुई थी। मैं यह भी समझ रहा था कि ज़्यादा देर यहाँ पर ख़ुद को सम्भाले रहना मेरे लिए मुश्किल होगा। मैं बहा ही जा रहा था।

"अभी। वह आपकी प्रतीक्षा कर रहे हैं।"

तथागत के सामने होना सरल नहीं था। आनन्द से भी सैकड़ों गुना अधिक आकर्षण आपको स्वतः ही उनके आगे झुका देता था। मुझे अंगुलिमाल की याद

आई। अपने सौवें शिकार "बुद्ध" के आगे वह कैसे गिर पड़ा होगा, यह समझ में आ गया। उनके आगे और कोई रास्ता भी नहीं बचता था। बड़े-बड़े राजा महाराजा भी इस आकर्षण के आगे सब कुछ छोड़ने को मजबूर हो जाते थे।

"आप में इतना आकर्षण क्यों है प्रभु? मैं स्वयं को सम्भाल नहीं पा रहा हूँ।"

"कुछ विशेष नहीं है भन्ते। भीतर की शुद्ध ऊर्जा है जो बाहर दिख रही है। आपमें भी है। सब में है। पर ढकी छिपी है। यह आपके अपने भीतर की ही परम ऊर्जा है जिसे आप मुझ पर प्रक्षेपित कर रहे हैं। जिस दिन आप उस तक पहुँच जाएँगे आपका अपना शरीर ऐसा ही हो जाएगा। फिर आप भी घोषित कर सकेंगे कि शरीर ही मन्दिर है।"

"उस तक मैं कैसे पहुँच पाऊँगा प्रभु।"

"तथागत ने अपने समय में अष्टांगयोग का मार्ग बताया था। वह प्रमाणिक मार्ग है। वैज्ञानिक है। आपसे बिना किसी आस्था या विश्वास की अपेक्षा किए काम करता है। पानी में आग लगानी हो तो यह मार्ग आस्था की बात नहीं करेगा। वह कहेगा कि पानी में सोडियम डाल कर देख लो।"

"तथागत ने बताया था? फिर आप कौन....?"

"ओह, एक ही बात है। मैं तथागत का ही अंश हूँ। वह तो परम ऊर्जा में समाहित हो गए पर उनकी करुणा ने मुझे, इस संसार में उनके पुनः अवतरण के मार्ग को मैत्रेय के नाम से रोके रखा। सुविधा के लिए उनके सभी भिक्षु, जो करुणावश ही मेरा साथ देने के लिए रुके हुए हैं, मुझे तथागत ही कहते हैं।"

"करुणा किस लिए?"

"ऊर्जा के परम रुपान्तरण, मनुष्य जाति को नष्ट होने से बचाने के लिए। नष्ट होने से बचने के लिए मनुष्य की जो जो ज़रूरतें हैं उनको बचाने के लिए।"

मैं चकित हो गया। मनुष्य को ब्रह्माण्ड में इतना महत्व प्राप्त है यह तो कभी कल्पना ही नहीं की थी। इसे सही अवसर जान कर मैंने पूछ ही लिया- "महात्मन! मनुष्य को ब्रह्माण्ड के विशालकाय विस्तार में इतना महत्व क्या सचमुच प्राप्त है? क्या इसके भी ऊपर विकसित अन्य जीव नहीं हैं। हम दूसरे ग्रह के जीवों, अधिक विकसित एलियन्स की कथाएँ सुनते रहते हैं।" अब धीरे-धीरे मेरी जिज्ञासाएँ मेरे समर्पण भाव पर हावी हो रही थीं।

"नहीं हैं।" उन्होंने धीरे से कहा- "यही तो बात है कि, नहीं हैं। मनुष्य ही है। यही द्वार है। अगर मनुष्य को नहीं बचा पाए तो ब्रह्माण्डीय ऊर्जा का क्षरण रोक पाना असम्भव होगा।"

"क्षरण? यह कैसे प्रभु? मैं तो यही जानता हूँ कि क्षरण कुछ नहीं होता। केवल रुपान्तरण होता है।"

मैत्रेय अपनी जगह से उठे। कुछ दूर टहल कर मेरी ओर मुड़े और बोले- "सच है। रुपान्तरण ही होता है। पर आपने यह भी सुना है कि नहीं कि रुपान्तरण क्यों होता है।"

"हाँ। मैंने अपने गुरुजी से सुना है कि यह रुपान्तरण ब्रह्म तत्व को शुद्ध करने के लिए है। इसीलिए ऊर्जा का जन्म होता है और वह तरह-तरह के रूप ग्रहण करती है, पदार्थ का भी।"

"ठीक है। आप यह भी जानते हैं कि सृष्टि में राई रत्ती सब कुछ नियमों के अधीन होता है और यह नियम किसी के द्वारा बनाए हुए नहीं बल्कि परम ऊर्जा के खेल में स्वतः विकसित हुए नियम हैं, इसलिए परम हैं। इनके कोई भी अपवाद नहीं हैं। जो कुछ भी होता है इन नियमों के अन्तर्गत ही होता है। स्वयं "आदि ऊर्जा" भी नियमों से मुक्त नहीं है।"

"हाँ।" मैंने कुछ असमंजस में कहा।

"ऊर्जा का गुणधर्म है फैलाव। जहाँ भी ऊर्जा होगी वह फैलने की कोशिश करेगी। यही है बिग बैंग। यूनिवर्स का लगातार फैलाव।"

"मैंने सुना है। यह वैज्ञानिक खोज है। लेकिन बहुत ही अविश्वनीय सा लगता है। फैलते-फैलते सभी गैलेक्सियाँ दूर से दूर होती जाएँगी। फिर क्या होगा? बहुत बड़ा ख़ाली स्थान।"

"भन्ते, ब्रह्माण्ड में कहीं ख़ाली स्थान है ही नहीं। दो ग्रहों या गैलेक्सियों के बीच जो ख़ाली स्थान प्रतीत होता है वह स्पेस-टाइम की एक चादर की तरह है जिसमें वैज्ञानिकों के अनुसार डार्क मैटर और डार्क एनर्जी मौजूद हैं। डार्क मैटर अपनी गुरुत्व शक्ति से ब्रह्माण्ड को डार्क एनर्जी द्वारा असीमित रूप से फैल कर बिखर जाने से रोकता है। इस परम बिखराव से ब्रह्माण्ड के समाप्त होने की काल्पनिक प्रक्रिया को वैज्ञानिक बिग-रिफ़्ट कहते हैं। कह सकते हैं कि डार्क

मैटर बिग-रिफ़्ट को रोकता है। इसके विपरीत डार्क एनर्जी फैलाव की शक्ति है। यह ब्रह्माण्ड को गुरुत्व द्वारा खिंच कर एक छोटे से पिण्ड में सिमट कर समाप्त होने से रोकती है। इसे वैज्ञानिक बिग क्रंच कहते हैं। यह दोनों शक्तियाँ ब्रह्माण्ड को एक स्मूथ ढंग से संतुलित रखती हैं। अब रही फैलाव या इनफ़्लेशन की बात तो इसके लिए सरल ढंग से एक रूपक का प्रयोग करते हुए कहूँ तो ब्रह्माण्ड एक गुब्बारे की तरह या कहें तो एक बहुआयामी रबर की चादर की तरह है जिसमें गैलेक्सियाँ बनती बिगड़ती रहती हैं। चादर फैल रही है जिससे यह पिन्ड एक दूसरे से दूर जाते प्रतीत होते हैं पर जब भी चादर एक निश्चित सीमा तक फैल जाती है तो बीच के स्थान को भरने के लिए ऊर्जा पदार्थ में रुपान्तरित होने लगती है और नई गैलेक्सियाँ बन जाती हैं। चादर मज़बूत बनी रहती है। बहुत ही परिशुद्ध सटीक गणित है। इसमें एक पल की भी चूक नहीं है। हो भी नहीं सकती। यह उच्चतम नियम हैं।"

मैं हतप्रभ था। विज्ञान का विद्यार्थी रहा था पर अभी सब कुछ खोपड़ी में एक-दूसरे से टकरा रहा था। मैं जानता नहीं था कि यह नामुराद बिग-बैंग क्यों हुआ? क्या ज़रूरत थी इसकी? फिर हुआ तो हुआ। अपनी सेहत पर तो इससे कोई फ़र्क़ पड़ नहीं रहा था। वैज्ञानिकों के नए-नए अध्ययन आते रहते थे जिसमें वे अलग-अलग कारणों से ब्रह्माण्ड के नष्ट होने की थियरी देते रहते थे पर अपने को क्या था? कौन करोड़ों, अरबों साल की अपनी ज़िन्दगी ही थी। फिर भी एक आदर्श विज्ञान के छात्र की जिज्ञासा तो अपनी जगह थी ही।

मैंने एक जिज्ञासु छात्र की तरह ही पूछा- "प्रभु! बीच की ख़ाली जगह में ऊर्जा के पदार्थ में इस रुपान्तरण की क्या आवश्यकता है? हम तो समझते थे कि एक बार गैलेक्सियाँ पूरी तरह फैल चुकेंगी तो वापस होकर फिर उसी परम रूप में समाहित हो जाएँगी जिससे बिग-बैंग शुरू हुआ था।"

"होगा तो शायद यही। चादर जब पूरा फैल चुकेगी तो फिर वापस तो आना ही होगा। इसकी प्रत्यास्थता इसे असीमित नहीं खींच सकती। लेकिन उसके पहले? उसके पहले ही चादर फट न जाए, इसका भी तो उपाय करना है। आपने एन्ट्रॉपी के बारे में सुना है?"

मारे आश्चर्य के मैं लगभग उछल पड़ा- "एन्ट्रॉपी! प्रभु आप अंग्रेज़ी भी जानते हैं!"

"क्यों? इतना आश्चर्य क्यों? हम भी तो इसी दुनिया में हैं। जो भी विकास होते हैं अपनी-अपनी रुचि के अनुसार हम भी जान ही लेते हैं। हाँ, यह बात और है कि हमारा होना ज़रा अलग तरह का है। हमारे जीवन का ढंग ज़रा अलग है। हमें अभी भी बातचीत में अंग्रेज़ी के प्रयोग का अभ्यास नहीं है। हम एन्ट्रॉपी को ऊर्जा विकार कहते हैं पर आप इसे सुन कर चौंक जाएँगे। इसीलिए एन्ट्रॉपी, एन्ट्रॉपी ही है।"

"हाँ। थर्मोडाइनामिक्स में कुछ पढ़ा तो था। शायद यह ऊर्जा के फैलाव से सम्बन्धित है। ऊर्जा की अव्यवस्था और विकार की स्थिति है। एन्ट्रॉपी बढ़ने के बाद ऊर्जा का यह हिस्सा उपयोग के लिए उपलब्ध नहीं रह जाता।"

"धीरे-धीरे आप को याद आ रहा है। मुझे ख़ुशी है कि कॉलेज में आपने पढ़ाई पर अच्छा ध्यान दिया था।" उन्होंने मुस्कराते हुए एक स्कूल टीचर के टोन में कहा- "आप चाहें तो बाद में इसके बारे में अपना ज्ञान ताज़ा कर सकते हैं। अभी तो हम ब्रह्माण्ड की बात करते हैं। आप जान ही रहे हैं कि ब्रह्माण्डीय ऊर्जा लगातार फैल रही है। तो यहाँ भी तो एन्ट्रॉपी बढ़ रही होगी?"

"हाँ।" मैंने ज़्यादा कुछ न समझते हुए भी कहा क्योंकि लग रहा था कि बात आगे बढ़ेगी तो समझ में आने लगेगी।

"ऊर्जा तो अपने अकाट्य नियमों के अन्तर्गत उच्च तापमान से निम्न तापमान की ओर ही जाएगी। ब्रह्माण्ड में अगर यह यों ही चलता रहा तो एक समय ऐसा आ जाएगा जब पूरे ब्रह्माण्ड का तापमान एक ही हो जाएगा। फिर न कोई हलचल, न कोई गति, न जीवन और फिर ब्रह्माण्ड की मृत्यु। वैज्ञानिक इसे "बिग फ्रीज़" कहते हैं।"

मैं चकित सा सुनता ही रहा।

"लेकिन ब्रह्माण्डीय नियम ऐसा होने नहीं देंगे। एन्ट्रॉपी कम करनी होगी। इसके लिए ऊर्जा को संघनित होना पड़ेगा। ऊर्जा कणों के बादल, गैसें, फिर द्रव और ठोस। ऊर्जा जितना ही संघनित होती जाएगी उतना ही एन्ट्रॉपी कम होगी। जितनी कम एन्ट्रॉपी उतना ही व्यवस्थित और स्थिर सिस्टम।"

"अब मैं समझा। गैलेक्सियों, ग्रहों का निर्माण क्यों हो रहा है। यह एन्ट्रॉपी को कम करने वाला है।"

"संतुलन बनाने वाला है। अपनी बहुआयामी चादर को बचाना भी तो है। आप जान ही गए हैं कि पदार्थ का निर्माण क्यों हो रहा है। पदार्थ में भी गैसों में सबसे अधिक, द्रव में उससे कम तथा ठोस में सबसे कम एन्ट्रॉपी होती है। अब हम ब्रह्माण्ड को छोड़ कर अपनी पृथ्वी पर आते हैं। यहाँ के पहाड़, धरती, महासागर, वायुमण्डल सब एन्ट्रॉपी की दृष्टि से एक संतुलन की अवस्था में हैं और कुल मिला कर एक सिस्टम बनाते हैं। जो भी हिस्सा कम पड़ने लगता है उसका पुनर्निर्माण हो जाता है।"

"प्रभु, गैस और द्रव का निर्माण तो दिखता है। क्या धरती का भी निर्माण होता है?"

"होता ही है। प्रायः समुद्रों से नए द्वीप उभर आते हैं। ज्वालामुखी से भी नई भूमि बनती है। जैसे रोम में ब्रैच्चियानो झील व इसके चारों तरफ़ की काली भूमि ज्वालामुखी से उत्पन्न क्रेटर झील और भूमि है।"

"संतुलन के लिए यह जोड़ घटाना क्या ब्रह्माण्डीय नियमों के अन्तर्गत ही होता है?"

"हाँ। निश्चित ही।" मैत्रेय ने कुछ सोचते हुए कहा- "अब मैं आपको बताना चाहता हूँ कि जीवन विकसित होने के बाद हर जीव स्वयं में संतुलित होता है। उसकी एन्ट्रॉपी उसकी अपनी निजता में संतुलित होती है। इसे ऐसे भी कह सकते हैं कि पूरी पृथ्वी जिस सिस्टम से संतुलन में रहती है वही सिस्टम वह छोटे से जीव में डाल देती है।"

"आश्चर्यजनक है प्रभु। यह तो सत्य है। चाह कर भी इस बात पर अविश्वास नहीं कर सकता। इस दृष्टिकोण से यह तो स्पष्ट दिखता है। पर प्रकृति ने ऐसा क्यों किया होगा?"

"शायद इसलिए कि ब्रह्माण्डीय नियम एन्ट्रॉपी की स्थिरता को छोटी-छोटी इकाइयों में बाँट कर इसे अधिक प्रभावी बनाना चाहता है। आप जानते हैं कि आपका शरीर इतना स्टेबिल क्यों है? यह छोटी-छोटी करोड़ों, अरबों सूक्ष्म कोशिकाओं से बना है। यह कोशिकाएँ शरीर में कार्य विशेष के लिए हड्डी, ख़ून, त्वचा, पेशियाँ, तन्त्रिकाओं आदि के रूप में परिवर्तित होकर इसे और अधिक स्थयित्व देती हैं। अपने शरीर के अध्ययन से हम जानते हैं कि एक बड़ी संरचना से

अधिक स्थाई छोटी-छोटी इकाइयों से मिलकर बनी संरचना होती है। ब्रह्माण्ड भी इसी नियम से अपने शरीर को स्थयित्व देता है।"

"क्या जीव और भी ग्रहों पर हैं भगवन?"

"हाँ, ठीक उस रूप में नहीं जिसमें वे पृथ्वी पर हैं। पर संतुलित ऊर्जा के रूप में अन्य ग्रहों पर भी हैं और उतने ही हैं जितना सृष्टि को आवश्यकता है।"

"पर विज्ञान को अभी तक इसका कोई संकेत नहीं मिल पाया है।"

"कैसे मिलेगा? विज्ञान अभी इसके लिए बाहरी दुनिया से आने वाले संकेतों पर निर्भर है। जीव संकेत भेज नहीं सकते हैं।"

"करोडों ग्रहों में किसी ग्रह पर तो कोई विकसित जीव या मनुष्य होंगे जो सिग्नल भेज सकें।"

"भन्ते, मैंने मनुष्य की बात नहीं की है। न ही मनुष्य के स्तर तक विकसित किसी जीव की बात की है। यह तो अलग ही प्रकरण है।"

"क्या मामला है प्रभु? क्या यह इसलिए है कि मनुष्य में चेतना का प्रादुर्भाव हुआ है? या इसलिए कि हमारा मस्तिष्क अन्य जीवों से अधिक विकसित है?"

"यह सब तो है ही लेकिन सबसे अधिक महत्वपूर्ण यह हुआ कि मनुष्य में चौथे तल पर मनस शरीर, पाँचवें तल पर आत्म शरीर और छठवें तल पर ब्रह्म शरीर से जुड़ने की क्षमता का मार्ग खुल गया। इसके क्या क्या परिणाम हो सकते हैं यह समझा पाना लगभग असम्भव है क्योंकि अभी तक तो हमें विज्ञान का सहारा था। हम विज्ञान समझते हैं और उसे मानते हैं। पर अब बात विज्ञान के ऊपर जा रही है। हमारे बीच संवाद का यह सेतु बन्द हो रहा है। ऐसा नहीं है कि यह बातें सच नहीं हैं और आने वाले समय में विज्ञान इन तक पहुँच नहीं जाएगा पर अभी यह सारी बातें हमें आधारहीन और अवास्तविक लगेंगी। इस स्तर पर हम प्राचीन ऋषि मुनियों की व्यथा समझ सकते हैं जिन्हें इन स्तरों के आध्यात्मिक अनुभव तो हो गए पर इन्हें बताने के लिए कोई भाषा नहीं थी। विज्ञान भी उस समय इतना विकसित नहीं हुआ था। एक स्थिति यह भी होती है कि अनुभव करने वाला इसे भाषा के माध्यम से प्रकट करने में समर्थ नहीं होता है। आप जानते हैं कि हममें से बहुतों के पास जीवन के अनमोल अनुभव हैं पर उन्हें लिख पाने की क्षमता नहीं है। वेदव्यास के नाम से लिखने वालों द्वारा

तरह तरह के पुराण, उपनिषद आदि के माध्यम से संकेत किए गए थे पर कोई वास्तविक संवाद सेतु उपलब्ध न होने के कारण वे बहुत सशक्त नहीं हो पाए और एक मज़ाक़ जैसे लगते थे। उस काल के जो सरलचित्त लोग थे वे तो उनकी बातों पर विश्वास करके इस अनुभव तक पहुँच सके पर तथाकथित ज्ञानी लोग इसका मज़ाक़ ही उड़ाते रहे। समाज में एक भ्रम की स्थिति पैदा हो गई। इस स्तर के लिए आज भी वही है।"

"मेरे भगवन, मेरे प्रभु, आप कहिए। मैं समझने का पूरा प्रयास करूँगा। अगर आज आपने नहीं कहा तो यह कहीं और सुनने को नहीं मिलेगा।" मैंने सच में पूरे मन से विनती की- "आप तो अवश्य ही कहिए। एक भी शिष्य अगर निवेदन करके सुनने को तत्पर है तो आपको कहना ही चाहिए।"

"भन्ते, मैं भी कहना ही चाहता हूँ। इसके लिए मैंने सैकड़ों साल प्रतीक्षा की है कि कोई सुनने वाला मिल जाए जिससे मैं यह सब कह कर अपना संदेश आगे भेज सकूँ। मैं प्रयास करता हूँ।"

"मैं भी अष्टांगयोग के सम्यक श्रवण की तरह अपने सारे पूर्वाग्रह हटा कर सुनता हूँ।"

"हम वहाँ से शुरू करते हैं जो हम जानते हैं, या सही अर्थों में कहना हो तो कहें कि मानते हैं।" उन्होंने कुछ सोचते हुए कहा- "आप सहमत ही होंगे कि बहुत-बहुत बातों को हम स्वयं जानते नहीं हैं पर मानते हैं क्योंकि वे उस स्रोत से आती हैं जिन पर हमारा विश्वास होता है। यह स्रोत विज्ञान हो सकता है, हमारे पालन-पोषण का वातावरण हो सकता है या कुछ और भी हो सकता है। उन बातों को हम नहीं मानते हैं जो हमारे पूर्व संचित ज्ञान या पूर्वाग्रहों पर खरी नहीं उतरती हैं।"

"हाँ प्रभु। सत्य है।"

"अब मैं उन बातों से प्रारम्भ करता हूँ जो आप मानते हैं। आप मानते हैं कि यह सारा चराचर जगत ऊर्जा का ही खेल है। पदार्थ में या अपने ही विभिन्न रुपों में रुपान्तरित ऊर्जा- प्रकाश, ऊष्मा, विद्युत आदि-आदि।"

एक क्षण सोच कर मैंने कहा- "हाँ प्रभु, इसमें कोई संशय नहीं है।"

"हमारे सारे ही कार्य इसी ऊर्जा से संचालित होते हैं।"

"हाँ।"

"हमारे विचार भी ऊर्जा ही हैं।"

"हाँ।"

"अब मान लें कि हम एन्ट्रॉपी पर शोध कर रहे हैं अर्थात हमारे मन की ऊर्जा एन्ट्रॉपी से जुड़ गई है तो पूरी दुनिया में एन्ट्रॉपी पर जो जो कार्य हुए हैं हम उन सबसे जुड़ सकते हैं। इसके बारे में जो भी पढ़ेंगे या सुनेंगे वह सब हमें समझ में आएगा। कह सकते हैं कि हमारी यह ऊर्जा उन सबसे जुड़ गई है जिनका एन्ट्रॉपी का ज्ञान इस स्तर पर हैं।"

"हाँ प्रभु, पर उन सूचनाओं तक हमारी पहुँच होने पर ही यह जुड़ाव होगा। जो अपनी सूचना गोपनीय रखेगा वो इससे नहीं जुड़ेगा।"

"सच है भन्ते। अब हम, जो आप मानते हैं, उसके सहारे उस दिशा की ओर चलते हैं जो आपके लिए नई है। जीवन के रहस्य समझने के लिए हमें ऊर्जा के दो प्रमुख रुपों को जानना होगा। एक है कार्यकारी ऊर्जा और दूसरी परम ऊर्जा।"

मेरा पूरी तरह कनफ़्यूज़ चेहरा देखते हुए उन्होंने बात आगे बढ़ाई- "परम ऊर्जा ही सारी कार्यकारी ऊर्जा का स्रोत है। हम जिस ऊर्जा को जानते हैं वह सब कार्यकारी ऊर्जा है। जिस ऊर्जा से ब्रह्माण्ड बनता है, जो बिग बैंग का कारण है, जिससे हमारा सारा जगत बना है, हम बने हैं, वह सब कार्यकारी ऊर्जा ही है।"

"तो फिर परम ऊर्जा क्या है?"

"वह आधार है। पृष्ठभूमि है। स्वयं में अपरिवर्तनीय है। शाश्वत है।"

"मैं नहीं समझ पा रहा हूँ प्रभु। आप जो वर्णन कर रहे हैं वह पुराणों में ईश्वर के बारे में कहा गया है।"

"कह सकते हैं। ईश्वर भी कह सकते हैं पर यह ऊर्जा ही है। यह ऐसी ही है।"

मुझे लगातार असमंजस की स्थिति में देखते हुए वे कुछ सोचने लगे फिर बोले- "मैं एक उदाहरण से समझाने का प्रयास करता हूँ पर यह ध्यान रखना है कि उदाहरण केवल उदाहरण होता है। केवल एक विचार को समझाने के लिए है। इसे पूरा का पूरा रूपक समझना ठीक नहीं होगा।"

हाँ प्रभु। आप बताइए।"

"आप महासागर का ध्यान करिए। सागर स्वयं में धीर गम्भीर है, स्थिर है, लेकिन उससे उत्पन्न होने वाली लहरें उसकी कार्यकारी ऊर्जा हैं। उसमें पलने वाले जीव उसकी कार्यकारी ऊर्जा हैं पर सागर स्वयं में परम ऊर्जा है। वह पृष्ठभूमि है। कार्यकारी ऊर्जा का जन्मदाता है।"

"मैं अब कुछ-कुछ समझ रहा हूँ प्रभु। पूरे ब्रह्माण्ड में परम ऊर्जा है जो हमारी दृष्टि से परे है। हम केवल कार्यकारी ऊर्जा का ही अनुभव कर पाते हैं क्योंकि यह एक्शन में है। हम कार्य को ही देख पाते हैं। कार्य के पीछे की सारी सेटिंग अक्सर ही हमसे छूट जाती है। मैं समझ रहा हूँ भगवन।"

"अब मैं थोड़ा और कठिन बात कहने जा रहा हूँ। परम ऊर्जा तो परम ही है। वह एक ही है। उसका कोई रुपान्तरण नहीं है। लेकिन कार्यकारी ऊर्जा दो तलों पर है। समझिए कि सागर की सतह जिस पर अनवरत लहरें उठती रहती हैं और सागर के जीव जन्तु जो अलग-अलग या झुण्ड में कहीं भी हो सकते हैं।"

"यह तलों या शरीरों की अवधारणा को मैं पूरी तरह समझ नहीं पाया प्रभु।"

"यह तो आसान है। आप जानते ही हैं कि मनुष्य का शरीर केवल पदार्थ ही नहीं है। यह पदार्थ और ऊर्जा का एक अद्भुत संयोग है। पदार्थ अपने हर रूप, ठोस द्रव और गैस तथा ऊर्जा भी अपने हर रूप में इस शरीर में मौजूद है। पदार्थ तो हमें दिखता है पर ऊर्जा केवल अनुभव में आती है। यह ऊर्जा छह पर्तों में है। इन पर्तों के बीच कोई ख़ाली स्थान नहीं है। सब मिला कर एक गठा हुआ अस्तित्व है। इन्हीं पर्तों को योगमार्ग के मनीषियों की भाषा में अलग-अलग शरीर कहा गया है। भौतिक शरीर, जिसमें पदार्थ भी शामिल है, भाव शरीर, सूक्ष्म शरीर, मनस शरीर, आत्म शरीर और ब्रह्म शरीर। यह शरीर जिन स्थानों से अपनी जागरुकता के अनुरूप स्वयं से सम्बन्धित ऊर्जा से जुड़े हुए हैं और इसे ग्रहण करते हैं उन्हें योग ने चक्र कहा है जो क्रमशः मूलाधार, स्वाधिष्ठान, मणिपुर, अनाहत, विशुद्ध और अनाहत चक्र हैं।"

"मैं समझ गया। मेरे एक मित्र ने भी मुझे इस बारे में बताया था पर उस समय मैं इसे पूरी तरह समझ नहीं पाया था।"

"हाँ, तो मैं कह रहा था कि शुरू के चार शरीरों से जो कार्यकारी ऊर्जा

जुड़ती है वह टुकड़ों में होती है, व्यक्तिगत होती है, निरन्तर नहीं होती क्योंकि ऊर्जा के यह चार तल सांसारिकता के होते हैं। आपकी अपनी अस्मिता के, अपने अहंकार के, स्व के होते हैं। इन्हें जागृत करके आप संसार में श्रेष्ठ हो जाते हैं। जैसे-जैसे आप पहले से चौथे शरीर पर पहुँचते जाते हैं आप श्रेष्ठतम होते जाते हैं। आपके भाव, आपकी बुद्धि, आपकी क्षमताएँ, आपका आकर्षण बढ़ता जाता है। आपको सम्मान मिलता है। लोग आपको महत्व देते हैं। इसीलिए यह ऊर्जा व्यक्तिगत रहती है।"

"प्रभु, क्या सांसारिकता का विकास प्रकृति की आवश्यकता है? अन्यथा इसकी क्या आवश्यकता थी?"

"सांसारिकता का विकास आपकी अपनी सुरक्षा के लिए है। प्रकृति के संहारक बल से निबटने के लिए है। आपको चेतना मिली। जागरुकता मिली पर यह शारीरिक क्षमताओं में ह्रास के मूल्य पर मिली। शारीरिक बल में आप कमज़ोर हुए तो आपको बचाने के लिए ऊर्जा की नई राहें खुलीं। चेतना के विकास ने आपको उस मोड़ पर ला दिया जहाँ मनुष्य भी मनुष्य का शत्रु हो गया। आपसी प्रतिस्पर्धा के लिए चार स्तरीय ऊर्जा का प्रावधान हुआ। स्थिति यह बनी कि अगर भौतिक रूप से आपसे बहुत शक्तिशाली कोई आपके लिए संकट बनता है तो आप अपनी बुद्धि से उससे अपनी रक्षा करने में समर्थ हैं। आप समझ गए क्या?"

"हाँ प्रभु। पूरी तरह समझ गया।"

"सांसारिकता की व्यवस्था चौथे तल तक समाप्त हो जाती है। अब जो खेल आपके शरीर के पाँचवें तल से शुरू होता है वह अलग ही है। यहाँ जो कार्यकारी ऊर्जा है वह निरन्तर है। व्यक्तिगत नहीं है। परम ऊर्जा की तरह ही शाश्वत है। कहीं से खण्डित नहीं है। जिस किसी ने भी ऊर्जा के इस पाँचवें तल को छू लिया उसकी प्राथमिकता पर संसार नहीं है। अस्मिता नहीं है। अहंकार नहीं है। स्व नहीं है। सब कुछ एक ही है और फिर है परम आनन्द। केवल निर्मल आनन्द और कुछ भी नहीं। कोई दुख नहीं, कोई प्रतिस्पर्धा नहीं।"

मैंने मैत्रेय की ओर देखते हुए कहा- "तथागत ने कहा था कि दुख है और दुख को मिटाया जा सकता है। दुख को मिटाने के लिए ही उन्होंने अष्टांगयोग

दिया। क्या अष्टांग योग का साधक अन्तिम रूप से जिस अवस्था को पहुँचता है वह यही है?"

"हाँ। बिलकुल यही है। दुख तो मिट ही जाता है पर उससे भी ऊपर जो मिलता है वह दुख हटने की अपेक्षा कहीं बहुत ही बड़ा है। शायद मैं समझा सकूँ। दुख का हटना तो एक निषेध है। कई विधियों से हट सकता है। लेकिन जो परम आनन्द मिलता है वह अतुलनीय है। निरन्तर है। इसके समतुल्य शायद ही कोई सुख इस दुनिया में हो। मेरे देखे तो नहीं है।"

"आपने कहा कि यह निरन्तर है। इससे निकल कर पुनः दुख में जाना सम्भव है या नहीं प्रभु?"

"नहीं। एक बार इस स्तर को पा लिया तो वापसी नहीं होती। होगी भी क्यों? कोई इससे बाहर नहीं आना चाहता। ऐसा नहीं है कि संसार उसके लिए समाप्त ही हो गया। संसार उसका भी रहता ही है पर वह इससे निर्लिप्त हो जाता है। वह संसार को भोग सकता है पर उस पर अपनी कोई पकड़ नहीं रखता। न सुख और न ही दुख। पाँचवें तल की ऊर्जा उसे हर स्थिति में आनन्दित रखती है। अध्यात्म में कीचड़ में कमल इसी स्थिति का प्रतीक है।"

लम्बे समय से इस प्रतीक का अर्थ मैं यही समझता रहा था कि योगी, तपस्वी या अध्यात्म मार्ग के अभ्यासी को कीचड़ में कमल की तरह रहना चाहिए। इस प्रकार निर्लिप्त रहना एक मार्ग की तरह समझा जाता था पर यह भी सत्य था कि इसे लम्बे समय तक साध पाना असम्भव था। कोई न कोई घटना पुनः सांसारिकता में लिप्त कर ही देती थी। आज यह एक नई बात सामने आई जिसने कीचड़ और कमल के प्रतीक को दूसरे दृष्टिकोण से दिखाया और यह इतनी तार्किक बातें थीं कि मेरे मन में रोमांच हो आया। यह हो सकता था। सम्भव था। आख़िर हम अभ्यास करते हैं तभी तीसरे व चौथे तल पर पहुँच कर अपनी श्रेष्ठता साबित कर पाते हैं। इसी दिशा में अगर हम और आगे अभ्यास करते हैं तो पाँचवें तल को क्यों नहीं जगा सकते? हमने अपने जीवन में बहुत से लोगों को पाँचवें तल पर देखा भी है भले ही अहंकारवश हमने उन्हें फेल कर दिया हो या उनकी झूठी बुराइयाँ करके स्वयं को उनसे श्रेष्ठ साबित कर लिया हो। वे तो ऐसे लोग होते हैं जो अपना पक्ष भी नहीं रखेंगे क्योंकि उन्हें इसकी कोई

ज़रूरत ही नहीं है। हम उन्हें बुरा साबित करके प्रसन्न हो सकते हैं पर कभी यह नहीं सोच पाते कि इससे हम उनका नहीं अपना ही बुरा कर रहे हैं। मेरी निगाह सामने थी। मैं देख रहा था कि पाँचवें तल पर स्थित व्यक्ति कैसा होता है।

मैत्रेय ने आगे कहा- "इस निरन्तरता का एक दूसरा पक्ष भी है। जितने भी मनुष्य इस तल पर हैं वे स्वतः ही एक दूसरे से सम्बिन्धित हो जाते हैं। इसके लिए किसी संवाद के माध्यम की आवश्यकता नहीं होती। उदाहरण दूँ तो कह सकता हूँ कि तथागत और महावीर इस तल पर हैं तो वे एक ही हैं। उन्हें एक दूसरे को समझने के लिए आपस में बात करने की ज़रूरत नहीं होगी। यह ऊर्जा इस तल पर स्थित सभी को एक कर देती है।"

वह कुछ देर रुक कर मेरी ओर देखते हुए मेरे प्रश्नों की प्रतीक्षा करते रहे फिर बोले- "यही वह तल है जहाँ पहुँचे हुए व्यक्ति में करुणा का जन्म होता है। वह अपने ही भाई बन्धुओं को दुख में भटकते हुए देखता है। वह जानता है कि इससे निकल कर परम सुख में जाने का उपाय अपने ही हाथ में है जिसे वे देख ही नहीं पा रहे हैं। वह अपनी ऊर्जा का प्रयोग उन्हें जगाने के लिए करना चाहता है।"

"क्या सभी लोग पाँचवें तल की ऊर्जा तक पहुँच सकते हैं?"

"निश्चित ही। बिना किसी भी प्रकार के भेदभाव के सभी मनुष्य एक ही साँचे में विकसित हुए हैं। आपका अभ्यास आपको किसी भी स्तर तक ले जा सकता है। ले जाता है। कोई संशय ही नहीं है।"

मेरे भीतर प्रकाश और विश्वास की कुछ किरणे जगमगाने लगीं। लेकिन जिज्ञासाएँ भी अपनी जगह थीं। मैंने पूछा- "इस स्तर पर इतना आनन्द क्यों होता है प्रभु? क्या यह कार्यकारी ऊर्जा अपनी निरन्तरता के कारण इस आनन्द को जन्म देती है?"

इस बार मैत्रेय की निश्चल हँसी कक्ष में फैल गई- "मैं यह तो जानता हूँ कि यहाँ निरन्तर आनन्द है पर क्यों है इसका अनुमान ही लगा सकता हूँ। आप भी अनुमान लगा सकते हैं। प्रथम कारण तो यह लगता है कि इस तल तक पहुँचने में सांसारिकता छूट जाती है जो हमारे कष्टों का मूल है।"

"पर आपने ही बताया था भगवन कि दुख का हटना एक निषेध मात्र है। आनन्द तो पॉज़िटिव अनुभव है।"

"हाँ।" उन्होंने पूर्ववत मुस्कराते हुए कहा- "आप अनुमान लगाइए कि दूसरा कारण क्या हो सकता है?"

मैंने सोचा पर कुछ भी समझ में नहीं आया। मैं नकार में सर हिलाता रहा।

"हमें सोचना है कि परम ऊर्जा से यह कार्यकारी ऊर्जा पैदा ही क्यों होती है? क्यों बिग-बैंग की झंझटें, निर्माण का परिश्रम, जीवन का विकास, एन्ट्रॉपी को सम्भालना.....क्या ज़रूरत है? परम ऊर्जा परम शान्ति से पड़ी रह सकती है।"

"हाँ।" एकदम साफ़ स्लेट वाले दिमाग़ से मैंने मूढ़ों की तरह कहा।

"वह नहीं रह सकती। उस तल पर स्थित लोग जानते हैं कि उसमें आनन्द की स्फुरणा होती रहती है। जैसे हमने सागर की लहरों की बात की थी। लहरें तो वाह्य शक्तियों जैसे हवा आदि के प्रभाव से बनती हैं लेकिन परम ऊर्जा से उत्पन्न होने वाली निरन्तर कार्यकारी ऊर्जा उसकी आन्तरिक शक्तियों से आती है। उसकी मौज है। उसकी मौज में ऊर्जा बाहर आती है तो बिग-बैंग शुरू हो जाता है। फिर यह वापस आकर उसमें समा जाती है तो "आदिम आस्तित्व" या "बिग क्रन्च" बन जाता है। अब जब यह कार्यकारी ऊर्जा आनन्द की स्फुरणा से ही उत्पन्न होती है तो इसमें आनन्द के सिवा और हो भी क्या सकता है।"

मैत्नेय के तर्क से मैं अभिभूत हो गया। उसे काटने का प्रयास करना एक अनावश्यक जिद की बात होती जो यहाँ विचार में भी नहीं आ रही थी। मैंने कहा- "सत्य है प्रभु। यह घटना छठवें तल की बात है क्या?"

"हाँ। परम ऊर्जा, छठवें तल की बात है। इसे प्राचीन काल के ऋषियों ने ब्रह्म शरीर कहा है। यहाँ पहुँचने के बाद ही "अहं ब्रह्मास्मि" की घोषणा हुई थी। पाँचवें तल पर पहुँचा हुआ व्यक्ति छठवें में भी प्रवेश पा ही जाता है लेकिन फिर करुणा की कोई बात नहीं रह जाती। वहाँ कुछ भी नहीं है। न दुख, न सुख, न करुणा, न आनन्द, केवल परम मुक्ति। आप परम ऊर्जा ही हो जाते हैं। यही वह तल है जिसके लिए हमने यह बातचीत प्रारम्भ की थी। यहाँ पहुँचने के लिए ही प्रकृति ने मनुष्य को बनाया है। यहीं लाने के लिए तथागत में करुणा का उदय होता है और वे यह प्रयत्न करना चाहते हैं कि स्वनिर्मित दुखों में उलझे व्यक्तियों का दुख दूर हो और अधिक से अधिक व्यक्ति यहाँ पहुँचे। यहाँ पहुँच कर आप ब्रह्म शरीर बन जाते हैं। आप एन्ट्रॉपी को कम करते हैं। मनुष्य का

जीवन, उसकी चेतना, उसकी जागरुकता, छह स्तरीय उसका शरीर इसी लिए विकसित हुआ है।"

इस निष्कर्ष पर पहुँचते-पहुँचते मुझे इतना आनन्द आ गया कि मुझे लगा कि मैं पाँचवें तल पर पहुँच गया हूँ। मानव जीवन के इस रोल की कल्पना मैंने कभी नहीं की थी।

मैंने पूछा- "प्रभु अभी तो बहुत कम ही लोग ही इस स्तर तक पहुँच पाते हैं और ब्रह्माण्ड में एन्ट्रॉपी की मात्रा तो बहुत ही बड़ी है। कैसे कम करेंगे? क्या इसीलिए तथागत चाहते हैं कि अधिक से अधिक लोग यहाँ तक पहुँचें?"

"हाँ। सीधा तो यही है। लेकिन एक बहुत ही क्लिष्ट गणित की बात न करुं तो बात अधूरी होगी। आप चाहें तो इस पर हम लोग बात कर सकते हैं।"

"हाँ प्रभु। मैं चाहता हूँ। समझने की कोशिश करूँगा।"

"अभी हमने चर्चा की थी कि पाँचवें तल पर निरन्तर कार्यकारी ऊर्जा से सम्बन्धित व्यक्ति पूरी की पूरी ऊर्जा से सम्बन्धित हो जाता है और इस तरह उस स्तर पर उपलब्ध सभी से स्वतः ही जुड़ जाता है। दूसरे शब्दों में कहें तो वह ऊर्जा ही हो जाता है। इसी तरह छठवें शरीर को उपलब्ध व्यक्ति ब्रह्म ही हो जाता है। मैं नहीं जानता कि इसे कैसे कहूँ पर कहना चाहता हूँ कि वह पूरा ही ब्रह्म हो जाता है, ब्रह्म का एक छोटा सा हिस्सा नहीं। तरलता के इस स्तर पर उसका केवल एक हिस्सा होने का उपाय ही नहीं है।"

मैं उनकी ओर देखता ही रहा। उन्होंने कुछ देर आँखें बन्द कीं और फिर मेरी ओर देख कर मुस्कराते हुए बोले- "वस्तुतः किसी वस्तु में कुछ जुड़ कर उसके अधिक हो जाने या उसमें से कुछ निकल कर उसके कम हो जाने की हमारी धारणा पदार्थ पर आधारित है। वर्तमान वैज्ञानिक- ज्ञान के साथ जब हम ऊर्जा को देखते हैं तो पदार्थ की अपेक्षा कुछ तो तरलता दृष्टिगत होती है पर अन्तिम रूप से यहाँ भी कम या अधिक होने की स्थिति होती ही है। ब्रह्म एक नया आयाम है। उसका हमें कोई अनुमान नहीं है। जब हमारे ऋषि ने "अहं ब्रह्मांस्मि" का उद्घोष किया था तब उसने यह कभी नहीं कहा कि मैं ब्रह्म का एक हिस्सा हूँ-अहम् ब्रहमाँगः अस्मि। उसने कभी "ब्रह्मांग" शब्द का उपयोग नहीं किया। उसने कहा कि मैं ब्रह्म हूँ। पूरा का पूरा ब्रह्म हूँ।"

"यदि यह सत्य ही है तो इसका क्या प्रभाव होना है?"

"तब जितने भी लोग परम ऊर्जा तक पहुँचेंगे सभी पूरे के पूरे ब्रह्म होंगे। पूरे का पूरा ब्रह्म एन्ट्रॉपी संतुलित करने के लिए महत्वपूर्ण है। लोग ब्रह्म ऊर्जा तक पहुँचते हैं, उसमें समाहित हो जाते हैं पर वह अपरिवर्तित रहती है। केवल उसकी एन्ट्रॉपी संतुलित होती रहती है। उसकी मात्रा में कोई परिवर्तन नहीं होता।"

"यह तो स्वाभाविक ही लगता है प्रभु। जब वह सर्वत्र है, कोई जगह ऐसी नहीं है जहाँ वह नहीं है, सब कुछ उसी से है तो उसमें कुछ नया जुड़ने का सवाल ही नहीं है।"

"हाँ। और इसी नियम के अनुसार जब कभी उससे कुछ निकल कर मनुष्य रूप में आता है, जिसे सामान्यतः हम अवतार के नाम से जानते हैं, तो भी वह अपरिवर्तित रहती है। उसमें से कुछ भी घटता नहीं है।"

"अनन्त से इतनी छोटी मात्रा घट भी जाए तो क्या पता चलेगा?"

"ठीक है भन्ते। लेकिन हमारे समझने के लिए जटिलता यह है कि जो निकला है वह भी पूरा का पूरा ही ब्रह्म है। जब ऋषि "अहम् ब्रह्मास्मि" कहते हैं तो यह केवल उस स्थिति के लिए नहीं है जब वह इस ऊर्जा में समाहित होते हैं। ब्रह्म तो ब्रह्म ही है। जहाँ भी है पूरा है। जन्म लेकर अवतरित होने में भी वह पूरा है। इस तल पर सारा का सारा ब्रह्माण्ड मनुष्य के भीतर है। वह पूरी ब्रह्म ऊर्जा ही है। थोड़ा भी कम नहीं है।"

मुझे गुरुजी के सानिध्य में हुई अपनी ब्रह्माण्ड यात्रा याद आ गई। याद आया कि मैं स्वभाववश बाहर खोज रहा था और कहीं कुछ नहीं था। जब अपने भीतर देखा तो सारा ब्रह्माण्ड मेरे भीतर ही था।

मैंने कहा- "अवतारों का क्या कहना है प्रभु। वे तो पूरे ही होते हैं।"

"लेकिन अगर मैं कहूँ कि सारे के सारे मनुष्यों के भीतर पूरा ब्रह्माण्ड होता है तो आप को क्या लगेगा?"

"मुझे विश्वास नहीं होगा। बिलकुल भी विश्वास नहीं होगा।"

"लेकिन है तो ऐसा ही भन्ते। आपके पास पाँचवें और छठवें तल का ऊर्जा शरीर है और उस से सम्बन्धित ऊर्जा से जुड़ने के लिए चक्र हैं तो आप क्यों नहीं परम ऊर्जा से जुड़ सकते?"

"शायद हमारे पास उसकी क्षमता नहीं है।"

"क्षमता तो है। पर हम प्रथम तीन शरीरों में उलझे रह कर उस क्षमता को भूले रहते हैं। उधर ध्यान ही नहीं देते। और वह केवल ध्यान ही माँगता है। हम ध्यान नहीं देते तो भी कभी-कभी प्रकृति स्वयं ही हमें उसकी झलक दिखला देती है। सत्य तो यही है कि हर व्यक्ति पूरा ब्रह्म है। आपको पता है या नहीं है पर आप पूरे ब्रह्म हैं। इसका प्रमाण है कि हम सभी को स्वतः ही जीवन में एक-दो बार दिव्य अनुभव अवश्य ही होते हैं। यह प्रकृति का संकेत होता है। कभी-कभी कोई गुरु हमें ऊपर के तल तक उठा कर वह दिव्यता दिखला देता है।"

"हाँ प्रभु। मुझे उसका अनुभव है।" कहते कहते पता नहीं क्यों मेरा कण्ठ भर आया। आँखें नम होने लगीं।

वे कहते रहे- "अगर यह क्षमता हमारे अपने भीतर न होती तो कोई गुरु यह नहीं कर सकता है। वह हमारी ही क्षमता का उपयोग एक क्षण के लिए इसलिए करता है कि उस दिव्यता की एक झलक ही हमें बदल सकती है। हम उसके प्रति चैतन्य होने का प्रयत्न प्रारम्भ कर सकते हैं।"

"एकदम सत्य है प्रभु। मैं पहले इन सब बातों पर विश्वास नहीं करता था। एक बार जब गुरुजी ने झलक दिखला दी तो एक बेचैनी ने मुझे घेर लिया। मैं उस दिव्यता की एक झलक पाने के लिए हर सम्भव प्रयास करने लगा।"

"पर अधिकतर लोगों के साथ क्या होता है? वे इन दिव्य अनुभवों को सांसारिकता के आगे गम्भीरता से नहीं लेते। गुरुजी ने भी बहुत से लोगों की सहायता की होगी पर कितने लोगों ने इसे गम्भीरता से लिया? लोग प्रायः इसे अपनी प्राथमिकता पर नहीं रखते। झलक देख कर भी भूल जाते हैं। प्रथम तीन या अधिक से अधिक चार शरीर उनकी प्राथमिकता में रहते हैं। लेकिन प्रकृति को इन सबसे क्या लेना देना है। आप अपने दुख निर्मित करके उन दुखों के ही आनन्द में रहना चाहते हैं तो प्रकृति कोई हस्तक्षेप नहीं करेगी। उसकी ओर से आपको पूर्ण स्वतन्त्रता है। उसकी अपनी व्यवस्था है। उसने मनुष्य की रचना कर दी है। सभी में ब्रह्म होने की क्षमता है। सभी ब्रह्म हैं। सभी पूर्ण हैं। सभी ऊर्जा संतुलन में सहायता कर सकते हैं। जब कभी ज़रूरत होती है अवतार आ जाते हैं। यह अपने प्रभाव से लोगों को ब्रह्म ऊर्जा स्थिर करने की ओर ले जाते हैं।"

मेरे भीतर एक स्फुरणा सी होने लगी। मैं थोड़ा तरल होने लगा। निष्पक्ष

देखने पर लगा कि यह सब सत्य है। भले ही यह सच नहीं लग रहा है पर है। सच है। आज पहली बार मुझे ईशावास्य के ऋषि की उद्घोषणा का अर्थ समझ में आया जिसने कहा था-

ओम् पूर्णमदः पूर्णमिदं पूर्णात् पूर्णमुदच्यते।

पूर्णस्य पूर्णमादाय, पूर्णमेवावशिष्यते।

कुछ देर शान्ति रही। फिर मैंने पूछा- "क्या इसके भी आगे कुछ है प्रभु?"

"नहीं। परम ऊर्जा शाश्वत है। हर जगह है। दिखती नहीं है पर हर जगह है। उसके बाद क्या हो सकता है?" कहते हुए मैत्रेय की बातों में द्विविधा भी दिख रही थी। वे पिछली बातों की तरह इस बिन्दु पर बहुत विश्वास से भरे हुए नहीं लग रहे थे।

मुझे भी नहीं लग रहा था कि बात पूरी हो गई है। अभी बहुत से प्रश्न, बहुत सी जिज्ञासाएँ कुलबुला रही थीं।

मैंने कहा- "ऐसा कैसे हो सकता है भगवन कि इसके पार कुछ न हो? आपने कहा कि परम ऊर्जा की आन्तरिक स्फुरणा से कार्यकारी ऊर्जा का जन्म होता है। यह पूर्ण है और इससे उत्पन्न होने वाली चीज़ें भी पूर्ण हैं। फिर भी इससे कुछ निकल सकता है और इसमें कुछ जुड़ सकता है, भले ही वह पूर्ण ही हो जो निकलता या जुड़ता है। अगर इसका खेल ही ब्रह्माण्ड और यह चराचर जगत है तो यह अन्तिम कैसे हो सकती है?"

मैंने अनुभव किया कि यह कक्ष धीरे-धीरे भिक्षुओं से भरने लगा है। वे शान्तिपूर्ण ढंग से भीतर आ कर चुपचाप बैठते जा रहे थे। मेरे बग़ल में प्रकाश सा अनुभव हुआ। मैंने देखा कि आनन्द मेरे बगल में बैठ गए थे।

मैत्रेय की ओर से कुछ न कहे जाने पर मैंने आगे कहा- "आपने स्वयं ही कहा कि इस तल से अवतार का प्रादुर्भाव होता है। अगर इसके आगे कुछ नहीं है तो तथागत को इस तल से पुनः अवतार लेने में क्या समस्या हो सकती थी? उन्होंने मार्ग क्यों बनाया? उन्होंने आपको क्यों बनाया?"

धीरे-धीरे कक्ष का प्रकाश बढ़ता जा रहा था।

मैत्रेय पद्मासन में बैठे शान्त भाव से एकटक मेरी ओर देख रहे थे- "उन्होंने मुझे क्यों बनाया?"

"शायद उन्हें मालूम था कि इसके आगे जो अन्तिम छलाँग है वहाँ से वापस आना सम्भव नहीं होगा। वहाँ ब्रह्म भी नहीं है। कुछ है ही नहीं। परम शून्य है। वह निर्वाण है।"

उनके चेहरे पर परम संतुष्टि झलक रही थी पर उनके मुँह से निकला- "कैसे हो सकता है कि कुछ भी न हो? यह तो सृष्टि की भाषा ही नहीं है। नियम ही नहीं है। कुछ भी न होना सम्भव नहीं है।"

"क्यों प्रभु? ऐसा कैसे कह सकते हैं?"

"भन्ते। आपसे क्षमा चाहता हूँ। मैं प्रारम्भ से ही केवल वही कह रहा हूँ जो मैं जानता हूँ। सच में जानता हूँ। हर पल जिसका स्वयं अनुभव कर रहा हूँ। यह सब कहने के लिए मैं उन सब बातों का सहारा ले रहा था जो आप समझते हैं कि आप जानते हैं। पर उन्हें आप सच में नहीं जानते हैं भन्ते। आपने एन्ट्रॉपी वग़ैरह के बारे में पढ़ा होगा, सुना होगा पर आप उसे वास्तव में नहीं जानते हैं। आप को स्वयं इसका अनुभव नहीं है। कल को इसके बारे में नई शोध हो सकती है और इसका स्वरूप पूरी तरह बदल सकता है। सच कहूँ तो मैं आपके पूर्वसंचित ज्ञान की खूँटी पर वह सब टाँग रहा था जो मैं वास्तव में जानता हूँ।"

उनके स्वर में लेशमात्र भी अहंकार नहीं था। वे जैसे सूचना भर दे रहे थे। कहीं गहरे में मैं यह जानता भी था कि विज्ञान के नाम पर हमारी जो भी जानकारियाँ हैं वे अधिकांश पढ़ी सुनी हुई ही हैं और यह समय के साथ बदलती भी रहती हैं। आध्यात्म के बारे में भी जो हमारी जानकारियाँ हैं वे हमारे पालन पोषण के वातावरण से प्राप्त पूर्वाग्रहों के रूप में होती हैं। उनसे हट कर कही गई किसी बात को स्वीकार करना हमारे लिए असम्भव होता है। इसीलिए यह करना ही पड़ता है। इस पूर्वाग्रहीय ज्ञान की खूँटी पर ही सच को टाँगना पड़ता है।

वे आगे बोले- "बिना किसी ऐसी खूँटी के, मैं पूरे भरोसे के साथ कह सकता हूँ कि पूरी की पूरी सृष्टि में, पूरे ब्रह्माण्ड में कहीं भी ऐसा नहीं है कि वहाँ कुछ भी न हो। इसीलिए कहता रहा कि छठवें तल के आगे कुछ और नहीं है।"

मुझे मैत्रेय पर पूरा विश्वास था। अगर वह कुछ कह रहे हैं तो वह सच ही होगा। ऐसा क्या हो सकता है जो हो भी और न भी हो। कुछ तो ज़रूर ही है। परम ऊर्जा तो कहीं से भी अन्तिम नहीं लग रही है।

मैंने चारो ओर देखा। सारे ही भिक्षु मेरी ओर देख रहे थे। मैत्रेय भी मेरी

ओर देख रहे थे। आनन्द ने हल्के से मेरे कन्धे को छुआ।

अचानक से प्रकाश बहुत बढ़ गया। मैं देखना चाहता था कि यह प्रकाश का नया स्रोत कहाँ से आ गया है पर कहीं कुछ नहीं था। मेरे अपने भीतर ही कुछ रहस्यमय हो रहा था। सभी लोग चुपचाप मेरे बोलने की प्रतीक्षा कर रहे थे।

"हाँ। है।" मेरे मुँह से अपने आप निकला- "वही है जिससे सब कुछ है पर वह ख़ुद नहीं है। वह हर क्रिया प्रतिक्रिया में है पर एक कैटलिस्ट की तरह, एक उत्प्रेरक की तरह ही है। ख़ुद कुछ नहीं करता पर उसकी उपस्थिति मात्र से सब कुछ होता है। वह निर्वाण है। वह भगवान है। वह ही सातवाँ तल है। वहाँ पहुँच गए तो फिर कुछ भी नहीं है। कोई कार्य-कारण और प्रभाव का सिद्धान्त वहाँ नहीं है। कोई नियम नहीं हैं।"

मेरा सर इतना हल्का हो गया था कि मैं स्वयं को सम्भाल नहीं पा रहा था। इसके पहले कि मैं एक तरफ़ गिर जाऊँ, आनन्द ने मुझे सम्भाल लिया।

"अनुग्रहीतोस्मि।" मेरे मुँह से निकला।

अभी तक की बातचीत के अन्दाज़ व भाषा में परिवर्तन और मेरे इस तरह से गिरने को देख कर आनन्द को शायद लगा कि मेरे भीतर से कोई और बोल रहा है। किसी दैवात्मा ने मेरे अन्दर प्रवेश कर लिया है।

उसने पूछा- "कः त्वं देवः।"

"अहं मैत्रेयः।" मेरे मुँह से निकला।

"कथं तत्।"

"अहं मैत्रेयम् अस्मि, मैत्रेयः मयि अस्ति। तत् त्वम् असि। तत्वमसि आनन्द।"

आनन्द ने सर झुका कर अदृश्य को लक्ष्य करते हुए अपने हाथ जोड़े। मैत्रेय ने पहले ही अपने हाथ जोड़ रखे थे और उनकी आँखें बन्द थीं। उनके मुँह से लगातार निकल रहा था- "सर्वे सुखिनः भवन्तु।"

सभी भिक्षुओं के भी हाथ जुड़े हुए थे और वे लगातार मैत्रेय की ओर देख रहे थे। वे बुदबुदा भी रहे थे- "सर्वेषां कल्याणम्।"

मुझे भीतर से लग रहा था कि कुछ होने वाला है पर वह क्या है, मुझे नहीं पता था। मैंने भी अपने भविष्य के बारे में कुछ भी न सोचते हुए हाथ जोड़

लिए और आगत की प्रतीक्षा करने लगा। मन में यह आश्चर्य सा ज़रूर था कि अचानक मैं संस्कृत क्यों बोलने लगा था। आनन्द, मैत्रेय और सारे भिक्षु भी संस्कृत बोल रहे थे जबकि मेरी जानकारी में बौद्धों की भाषा संस्कृत तो नहीं थी। शायद यह "प्राकृत" या "पाली" थी। संस्कृत शायद मेरे भीतर की प्रतिध्वनि थी क्योंकि मेरे संस्कारजनित पूर्वाग्रह किसी आध्यात्मिक अनुभव के शिखर को तथाकथित देवभाषा संस्कृत से जोड़े बिना नहीं रह सकते थे। लेकिन इस छोटी सी बात पर सर खपाने का यह कोई अवसर नहीं था।

धीरे-धीरे मैत्रेय का शरीर विलीन होने लगा। उन्होंने मेरी ओर देखा और मुस्कराते हुए हाथ जोड़ कर कहा- "नमो मैत्रेयः।"

मैं भी हाथ जोड़े उनकी ओर देखता रहा जब तक कि वे पूरी तरह विलीन नहीं हो गए।

"यह क्या हुआ?" मैंने आनन्द से पूछा।

"कुछ नहीं। आज तथागत को जाना था। वे गए। हम लोग उन्हें विदा करने के लिए यहाँ एकत्र थे।"

"वे यहाँ नहीं रहते?" आश्चर्य से मैंने पूछा।

"नहीं। बुद्ध पूर्णिमा को यहाँ आते हैं। हम लोग इनके लिए पहले से ही आकर तैयारी कर लेते हैं।"

मुझे शिवानन्द की बात याद आई। उसने कहा था कि यहाँ किसी बड़ी आत्मा का आगमन होने वाला था और उसी की तैयारी में लोग एकत्र थे। धमेख इतना महत्वपूर्ण था मुझे पहले कभी नहीं समझ में आया था।

"आप बता सकते हैं कि वे हर बुद्ध पूर्णिमा को यहाँ क्यों आते हैं?"

"हाँ। उन्हें किसी ऐसी आत्मा की खोज थी जिसे वे अपना ज्ञान हस्तान्तरित करके स्वयं मुक्त हो सकें। तथागत ने पहला उपदेश यहीं दिया था अतः उन्हें पूर्ण विश्वास था कि उनकी बात समझने वाली ऐसी कोई आत्मा यहीं मिल सकती है।"

"मिली ऐसी आत्मा?"

"लगता तो है कि मिल गई।"

मुझे रोमांच हुआ। क्या मेरे साथ की यह बातचीत उनकी कसौटी पर खरी

उतरी थी। क्या मैं ही वह आत्मा हूँ। लेकिन इसे मैं पूछ नहीं सकता था।

"और आप लोग? आप लोगों का क्या?"

"हम भी कुछ समय बाद चले जाएँगे।

"फिर? फिर क्या होगा? क्या धमेख ख़ाली रहेगा?"

"नहीं। बुद्ध की ऊर्जा यहाँ है। वह हमेशा यहीं रहेगी। धमेख कभी ख़ाली नहीं होता है। बुद्ध की ऊर्जा हर तल से लोगों को यहाँ खींच लाती है। यह दिव्य है।

सारे भिक्षु धीरे-धीरे उठ कर अपने अपने स्थानों पर चले गए थे। कक्ष में केवल मैं और आनन्द ही रह गए थे।

मेरी ओर देखते हुए आनन्द ने कहा- "मैत्रेय, आप कुछ और जानना चाहते हैं क्या?"

मेरे भीतर से कुछ क्षण पहले के दिव्य अनुभव का असर धीरे-धीरे कम हो रहा था। मैं वापस अपनी सांसारिकता में लौट रहा था। परालौकिक बातें समाप्त हो चुकी थीं और संसार हावी हो रहा था। इसीलिए मैंने जानना चाहा- "आप बता सकते हैं कि तक्षक और मणि की वास्तविकता क्या है?"

आनन्द मुस्कराए- "इसे तो आप स्वयं भी जान सकते हैं। जब भी आप इस प्रश्न को लेकर ध्यान में होंगे, सही उत्तर स्वयं आपके सामने होगा। लेकिन क्या लाभ है? इन घटनाओं के पीछे विपरीत विचारधाराएँ हैं। प्रथम तीन शरीरों पर जीने वालों के लिए यह महत्वपूर्ण हो सकता है कि इनमें से कौन सच है? जिसके विचार सत्य लगेंगे उसकी वाह-वाह होगी और जो ग़लत होगा उसे हेय दृष्टि से देखेंगे। पर हमें इससे क्या? हमारे लिए तो दोनों ही सत्य हैं या दोनों ही ग़लत हैं। मैं तो कहूँगा कि इसे रहस्य ही रहने दीजिए।"

"सत्य है। मैं समझ गया।"

उसने मुझे प्रणाम किया और उठ खड़ा हुआ। मैं भी साथ ही उठा। जो भिक्षु मुझे यहाँ लाया था वह भी कहीं से आ गया।

"यह आपको सुरक्षित बाहर छोड़ आएँगे।"

बिना कोई प्रश्न उठाए आनन्द को प्रणाम करता हुआ मैं भिक्षु के साथ चल दिया।

उपसंहार

मेरी आँख खुली। मैं अभी भी धमेख की दीवार से टेक लगा कर बैठा हुआ था। आसमान में पूरे चाँद ने अपनी जगह बदल ली थी। कुछ छोटे-छोटे बादलों के टुकड़े दिखने लगे थे। धीमी-धीमी हवा चल रही थी। कहीं दूर कोई पक्षी बोल रहा था। शुक्ला जी मेरे बग़ल में अपने स्थान से लुढ़क कर जमीन पर सो रहे थे। कहीं और कोई नहीं था। घड़ी में रात के दो बजे से कुछ ऊपर का समय हो रहा था। मेरा अपना शरीर रोमांच से थरथरा रहा था। थोड़ा सा उठ कर मैंने विशालकाय स्तूप पर नज़र डाली। नीचे से देखने पर वह और अधिक विशाल लग रहा था और उसके शिखर पर पूर्णिमा के रोज़ भी इक्का-दुक्का तारे टिमटिमा रहे थे। खिली हुई चाँदनी में मैंने धमेख का एक चक्कर धीरे-धीरे लगाया और बहुत ध्यान से कोई द्वार खोजता रहा। कई जगह ठकठका कर भी देखा। कहीं कुछ भी नहीं था। कैसे मैं इसमें इतनी देर रहा? कैसे पूरा का पूरा बौद्ध समुदाय इसके भीतर था। जगह तो यही थी। क्या यह सब सपना था?

कुछ देर में मैंने शुक्ला जी को जगाया।

"अरे! मैं सो गया था। आप ने पहले क्यों नहीं जगाया तिवारी जी?"

"शायद मैं भी सो गया था।" बड़ी ही अनिश्चितता के साथ मैं बोला।

"शायद सो गए थे?" शुक्ला जी ने चैतन्य होते हुए आश्चर्य से पूछा।

"शायद! मैं कह नहीं सकता। मैं सपना देखता रहा या मैं सच में धमेख के अन्दर गया था।"

"धमेख के अन्दर! उसके अन्दर कोई कैसे जा सकता है?"

"मैं भिक्षुओं की एक पूरी टीम के साथ अन्दर गया था। इसमें एक द्वार खुला हुआ था। अन्दर पूरा बौद्ध विहार था, बुद्ध के प्रिय आनन्द थे, मैत्रेय थे। मेरी उनसे लम्बी बातचीत भी हुई।"

"हे भगवान! कैसी बातें हुईं तिवारी जी?

"सृष्टि के परम गूढ़ रहस्यों की बातें।"

"मेरे भगवान!" वे परम आश्चर्य और परम धन्यवाद के मिले जुले स्वर में बोले- "क्या इसीलिए मुझे दिव्य संदेश भेजा गया था कि मैं आपको लेकर तुरन्त ही धमेख पहुँच जाऊँ? क्या ऐसा होना सच होता है? क्या आपको सच में लग रहा है कि कुछ असम्भाव्य घटना हुई है?"

"हाँ शुक्ला जी। कुछ असम्भाव्य लग तो रहा है। मैंने पहले भी इस तरह के कुछ सपने देखे हैं पर वे टुकड़े-टुकड़े में असम्बद्ध बातों की तरह होते थे। इतना अधिक व्यवस्थित और क्रमवार विस्तृत सपना मैंने कभी नहीं देखा। यह सपना नहीं था शुक्ला जी। कुछ रहस्यमय तो ज़रूर है।"

हम दोनों ही लोग कुछ देर चुपचाप बैठे सोचते रहे फिर शुक्ला जी ने कहा- "चलिए अभी घर चलते हैं। कल आश्रम चल कर गुरुजी से चर्चा की जाएगी।"

"आपकी वरुणा का क्या?"

शुक्ला जी ने गम्भीरता से कहा- "आपके इस अनुभव के आगे वरुणा की क्या बिसात है?

अपनी कार की ओर जाते हुए रास्ते में मूलगंध कुटीर मन्दिर से दो बौद्ध भिक्षु रात के इस प्रहर में भी निकलते दिखाई दिए। हमें देखकर स्वभावतः ही वे बोले- "बुद्धं शरणम गच्छामि।"

हमने भी यही कहा और अचानक ही मेरे मन में कहीं चकाचौंध सी हो गई। मुझे लगा कि यह वही भिक्षु है जो मुझे धमेख के भीतर ले गया था। मैंने पूछा- "आप मुझे जानते हैं क्या?"

"नहीं भन्ते।" उसने मुस्कराते हुए कहा और दोनों अपनी राह चले गए।

***

घर पहुँच कर मैंने तो नहीं पर शुक्ला जी उत्कण्ठा की तीव्रता में अपनी भाभी जी को यह बताने से रोक नहीं पाए कि मैं अपनी साधना में काफ़ी आगे पहुँच चुका था और अब उपलब्ध होने के कगार पर था।

पत्नी ने सहज ही कहा- "मुझे पता है। यह तो शुरू से ही उपलब्ध होते रहते हैं। जब कोई साधना नहीं करते थे तब भी उपलब्ध थे और अब तो बात ही क्या है! सधना और उपलब्धता के अलावा इनके पास और काम ही क्या है?"

***

आश्रम सदा की तरह अपनी सुन्दरता के शिखर पर था। गंगा अपनी अपूर्व ऊर्जा के साथ परम भव्यता में बह रही थीं। जबसे भगीरथ अपने भगीरथ प्रयासों से गंगा को पृथ्वी पर लाए थे तब से लगातार वे सबका मंगल किए जा रही थीं।

गुरुजी की प्रसन्नता का परावार नहीं था। वे कह रहे थे- "इतनी प्रसन्नता तो मुझे तब भी नहीं हुई थी जब मैंने स्वयं परम ऊर्जा का अनुभव किया था। मेरा कोई साथी जब इस तल तक पहुँचता है तो मुझे लगता है कि फिर मैं ही पहुँच गया। मैं कल रात से ही आनन्द में हूँ।"

"कल रात से?" शुक्ला जी ने आश्चर्य से कहा- "हम लोगों ने तो आपको अभी बताया है।"

"इन्होंने कहा न, कि परम ऊर्जा निरन्तर है। कोई जब भी उसका द्वार खोलता है तो वहाँ स्थित सभी को उसका पता चल जाता है।"

"लेकिन मैं तो स्वयं को एक साधारण आदमी की तरह ही महसूस कर रहा हूँ गुरुजी। ऐसा कुछ नहीं लग रहा है कि मेरे साथ कुछ अभूतपूर्व घटित हुआ है।"

"इसके बारे में तो आप कभी कुछ सोचिए ही मत। जो घट रहा है उसको घटने दीजिए। केवल इतना ही जानिए कि कोई भी व्यक्ति एक साथ सभी तलों पर नहीं रह सकता है।" गुरुजी ने कहा।

"समझा नहीं गुरुजी।"

"आप ध्यान से देखिए। पहले केवल प्रथम तीन तलों को ही देखिए। कोई भी व्यक्ति हमेशा अपने शरीर, अपने भावों या अपने बुद्धि को जागृत नहीं रख सकता है। मैं कुछ उदाहरण देता हूँ। जब ऊर्जा भाव शरीर से जुड़ती है तो प्रेम का जन्म हो सकता है, सेक्स की भावना का जन्म हो सकता है पर यह हमेशा हमेशा बना तो नहीं रहता। आदमी के पास और भी तो काम हैं। तीसरे शरीर

से जुड़ गए तो वैज्ञानिक शोध हो सकती है पर हमेशा तो नहीं होती रहेगी। आप खाना पानी आदि "भौतिक शरीर" के लिए, तथा पत्नी बच्चों से प्रेम "भाव शरीर" के लिए भी साथ-साथ ही करेंगे। सभी शरीर बारी-बारी से आवश्यकता के अनुरूप सक्रिय और निष्क्रिय होते रहते हैं। असल बात यह नहीं है कि किसी विशेष क्षण में आपका कौन सा शरीर सक्रिय या निष्क्रिय है बल्कि यह है कि कहाँ तक आप जागृत हैं।

"हाँ गुरुजी। यह तो सच है।"

"आप सोचिए। क्या कबीर को देख कर कह सकते थे कि कपड़ा बुन कर बाज़ार में बेचने वाला यह व्यक्ति परम उपलब्ध है? क्या रैदास को देख कर कह सकते थे कि चर्म शोधन में लगा हुआ यह व्यक्ति परम उपलब्ध है?

"नहीं। उनके अपने समय में तो बहुत कम ही लोग उनकी आत्मा को पहचान पाए थे।"

"इसलिए यह अच्छी तरह जान लीजिए कि उपलब्ध व्यक्ति भी सामान्य ही होते हैं। उनको देख कर यह नहीं लगता है कि यह कुछ बहुत ख़ास उपलब्ध करके आ रहे हैं। समय के साथ स्वतः स्फूर्त ढंग से अपका आचार व्यवहार अपने आप बदलता जाएगा। जब भी आप परम ध्यान की अवस्था में होंगे आप परम ऊर्जा को अनुभव कर पाएँगे। धीरे-धीरे लगातार अभ्यास से यह भी स्थिति आती है कि यह आपके बैकग्राउण्ड में लगातार चलती रह सकती है। तब आपको उस स्तर के बारे में नोटीफ़िकेशन भी आते रहेंगे।" गुरुजी ने हँसते हुए कहा।

"लेकिन गुरुजी, अगर हम जानना चाहें तो कैसे पहचानें कि कौन उपलब्ध है और कौन नहीं?"

"कठिन लगता है न शुक्ला जी, लेकिन है नहीं। जब भी आप बड़ा अनुभव करते हैं तो छोटे अनुभव खोने लगते हैं। फ़ीज़िक्स में एम.एस.सी करने के बाद आपके लिए स्कूल स्तर पर पढाई गई फ़ीज़िक्स का कोई महत्व नहीं रह जाता। इसी तरह परम भगवत्ता का अनुभव होने के बाद जीवन की छोटी-मोटी बातों में रस नहीं रह जाता। ऐसा व्यक्ति या तो कर्म छोड़ देगा, जो आज के युग में भगोड़ापन कहा जाता है या अपने नियमित कर्मों में पूर्ववत लगा रहेगा पर उसके कर्म उसके अपने लिए न होकर उस परम भगवत्ता को ही समर्पित होंगे। सहज

विकास है कि जिस स्तर पर मनुष्य पहुँचता है उसी पर उसके सब काम समर्पित रहते हैं। यही पहचान है पर घबराने की बात नहीं है। अगर तिवारी जी हमें रसमलाई खिलाएँगे तो वह हमें ही मिलेगी, परम भगवत्ता को नहीं।"

गुरुजी प्रायः हँसी-मज़ाक़ नहीं करते थे पर आज उनका मिज़ाज बदला हुआ था। उनकी प्रसन्नता बार-बार उनकी बातचीत में झलक रही थी। आज वे खुल कर हँस रहे थे।

शुक्ला जी ने भी हँसते हुए कहा- "जब आप सांसारिकता से निर्लिप्त होकर सभी कर्म भगवान को समर्पित करने लगेंगे तब सबसे बड़ा ख़तरा आपको पत्नी से होगा। उसे हमेशा यही लगेगा कि पत्नी बच्चों से आपका कोई लगाव रह ही नहीं गया है, आप महाआलसी होते जा रहे हैं और आप कुछ काम करना चाहते ही नहीं। इसलिए सम्भाल कर तिवारी जी।"

***

www.ingramcontent.com/pod-product-compliance
Ingram Content Group UK Ltd.
Pitfield, Milton Keynes, MK11 3LW, UK
UKHW041828031026
15587UKWH00002B/640

9 789388 556972